A History of Japan

A History of Japan
1615-1867

G.B.Sansom

日本史

〔英〕乔治·贝利·桑瑟姆 著

孙婧 译

江户时代

社会科学文献出版社

SOCIAL SCIENCES ACADEMIC PRESS (CHINA)

1615
-
1867

前　言

　　此书为《日本史》三卷本中的第三卷，旨在介绍德川幕府时期日本的政治社会发展状况。为此奠定基础的是德川幕府的第一任将军——德川家康。

　　德川家康是一位天才。其统治幕府十余年，集军政大权于一身。德川家康虽于 1616 年逝世，在之后的 250 年中，其对日本国家体制的影响仍清晰可见。

　　正如英国历史上曾有热刺和格兰道尔一样，在 17 世纪的日本，实力雄厚的地方贵族同样存在。① 德川幕府时期，中央政府为政谨慎，尽力避免与地方大名兵戎相见。为此，德川家康及其后继者（尤其是德川家光）用实力和技巧，确立了分权而治的政治体制，有效地统治了地方大名及其封地。德川幕府统治的一大特点即为其维持和平安定的决心。在 1637~1638 年岛原起义之后，日本国内再无战乱，国家也由此致力于提高农工矿业的产量。

---

　　① 　热刺（本名亨利·珀西），中世纪后期的英国贵族。曾于 1403 年发动叛乱，对抗英格兰国王亨利五世。欧文·格兰道尔，于 1401~1416 年统治威尔士；1400 年，为阻止英格兰统治威尔士，曾举兵对抗英格兰国王亨利四世。——译者注

相较于培养尚武精神，德川幕府更关注如何安置失业的武士。1615 年，在大阪夏之阵结束后不久，考虑到将来国家所需武士人数有限，德川幕府颁布《武家诸法度》，要求武士兼备文武之道。所幸武士身份皆为世袭，和僧侣等神职人员一样享有受教育的特权，因而多数武士被授予文职，处理行政事务。这些武士或在江户及地方的幕府机构任职，或在德川治下的大名管辖的城镇工作。正因有他们的存在，日本才得以实现由乱世向和平年代的平稳过渡。

除少数情况外，德川幕府治理国家井井有条。几位实力雄厚的大名虽享有一定的自治权，却也一直处于江户幕府的情报人员及监察官的密切关注之下。1639 年，德川幕府宣布闭关锁国，其目的之一即为防止沿海领地的大名与西方国家建立联系并获得强大的武器。

德川幕府的统治可谓坚如磐石。二百年间，日本未受外国势力侵犯，民众生活水平稳步提升。在这期间，日本虽受自然灾害、疫病、饥荒之苦，但总体而言，其物质文明的进步人人可见，国家可谓繁荣昌盛。

相比之下，社会各阶层的道德状况则更难以测度。在江户时期，日本社会自上而下分为士农工商四个阶层。曾有严肃的文学作品论及社会状况，颇似今日的社会学著作。然而有趣的是，德川幕府并未对论及政治之书予以严查。学者多可自由批评政府统治，但结社行为大都受到打压。因此，在江户时期，对幕府不满之人多诉诸讽刺文学，以致这一时期的文学作品多风趣之词，与幕府的一本正经针锋相对。

然而我们若只相信这一面之词，恐怕对德川时期日本社会生活的了解有所偏颇。早在 17 世纪，日本一位文采平平的诗人藤原惺窝就曾哀叹自己"身处恶世"。二百年后，一篇于 1800 年论及当时道德规范的文章更是论调悲观，该文称："统治者和高官自私自利，武士更不知义务本分。再没有人甘愿为主君牺牲尽忠。世间或真如传言——武士一家上下，除主君和马匹之外，人人都行偷盗……"

上述评论大抵戏说多于实情。尽管如此，我们依旧能够了解到 17 世纪末 18 世纪初日本都市的诸多风俗。元禄年间，日本都市流行矫饰之风，市民喜爱戏剧、小说，因此奇装异服盛行。这一时期或是德川幕府统治之下政治和文化生活的顶峰时期。幕府威望很高，德川吉宗在位期间（1716~1745 年）更甚。此后，幕府虽治理能力尚足，却面临更多困难与挑战，因而权势有所衰退。

外国船只在日本海域的出现破坏了其闭关锁国的政策，给日本带来了亟须应对的新问题。俄国人最早闯入日本海域。1792年，一个名为莱克斯曼的俄国使节率船驶入虾夷（今北海道）的根室港，随后前往函馆。18 世纪末期，幕府官员竭力维护日本在萨哈林岛（又称库页岛）和南千岛群岛（日本称之为"北方四岛"）的利益。其后，幕府也极力阻止外国船只靠岸，并于 1825年颁布了措辞严厉的《异国船驱逐令》。然而此时，该法令已难以执行。来自西方国家的压力不断积累，并最终于 1853 年佩里率舰队进入江户湾时达到顶点。日本最终被迫放弃闭关锁国的政策，开始直面国际社会的重重危险。

在江户时期，德川幕府治理国家有方，使日本得以全方位发展。这样显著的成功为日本适时迈出开国的第一步奠定了基础。

乔治·桑瑟姆

致　谢

　　我非常感谢我的朋友约翰·盖文（John Galvin）以及斯坦利·史密斯（Stanley Smith）对我完成这部三卷本的《日本史》给予的慷慨援助。诸多日本学者给予我宝贵的建议和支持。我尤其感谢我的良师益友——来自日本东北大学的中村吉治（Nakamura Kichiji）教授。他不远万里从日本来到斯坦福大学，并在数周内对我的研究进行了宝贵的指导。我的老朋友，文化财产保护委员会会长矢代幸雄（Yukio Yashiro）教授为我获取重要的文字以及图片史料提供了方便。丰田武（Takeshi Toyoda）教授和山田智三郎（Chisaburo Yamada）博士帮助我完成了这些资料的收集工作。我同时也要感谢来自东京大学史料编纂所的金井元（Madoka Kanai）博士为我使用该编纂所的史料提供的帮助。最后，我要向斯坦福大学出版社负责人莱昂·赛尔茨（Leon Seltzer）以及其他员工熟练与富有耐心的编辑工作表示感谢。

译者前言

　　该书为乔治·桑瑟姆所著的《日本史》三卷本中的最后一卷，最早由斯坦福大学出版社于1963年出版，后多次再版。全书共有十八章，对德川幕府统治之下的二百余年的日本历史进行了系统翔实的介绍，也是桑瑟姆对前现代日本历史研究的收官之作。

　　本书作者乔治·桑瑟姆（George Sansom，1883~1965年）出生于英国伦敦，在法国和德国接受教育。在通过了英国的外交官资格考试后，桑瑟姆于1904年被派驻到日本，随后成为英国首任驻日大使克劳德·麦斯威尔·麦克唐纳（Claude Maxwell MacDonald）的秘书。在日期间，桑瑟姆曾直接参与更新日英同盟协定的谈判。与此同时，他认真学习日文，并着手翻译镰仓时期的著名文学作品《徒然草》。第一次世界大战期间，桑瑟姆应征入伍。一战结束后，他再次返回日本，担任英国驻日大使查尔斯·诺顿·义理（Charles Norton Edgecumbe Eliot）的秘书。受到喜爱研究日本佛教的义理的支持和鼓励，桑瑟姆也同他的"知日派"前辈们一样，走上了研究日本历史和文化的道路。① 在第二次世界大战爆发之前，桑瑟姆长期从事对日外交工作，也开展了积极的学术研究。二战期间，他曾先后辗转于华盛顿、新加坡和澳大利亚，并最终再次回到美国。二战结束后不久，桑瑟姆便从外交界年满退任，转身走上讲台，成为美国哥伦比亚大学的教授以及东亚研究中心的首位主任。1955 年之后，桑瑟姆移居至斯坦福大学的所在地帕罗奥图，并继续从事有关日本的学术研究和创作，此书便是当时完成的著作之一。1965 年，桑瑟姆在亚利桑那州逗留期间去世，享年八十二岁。

作为日本研究学者，桑瑟姆从 20 世纪 20 年代起便开始出版自己的研究成果，为后世留下了相当丰富的学术著作。二战结束后，桑瑟姆的著作曾多次再版，并有一些已被译成日文出版发行。② 时至今日，这些著作仍对（包括译者在内的）日本研究学者颇有启发意义，也值得对日本历史感兴趣的人一读。总体来说，此书对江户时期日本的政治、经济、社会、文化、军事、外交等各方面进行了颇为翔实且较为公正客观的论述，其所依据的史料也较为丰富，足见桑瑟姆的研究功底之深厚。这在 20 世纪五六十年代的日本研究学界是颇为难得的。

---

① 在桑瑟姆之前，已有不少英国外交官于在任时或退任后走上了研究日本的道路，如在幕末时期来到日本的萨道义（Sr. Ernest Mason Satow）和阿斯顿（William George Aston），以及明治初期的古宾斯（John Harington Gubbins）。

② 桑瑟姆出版的有关日本的著作包括但不限于以下书籍：*Japan: A Short Cultural History*（1931 年首次出版，1952 年再版），*The Western World and Japan: A Study in the Interaction of European and Asiatic Cultures*（1949 年首次出版，1973 年再版），*Japan in World History*（1952 年首次出版，2011 年再版）。其中，*The Western World and Japan* 和 *Japan in World History* 都有日译本，且日译本在初次出版后多次再版发行。

当然，正如著名历史学家卡尔（E.H.Carr）所言，任何历史都不可能"以纯粹的形式存在"，历史学家也都是"活在当下之人"，必然会受到他们所处的历史环境的影响。桑瑟姆也不例外。但正因如此，从日本史学史角度来说，桑瑟姆此书有相当的研读价值。译者希望就此进行简单的论述，以助读者对此书进行批判性的阅读。

出于了解敌国日本的需要，海外的日本研究自二战后期迅速兴起，在美国占领日本期间更是蓬勃发展。然而，直到20世纪50年代中期，这一研究领域仍未完全摆脱战争的影响。历史学家多关注"日本为何会走上军国主义道路"等类似问题，并多认为封建传统在日本根深蒂固，自江户时期一直延续到20世纪30年代。按照这些研究观点，德川幕府是罪恶的统治者，江户时期的日本是黑暗的，而维新变革也未能真正动摇日本的封建统治传统。[①]但是，从20世纪50年代中期起，美国对日本的占领结束，日本快速实现了经济复兴。受此影响，西方的日本研究学界也逐渐发生转向。历史学家不再一味地批判德川幕府的统治，而是更加关注前现代日本的经济和文化发展。[②]他们逐渐承认，前现代时期的日本也曾取得发展成就。和西方国家一样，日本经历了长期的现代化。日本战后迅速复兴，也在一定程度上得益于其从江户时期起逐步奠定的经济基础。

根据此书的内容可断定，桑瑟姆是20世纪50年代后期新兴的历史学家中的一位。可贵的是，他在将自己的研究带出战争阴影的同时，并未滑向另一个极端。在这本书中，桑瑟姆指出，幕府的前期统治井井有条，且有益于国家的经济发展和文

---

① 加拿大历史学家赫伯特·诺曼（E.H.Norman）是这批日本历史学家的代表。

② 美国历史学家马里厄尔·詹逊（Marius Jansen）可算是这批学者的先锋。

化繁荣。但同时他也承认幕府和大名等封建统治者对民众的压榨。此书向读者表明，幕府中既有贤君也有昏君，大名也分有能无能之主。江户时期日本人的平均生活水平的确有了很大提高，但贫富分化越发严重。另外值得注意的是，桑瑟姆在承认幕府后期治国越发不力的同时，并未否认疫病、天灾等非人为因素在历史进程中起到的重要作用。如今身处受新冠肺炎疫情影响的日本，译者在翻译此书的同时也日日关注时事，越发感到桑瑟姆观点之中肯。

当然，桑瑟姆在此书中的一些观点仍具有时代的局限性。例如，他对于日本所谓的"闭关锁国"体制的理解仍带有强烈的西方中心论的色彩，认为幕府限制与西方通商乃是故步自封的表现。论及兰学在日本的发展时，他也暗示东西方之间的对比可被认为是落后与先进、迷信与科学的反差。因此，日本若要开放进步，必然需要摒弃传统，学习西方。如今时过境迁，日本历史研究也经历了长期的发展演变。西方中心论的观点早已受到了挑战，历史学家也很少单纯地在东西方差异与对立的框架内思考和解读日本历史。这是对桑瑟姆一辈的历史学家的继承与批判，是对他们的学说的借鉴与反思。

在翻译此书的过程中，译者在脚注中对原著存在的一些错误进行了修改，对尚待证实或值得商榷的论点添加了注释，以使读者能够更准确深入地了解江户时期的日本历史。由于原著中参考的一些书目尚未出版中译本，译者决定保留其英文书名。

在翻译此书的过程中，社会科学文献出版社的周方茹编辑一直对译者的工作表示理解和支持，在此谨向她表示感谢。另外，译者也向社会科学文献出版社的艾邦霖先生致谢，感谢他联系译者翻译此书，并给予译者这一宝贵的机会，以更加深入地了解一位优秀的历史学家及其学说观点。

　　译者翻译此书时虽尽心尽力，但不免才疏学浅，疏漏之处，恐怕难免。敬请专家学者和读者予以指正。

孙　婧

2020 年 3 月 29 日

于日本东京港区白金台

Contents /

（江户时期）日本令制国一览

安芸B-4　　　磐城D-2　　　陆奥D-1
阿波B-4, D-3　石见B-4　　　陆前D-2
淡路C-4　　　岩代D-2　　　相模D-3
备后B-4　　　伊予B-4　　　赞岐B-4
备中B-3/4　　伊豆D-3　　　萨摩A-5
备前B-4　　　和泉C-4　　　摄津C-3/4
丰后A/B-4　　出云B-3　　　下总D-3
丰前A-4　　　加贺C-3　　　下野D-2/3
筑后A-4　　　甲斐D-3　　　信浓C/D-3
筑前A-4　　　河内C-4　　　骏河D-3
越后D-2　　　上总D-3　　　周防A/B-4
越前C-3　　　纪伊C-4　　　但马B-3
越中C-3　　　上野D-3　　　丹波C-3
播磨B/C-3/4　三河C-3　　　丹后C-3
飞弹C-3　　　美作B-3　　　土佐B-4
肥后A-4/5　　美浓C-3　　　远江C/D-3
常陆D-2/3　　武藏D-3　　　羽后D-1
肥前A-4　　　长门A-4　　　羽前D-2
伯耆B-3　　　能登C-2/3　　若狭C-3
日向A/B-5　　近江C-3　　　山城C-3
伊贺C-3/4　　大隅A-5　　　大和C-4
因幡B-3　　　尾张C-3
伊势C-3/4　　陆中D-1

对马Sado
佐渡

德川幕府历代将军列表

1603~1616 年，德川家康（第一代将军）

1616~1623 年，德川秀忠（第二代将军）

1623~1651 年，德川家光（第三代将军）

1651~1680 年，德川家纲（第四代将军）

1680~1709 年，德川纲吉（第五代将军）

1709~1713 年，德川家宣（第六代将军）

1713~1716 年，德川家继（第七代将军）

1716~1745 年，德川吉宗（第八代将军）

1745~1760 年，德川家重（第九代将军）

1760~1786 年，德川家治（第十代将军）

1787~1837 年，德川家齐（第十一代将军）

1837~1853 年，德川家庆（第十二代将军）

1853~1858 年，德川家定（第十三代将军）

1858~1866 年，德川家茂（第十四代将军）

1866~1867 年，德川（一桥）庆喜（第十五代将军）

第一章　德川幕府

1　德川家康的政治目标

前卷末尾大致介绍了德川幕府的物质基础和德川家康在其生命的最后十五年里的治国方针。本卷将对上述内容做进一步的阐述。

自 1600 年关原之战到 1616 年德川家康去世，德川幕府的根基得以逐步确立。关原之战结束后，德川家康集中精力壮大自身的军事实力，以至当时最强大的武士家族联合起来也未敢与其抗衡。德川家康如此强大的军事实力得益于其显赫的威望。通过重新调配被征服的大名的领地，德川家康将各处战略要地封赏给他信任的谱代大名，以监控和威慑未臣服的外样大名。①

仅有强大的军事实力是不够的。对于德川家族来说，能与其不断增长的政治实力相称的财力也是必不可少的。在封建社会，日本主要的经济收入来自各个村落生产的稻米；而此时幕府的主要收入来自德川家族领地生产的稻米。1590 年，德川家康被移封关东地区时，德川领地内的稻米产量约为 100 万石（1 石约为 5 蒲式耳）。其后，德川家康不断开拓新的领地。到 1598 年丰臣秀吉去世时，德川领地内的稻米产量增至 255.7 万石。

关原之战后，德川家族获得了被征服领地的 383 万石稻米收入，其经济总量也增长到 640 万石。此时日本的经济总量为 2400 万~2500 万石，而德川家族的收入已超过此量的 1/4。

德川家族并未将全部新获得的收入归为己有。其中很大一

---

① 各大寺院的领地同样被德川没收。（除特别标为译者注外，本书脚注均为作者注）

部分被分封给德川家族的支持者作为谢礼。由于家康一直不断地没收和分封领地，我们现在已很难得知某一具体时间点的领地调配情况。尽管如此，一份名为《大名改易录》的调查报告记录了17世纪德川幕府不断增长的物质财富：

17世纪德川幕府的物质财富

单位：百万石

征收人	收入
德川家康	3.83
德川秀忠	4.53
德川家光	3.85
德川家纲	0.77
德川纲吉	1.70
总计（截至1690年）	14.68

在关原之战前，德川家康领地内的岁入接近300万石。截至17世纪末期，日本经济总量约合2800万石，其中德川幕府掌控的岁入约为1700万石，而外样大名仅有约900万石。[1]

除农业经济外，日本的国内贸易也日趋繁荣。这同样为幕府带来了十分可观的收入。16世纪，随着交通便利程度的提高和货币交易的增加，日本的国内市场逐渐成形。统领日本国内大量

---

[1] 1600年，关原之战后，日本国内的经济收入分配大致如下：德川幕府直接控制地区的岁入约合850万石，谱代大名控制地区的岁入约合600万石，外样大名控制地区及其他地区的岁入约合1000万石。岁入超过1万石的领地岁入总额约合2450万石。胜海舟《吹尘录》记载，1603~1690年，德川直属领地的岁入由300万石增至700万石。这一数字并未包括旗本武士（德川将军家臣）统治地区的收入。又据早期的《御定书百条》，1660年前后，日本经济总量约2819万石（实际数额或高于这一数字）。到1860年，日本的经济总量增至3500万石左右。

领地的德川幕府由此在全国范围内统筹管理商业经济。德川幕府鼓励发展工商业，1615 年大阪城陷落后的历史也与其工商业政策息息相关。

家康从未放过任何一个增加财富的机会。他征收了佐渡岛的金银矿和石见国的银矿并下令要求增加金银产量。在 1601 年以前，家康已在江户城内储存了大量贵金属，并铸造了相当数量的金银币。在家康去世后，他留下了价值 195 万两的金银。[①] 其中的 75 万两由德川将军后人继承，其余被纳入幕府国库。

各大商业中心城市也成为幕府的财源。16 世纪，日本诸多城镇的贸易繁荣发展。这些城镇随后由德川幕府直接管辖，城镇的居民也受幕府任命的京都所司代和在各藩任职的奉行直接管辖。通过推行上述措施，幕府得以废除长期由大阪、堺市、伏见、长崎、奈良和山田垄断的贸易特权。

上述政策严酷地打压了私商的势力，也在一定程度上培植了能够垄断众多商业活动的官商阶级。与此同时，德川幕府还采取措施控制国内外贸易。1604 年，幕府下令垄断生丝贸易权，而生丝是当时幕府与中国贸易当中最为重要的通商货物。这一举动可被视为幕府全面管控对外贸易的第一步。

家康一直热衷于对外通商，并于 1601 年聘用威廉·亚当斯为顾问。[②] 家康在世时，德川幕府仍大力发展对外贸易。1606 年和 1613 年，家康分别给予荷兰商人和英国商人贸易许可。他

---

① "两"为黄金的计价单位。1601 年，德川主持创建伏见铸币厂。在此铸造的金币"小判"价值为一两，"大判"价值为十两。"大判"重量约为 44 匁，含 67.7% 的金，27.8% 的银和 4.5% 的铜。44 匁重量略高于 6 盎司。17 世纪，金币的成分和购买力经常波动。黄金的最大计价单位为"贯"，约合 1000 匁。
② 威廉·亚当斯，日本名为三浦按针，英国航海家。——译者注

批准日本商船前往吕宋和安南，并欢迎来自两地的使节。[①]和与传教活动密不可分的葡萄牙商人不同，这些外国商人的贸易活动得到了家康的支持。他甚至对荷兰在亚洲海域攻击葡萄牙商船感到欣慰。[②]1610年，日本与西班牙建立通商关系，但并未发展起来。

那时，德川家康正集中精力应对国内事务。家康心里清楚，他与丰臣秀赖的支持者之间将有一场决战，而购自外国商人的弹药在这次军事行动中会起到重要作用。因此，对于外国商人尤其是荷兰人来说，与日本的通商依旧前途光明。

对于德川幕府来说，除了消灭丰臣一族的势力，他们还须确立并且维系自身在日本整个社会政治体系中的权威。这一体系包括天皇、公卿贵族、士农工商。此时，佛教僧侣及其寺院已不再归属任何政治势力，而神道教对政治的影响仍微乎其微。

德川幕府早期的法律规范即针对这些不同的社会阶层。这些法规最早由德川家康制定，其后，德川幕府的第二任将军德川秀忠和第三任将军德川家光又进行了补充。1611年，家康颁布法令要求日本中西部的大名对其效忠；1612年，北部的大名也被要求臣服于他。这些法令首次规定了各位臣服于德川将军家的大名的义务：

第一条，诸大名应世世代代遵守自源赖朝幕府时期传承至今的武家法令，包括1232年的《贞永式目》、1336年的《建武式

---

① 吕宋、安南今均属东南亚地区。——译者注

② 仅有一艘名为"澳门号"的葡萄牙商船例外。该船定期往返于日本和中国两地，受家康之命装载大量白银前往中国，并购回黄金和名贵丝绸。该船持有朱印状。荷兰商人也曾被警告不要攻击这艘商船。更多关于1555~1640年幕府对葡萄牙贸易的细节，请参见 C.R. Boxer, *The Great Ship from Amacon* (Lisbon, 1959)。

目》①以及由德川幕府颁布的诸法令；

第二条，严禁诸大名包庇违反上述法令或忤逆幕府将军的罪人；

第三条，诸大名应严惩在所辖领地内以下犯上或者犯谋杀罪的武士及其他人。

在与丰臣决战之前，家康驻在京都，丰臣的军队则驻守大阪。在西日本的诸位大名当中，家康尤其希望得到细川忠兴、池田辉政、福岛正则和加藤清正的支持。关原之战时，这些大名都选择了与家康并肩作战。

1611年与1613年，家康制定法令规范公卿贵族的行为并限制朝廷的权力。1611~1614年，他颁布禁止基督教的法令并驱逐在日传教士。1614年，位于京都的教堂被毁，牧师也被逮捕。1615年，大阪城陷落。

在其生命的最后一年中，德川家康仍致力于稳固德川将军家在军事和经济上的绝对权威，以威慑任何可能联合起来与其抗衡的势力。1615年，作为幕府的实际掌权者，家康着手制定适用于所有武士的法令。遵从家康的命令，南禅寺（禅宗寺院之一）僧侣崇传与其他几位学者共同起草了《武家诸法度》。所有武士被要求遵从这一法令，这也成为德川幕府的治国纲领。1615年8月30日，德川幕府在伏见城颁布这一法令。包括丰臣秀赖在内的诸多大名均在场。

作为德川幕府治国的基本纲领，《武家诸法度》中的一些细

---

① 《贞永式目》又称《御成败式目》，多被认为是日本镰仓幕府的基本法以及首部规定日本武士阶层权利义务和道德准则的法令。《建武式目》为室町幕府时期的施政纲领。——译者注

节虽多经修改，但基本内容从未有过大的变动。每位新任幕府将军即位时都要重申其重要性。该法度共有十三条，大致内容如下：

第一条，文武兼修（文左武右）；

第二条，严禁酗酒淫逸（赌博猥亵之风足可灭国）；

第三条，各藩不可隐匿违法之人（法治方可修为）；

第四条，各藩大名不论领地大小，若领内出现叛逆杀人者，应立即予以驱逐；

第五条，各藩不可包庇叛乱之人，各藩内臣民不可随意离藩；

第六条，各藩居城若有修缮工事应立即上报，严禁新建城池；

第七条，各藩若获知邻国有生事结党者，应立即上报幕府；

第八条，不可擅自缔结婚约；

第九条，各藩大名前往江户城参觐幕府将军应依律行事，所携随从护卫人数依品级而定，不可僭越；

第十条，衣饰依品级而定，不可有骄奢之风；

第十一条，平民 ① 不可坐轿（医师、占星师、年长者及病人除外）；

第十二条，各藩武士均应节俭；

第十三条，各藩大名应择用贤才。

有趣的是，其中一些条文所附的注释或多或少引自中国古代典籍。与日本中世时期的法令不同，《武家诸法度》整体带有儒

---

① 平民在此处指"士农工商"中的"农工商"，即农民、手工业者和商人。

家色彩，在这之后的诸多法令均有这一特点。

历史上的专制政府或有人为设定的国家宗教，或制定相应的行为准则和衣着规范，德川幕府也不例外。早在镰仓幕府时期，源氏和北条氏就曾尝试规范臣属大名的生活起居。德川幕府也继承了这一传统，在《武家诸法度》中要求大名武士戒奢从俭，并对大名的衣着饮食做了规定。这些幕府将军虽未大力推广单一的宗教信仰，却均致力于培养崇尚服从和牺牲的武士精神。

2　德川家康的为政之道

《武家诸法度》折射出家康确立德川幕府永久专制的决心。早在幕府初期，德川家康制定的法令即反对"变化"，正如《武家诸法度》第七条所示，"生事"即为"谋逆"。

德川家康的手迹

一些历史学家（包括赖山阳在内）认为，早在与丰臣秀吉的小牧·长久手之战时，家康便已下定决心消灭丰臣一族。世人的评价虽带有感情色彩却并未批判家康所为。在大多数人看来，家康消灭丰臣秀赖是出于政治考虑，虽应被谴责却也可以理解。为了取得胜利，家康必须冷酷无情。

确如时人所说，家康目标明确，也明白自己必须采取的行动。他试图建立一个威权政府，或者至少为其后人的威权统治打下坚实的基础。1615 年大阪城陷落之后，上述政治目标在家康的行动中即有很好的体现。

当德川军杀入大阪城时，丰臣军中一位名为大野长治的武将从大火之中救下了家康的孙女千姬。作为交换，大野请求家康宽恕丰臣秀赖的母亲淀夫人一命；然而，家康不为所动。秀赖死后，丰臣一族彻底失败，仅留下两个幼童。尽管如此，德川军仍旧毫不留情地猎杀守卫大阪城的丰臣军队。大阪夏之阵后，每天有五十至一百人被擒获并处死。不久之后，数以千计的头颅被悬挂在伏见到京都的道路两旁示众。当时流传的许多悲惨的故事都涉及家康的残酷行为。秀赖和其侧室所生的年仅八岁的儿子在六条河原刑场被当众处斩，其女被免死刑，但被迫出家，在镰仓终其余生。

在消灭其首要敌人后，家康还需要确保潜在对手的臣服。为了达到这一目的，家康重新对各大名的领地进行了战略性调配，建立了完善的情报侦察系统。家康还赋予实力最为强大的大名各种职责，以限制他们军事和经济实力的发展。

但是，德川家康最强大的武器或许是他的声望。在生命的最后几年当中，家康受人崇拜，地位堪比神明。尽管都认为家康谋害了秀赖，但世人仍旧认为家康的地位是至高无上的。由家康创立的德川幕府统治日本二百余年，其后人治国时也都谨遵由他制定的神圣"天法"。不论是生前还是去世之后，从未有任何一位幕府将军如家康一般获得如此至高无上的荣耀。其葬礼庄严肃穆远胜过源赖朝和足利尊氏。直到今日，家康在日本仍被尊为"权现"大人，也即神佛的化身。

家康为何能够对其他大名发号施令呢？其实早在关原之战后，获胜的家康就已经解决了石田三成统领的文官派系与自己统领的武士派系之间的矛盾。与丰臣秀吉不同，家康没有大费周折征伐朝鲜，而是集中精力训练军队。大阪城陷落后，家康最强大的敌人们或许尚有余力挑战他的军队，却不敢挑战他的权威。因此，这些大名放弃了与家康分国而治的企图。按其中一位大名锅岛真茂的话说，与家康分国而治是"做梦也不可能的"。①

家康看待问题多重全局，敢于冒险，但对具体的行政事务不感兴趣。因此，德川幕府的行政架构是在家康去世后才逐渐建立起来的。1600~1615 年，幕府积极推进由军事政权向文治政府的过渡。与人们对日本普遍的印象不同，这一时期的日本革新之风盛行，社会充满活力并显现出独特的民族特性，与一百年后近乎停滞不前的政治体系大不相同。在去世之前，家康并未倚仗常规的文职系统，而是重用一批才华横溢的幕僚。这些谋士包括僧侣天海和崇传，儒学者林罗山，富商后藤庄三郎、茶屋四郎次郎、角仓了以、岛井宗室和今井宗薰，以及英国人威廉·亚当斯；大久保忠邻等几位亲信自三河国时期便是家康的家臣，自然在列；曾为家康鹰匠的本多正信更不在话下。

/ 011

与普通文职人员相比，这些幕僚才华出众，且多个性鲜明有趣，在家康麾下的职责也各有不同。家康的用人标准在茶屋四郎次郎身上大概体现得最为明显。茶屋四郎次郎的父亲曾是一名浪人武士，在战争中受伤残疾后，在京都开了一家布店，并为家康的父亲工作。茶屋四郎次郎自小便作为家康的随从被父亲送往三

---

① 锅岛真茂的罗马字拼写应为 Nabeshima Naoshige，而非原文中的 Nobushige。——译者注

河国。继承父业后，茶屋四郎次郎成为德川家在山城国的专属经营商，生活优渥，是京都地区屈指可数的富商。他为家康提供了大量的军需品，并在从1572年三方原之战到1590年小田原之战等主要战役中跟随家康出征。

1582年，织田信长死后，四郎次郎及时向家康报信。家康由此得以从凶险的伊贺之行中脱身，从堺市逃脱。茶屋四郎次郎还是家康在京都的眼线。据与朝廷关系密切的劝修寺所存的1591年日记所记，在丰臣秀吉掌权时期，茶屋四郎次郎曾接连数年替家康向朝廷秘密传递信息并赠送礼物。由此可见，家康对政权的渴望由来已久。

家康从三河国东迁至江户后，茶屋四郎次郎曾帮助他设计建造江户城。1595年后，四郎次郎从未离开家康。他曾有机会成为德川一族控制的地区的领主，但以自己不属于武士阶层也不愿改变现状为由，拒绝了这一赏赐。1596年，茶屋四郎次郎去世。其长子继承家业，后参加关原之战；次子随后继承家业，并被家康派往长崎督办对外贸易。茶屋一族以及家康都从中获利不少，茶屋四郎次郎的次子还负责监视当地的天主教徒。

除茶屋四郎次郎以外，商人角仓了以、岛井宗室和今井宗薫也都聚财有方。岛井宗室（博多商人，1537~1615年）通过造酒和放贷聚财无数，并留有著名的"遗训十七条"，这些遗训被时人奉为经商信条。后藤庄三郎在关原之战前就是家康的军需承办商，主管铸币厂，并为家康制定货币政策出谋划策。

在制定控制农业人口和调查农业用地等农业政策的过程中，大久保长安、伊奈忠次、板仓胜重等人起到了关键作用。[1] 伊奈

---

[1] 经译者查证，江户幕府初期并无原文中所记的 Itagaki Katsushige。据译者推测，作者此处或指 Itakura Katsushige（板仓胜重）。他曾主管江户地区的土地测量工作。——译者注

才能卓著，擅长调查和登记各地的土地利用情况，并在发展灌溉和防洪方面颇有建树，得到了家康的丰厚嘉奖。关原之战中，伊奈负责军需品运输工作。1610 年伊奈去世后，他的封地由大久保长安接管。大久保长安由此成为家康农业政策的首席顾问，在矿业问题上尤其受家康器重。①

在其去世后，大久保长安被发现曾侵吞大量公款，但因一直受到大久保忠邻的庇护而没有被怀疑。大久保忠邻对长安的所作所为一无所知。家康到最后似乎对其罪行有所察觉，但在意识到问题的严重性之前，一直认为长安功大于过。

德川家康的宠臣本多正信曾指控大久保忠邻包庇大久保长安（本多正信也曾受大久保忠邻照顾，但厌恨大久保长安）。真相是令人难过的，因为这些人当中，几乎每个人都肆无忌惮地犯了舞弊之罪。② 这样的现象在财政管控尚为松懈且没有监管机构的幕府初期司空见惯。尽管如此，大久保长安的罪行还是最为严重的。

大久保长安一直过着挥霍无度的生活。在长安因公务检查出行时，随他出行的仆从、妾室、散乐舞者可至数百人。凡其停留过夜之地，长安一行人必定大肆歌舞宴饮，并要求当地的农民市民担任苦力和提供物资，导致民怨不断。尽管如此，一直到 69 岁去世，对自己的功绩无比自信的长安只顾着吹嘘自己奢靡的生活。

---

① 大久保长安的父亲是堺市的一位猿乐表演者，曾受聘于武田信玄。德川家康注意到大久保长安并开始与其接触。

② 本多正信是一位曾参与关原之战的武士，他对文官十分不屑。针对徇私舞弊之风，他曾表示"将军的代理文官们应该像瓶子一样有绳子束在脖子上"。日本的陶器瓶多下部宽，上部窄长，可由绳线系住吊起。

按照大久保长安的遗愿，他将被安置于黄金棺材中下葬；幕府的重臣均将出席他的葬礼。但是德川家康突然下令停止长安的葬礼，并要求调查他的罪行。调查结果表明，长安的罪行达到了叛国谋逆的程度。他的七个儿子被拘禁在由家康亲信掌控的城中，后接连被杀或被要求自尽。他的宗属和许多与其有关联的人被连坐。他的保护人大久保忠邻因允许长安承袭大久保姓氏而被褫夺封地，而忠邻本人当时正在京都从事镇压基督教的活动。另有其他许多人受到类似的处罚。

德川家康如此严厉处罚大久保长安一案相关人员的理由并不明确，毕竟长安在世时还是功绩颇多的。然而，其生前似乎与数位外国和日本基督徒结党，试图推翻家康的统治。支持这一指控的证据并不十分令人信服，但毫无疑问的是，在对长安的调查中，他的书信证明他在政治问题和金钱问题上都不诚实。

德川家康震惊于大久保长安所聚敛的钱财的数量。这或许更合理地解释了德川家康的愤怒。德川家康本人生活十分节俭，对外十分吝啬。他一直害怕失去自己的财产，因为他认为这些财产对于维系幕府的早期统治是必不可少的。据估计，家康生前总共拥有价值两百万两的金币，其他各种财产则有四百万两。当发现长安侵吞了几乎与他自己的财产相当的资产时，家康当然会勃然大怒。

在这一关键时期，这些人一起行动起来并非偶然。丰臣秀吉死后，德川家康期待着和平时代的来临。尽管家康仍需要在沙场征战，但他习惯于远观大局，也比同时代的人更有远见。追溯家康的亲信与他的联系是十分重要的。他们都认同家康对于未来的预期，虽然原因各有不同，但有一个共同的因素使其聚集在家康周围——他们最希望能够毫无保留地施展自己的才华。

　　本多正信（佐渡守）是三河藩的一名仆从。在家康年少时，正信被派为家康的随从。大久保忠邻的叔父大久保彦左卫门在他的《三河物语》一书中曾记载，其兄长大久保忠世很喜爱本多正信；在正信参与三河藩宗教起义陷入困境时，忠世曾有助于他。另一位大久保家的成员把本多正信作为技艺高超的鹰匠介绍给德川家康。正信虽不算是一名武将，却政治嗅觉敏锐，因而很得家康重用。正信是个直言不讳的人，家康也十分明智，并不认为正信有意冒犯，反而对其十分信任。在关原之战后的领地分封一事上，本多正信为家康提供了很大帮助。他本人对于封地并无贪心，一直是一个岁入不过两万石的小大名。他认为曾为家康效力的谱代大名和世袭贵族应被委以重任，而不是赐封大量财物。在受尽梅毒病痛的摧残后，本多正信于 1616 年离世。

　　一些谱代大名对此颇有不满。在这些大名当中，井伊直政和本多忠胜所受褒奖最多。他们都以自己的家族为傲，并厌恶家康身边的那些"暴发户"，但这些"暴发户"并未衰落。本多正信的儿子——本多正纯接替了父亲的工作。他跟随家康前往骏府，继续参与有关幕府政策的讨论。据称，他曾为家康击溃丰臣家族出谋划策。一些骄傲的武将因此嫉妒正纯并设计暗算他。本多正纯最后死在了流放之地。本多家族的悲惨下场被认为是他们对于恩人大久保忠邻不知恩义行为的报应。

　　家康死后，幕府的统治结构不如以前随性，也不再建立在村落首领（庄屋制）或者地方行省（三河制）分治的基础之上。在家康 75 岁去世后，其将领和属臣们也都年事已高，原本由其亲信掌控的权力逐渐旁落。新的职位被不断地确立并从未空缺。到

1634 年，新的幕府机构得以建立。土井利胜、酒井忠胜和酒井忠世成为"大老"，松平信纲、阿部正次以及其他年轻一辈则掌管主要权力。[1] 新的幕府官僚机构逐渐成形。

正是在这样的背景下，下述历史著作才尤其值得关注。该著作反映了家康的谋臣们所理解的政府的实质和结构，但无法预见家康去世后幕府机构的复杂化。

这一论述治国方略的著作名为《本佐录》，被儒学者木下顺庵、新井白石和室鸠巢认定为本多正信所著。据称，此书是在德川家康的要求之下完成的。[2]《本佐录》全文冗长，且颇为枯燥乏味。其主要论点为：好的政府首先有赖于统治者的德行，因此统治者须时时思进取。本多正信认为，佛教、神道和新儒学是社会乱象的源头，并倡导发扬中国古代贤君的美德。他明确指出，贪婪、野心以及其他恶习会阻碍政府实行良治。他列举了诸多良治的必要条件，并着重指出政府高官不应追求更高的声望，而应当无私且忠诚地为国家服务。主管财政的官员应廉洁有为，并力行节俭防止浪费。

在《本佐录》中，类似的说教还有很多。这些内容都算是常识，但毫无疑问的是，正直的本多正信坚信这些道德信条十分重要。他认为虚荣腐败之风于公于私都是具有毁灭性的威胁。

在论述了武士阶层的职责以及如何任命担任政府要职的官员后，本多正信谈到了如何对待农民的问题。而《本佐录》中常被引用的论述也出自此处："百姓是立国之本。治理百姓须有章法。

---

[1] 原文此处有误，阿部正次的罗马名字应为 Abe Masatsugu 而非 Abe Tadakatsu。——译者注

[2] "本佐"为"本多佐渡守"的略称，"录"意为"记事"。据传，本多正信还著有《治国家根元》，但这一说法并未得到证实。

政府应该明确标注每个人所有的田地，并预估他们的花销。多余的部分应作为赋税上交。百姓生活上应该既无过多富余也无匮缺。在十月和十一月（收割农作物后），他们应负责修缮由政府出资维护的街道。除此以外，农民不应服任何徭役。若农民因徭役负担过重而体弱无力，他们耕种的庄稼就会收成不好。"

本多正信谴责奢侈行为，并认为类似茶会的消遣娱乐活动和良治是背道而驰的。他对日本历史上北条氏绩效卓著的统治过后出现的衰败进行了有趣的描述。足利幕府后期，细川政元逐渐掌管幕府实权。在正信看来，他还对治理之道有一定的了解。但在他死后，政权落入织田信长和丰臣秀吉手中。他们虽是优秀的武士，但不谙德治也无理想抱负，生活奢靡并且压迫百姓。

我们很难完全厘清本多正信对于幕府早期法规制定的影响。但极有可能的是，他提议制定了 1611 年和 1612 年颁布的有关德川亲族职责的法令。同时，也可能建议制定了《武家诸法度》的主要内容。不管怎样，有一点是可以肯定的——本多正信认为，幕府的未来并不复杂，只会在过去的基础上得到改进。

3　德川家康的个人特点

德川家康对织田信长和丰臣秀吉是忠诚的，但他同时小心翼翼地保持着一定程度的独立。在丰臣秀吉进攻朝鲜时，德川家康并未派遣自己的军队参与其中。这一行为或许并未触怒丰臣秀吉，但展示了他大胆独立的行事作风。在其他强大的大名因跟随丰臣出征朝鲜而实力大伤时，家康的这一选择让其占尽优势。

在小田原城陷落后，丰臣秀吉要求德川家康离开原有的属地迁往江户。对此，家康一开始是十分犹豫的，毕竟这意味着他将失去包括三河在内的封地，而三河是他和三河武士的家乡。尽管如此，有远见有决心的家康同时也很有耐心，他明白自己需要更多的时间。

家康很有政治头脑，同时也是一名出色的战略家和武士。他剑术高超，体质健硕，爱好运动，很少生病。60岁时，精力充沛的他仍热爱狩猎、骑马、游泳等各种运动。他虽身材矮小但发育良好，多少有些胖。这些都和拿破仑很像。①

家康出色的军事统率能力是毋庸置疑的。早在小牧·长久手之战中，丰臣秀吉就对此有所体会。据说家康一生共出征超过45场战役，虽并未场场告捷，却在三方原之战中大败人数是己方两倍的武田信玄的军队。②而武田在当时被认为是最伟大的武将。

家康生活节俭但酷爱敛财。他在关东的属地价值颇高，在工商业方面的投资也为他带来了巨额的收益。他敬慕源赖朝，并认真研读了《吾妻镜》（又称《东鉴》）。此书是镰仓幕府的官史，记载了从1180年源赖朝起兵讨伐平氏至1266年的历史。他还经常诵念佛经。

后世普遍认为家康成功地获取了由织田信长开创、丰臣秀吉统一的天下，但这一说法并不完全准确。家康的成就的确是建立在前人成就的基础之上，他们的军事功绩带来了一定程度的国家统一，但更重要的是家康凭借其军事和文治才华实现了国家的统一。家康的意志力并不弱于前人，其政治判断更为切实；相较于

---

① 家康在70岁之前都未患有严重的疾病。他长过一两次疖子，得过一次并不严重的性病。

② 原著此处的表述与历史事实有很大出入。据译者考证，在三方原之战中，武田军大胜德川军。家康被一路追赶，被迫逃回滨松城避难。——译者注

前人莽撞暴力的行动方式，家康更为冷静，更有耐心和远见，但这样的性格并不讨喜。相较于他那些有罪在身的同伴，家康为人冷淡有余，热情不足。

4　幕府将军与天皇

德川秀忠代表德川家康发布的最早的行政法令之一是有关天皇和朝廷的权力和职责的规定。这一规定在实质上并不重要，毕竟幕府将军握有实权，权限大小任由其定。尽管如此，幕府仍旧希望借此明确天皇朝廷与幕府的关系，以震慑某些试图谋逆的公家贵族。

1613 年，家康曾向京都所司代板仓重矩传达政令，大致规定了公家须遵循的行为准则。他们必须专心学术，行为端正，不可放荡，尤其不可赌博和无序结交朋党。凡不遵守规定之人将被流放。

在大阪城陷落后不久，家康权势如日中天。1615 年，幕府颁布了《禁中并公家诸法度》，对天皇和公家与幕府的关系进行了更为详细的规定。这一法令表明了德川幕府将军对于天皇和公家的态度。其十七条规定的主要内容可总结如下：

天子（此处用"天子"而非"天皇"，意在强调其血统而非政治地位）应专注研习学问，遵循经典教义，崇尚诗歌传统。

公家内有品阶之别。三公（太政大臣、左大臣和右大臣）应在亲王之上。

武家官位与公家官位有别。

凡违令者，不论官职高低，一律可判流放之罪。罪行轻重可按《名例律》裁定。

大僧正任命须承先例。然若有才华卓著之人，即便出身平民，也可提拔其为准僧正。

从上述内容可以看出，幕府承认天皇及公家的威严，但仅允许其承担仪式性的职责。公家名门贵族虽有世袭之权，却无法自由行动。天皇公家无不倚仗将军和幕府官员的怜悯。天皇被视为无上至尊，但这一地位却由幕府决定。天皇和公家的岁入在足利幕府时期降至极低，后由丰臣秀吉和德川家康提高。

除了上述繁杂的规定，幕府还通过联姻强化其对公家的控制，其中广为人知的即为 1620 年德川秀忠的幼女德川和子与后水尾天皇的婚姻。幕府同时派遣武官服侍天皇和上皇，以掌控朝廷的动向。

5　幕府将军与大名

德川家康对于调解与自己相关的大名之间的纷争十分尽心，但大多数时候，他把这一工作交给评定所处理。这一司法机关由其信任的官员主持。在把将军之位传给德川秀忠后，家康要求评定所同时对他和秀忠效忠，并公正地审判所有案件。1614 年，评定所的成员立誓表示，对于忤逆幕府将军及其家族或违反幕府法令之人，不论亲疏，他们量刑时都将一视同仁。酒井、土井等幕府高官都在其列。

1615 年，土井、酒井和安藤写信要求松平长门守（西日本地方的大名毛利秀就，松平为家康赐姓）拆除其领地内的城池，仅留一座作为其住所。他在信中被告知，各藩已经收到同样的指令。我们或许会觉得，如此重要的指令应该通过更为正式的渠道和方式下达。但实际上，这种简易的传令方式正是幕府早期统治的一大特点。幕府治国仿佛与村长治村并无大异。

1616 年家康去世后，幕府的组织结构开始急速转变。作为国家统治中枢的幕府亟须明确德川家各系的封属类别、位阶和职责。德川家族的核心成员为御三家，即尾张德川家、纪伊德川家和水户德川家。御三家的初代家主均为德川家康之子，分别为德川义直、德川赖宣和德川赖房。御三家之下的亲族被称为御家门，确立于家康去世后，被赐姓松平。其中，德川家康之子松平秀康为越前松平家初代家主，统领 67 万石的越前北庄藩；德川秀忠之子保科正之为会津松平家初代家主，统领 23 万石的陆奥会津藩。其他属于御家门的德川亲族则由后任将军增列。

除亲藩大名以外，德川幕府时期还有谱代大名和外样大名。他们之间的差异是由丰臣秀吉死后他们与德川家康的关系决定的。镇守东部海防和在关原之战中追随家康的世袭大名被封为谱代大名，在关原之战中效力于丰臣派系，但在大阪城陷落后臣服于家康的大名则被称为外样大名（"外人"大名）。家康认为，这些大名虽已臣服，但仍须被监控。

谱代大名的领地大多为岁入不超过 5 万石的藩地，酒井家、大久保家、统领彦根藩的井伊家（15 万石，后升为 25 万石）以及其他几位大名除外。他们拥有超过 10 万石岁入的藩地。但平均下来，由谱代大名统领的藩地的岁入约为 5 万石。在这之后，有更多的大名被提拔为谱代大名。到 18 世纪末，谱代大名的数量已由关原之战前的 37 名增至 145 名。

外样大名都是在丰臣秀吉死后与家康对立或者保持中立的强藩领主。其中，前田家（102 万石）、萨摩岛津家（77 万石）、细川家、黑田家、浅野家、伊达家均拥有远离江户的领地。出于政策上的考虑，谱代大名均被分配到战略要地，以监视外样大名；若外样大名试图调动军队，谱代大名则会从各方位对其进行威慑。幕府会时常调动谱代大名到不同领地，以防止他们与外样大名建立紧密的联系而对幕府不利。

幕府政策的一个最突出的特点即他们时刻都在防备外样大名的实力增长，并且尽可能地加重其负担以削弱他们的实力。为了达到上述目的，幕府要求外样大名在江户居住一段时间。这一办法不仅可以加重富裕的大名的财政负担，还可以更方便地监控他们。这些行动最初是自发的。1603 年春，在家康成为幕府将军后，来自日本中部和西部的几位大名自发前往江户，向家康表示效忠，并且承担了前往江户的费用。在写给其亲属的信中，黑田长政记录了这一次参觐。他受到德川秀忠的接待，后陪同家康前往京都参加家康受封征夷大将军的仪式，之后又回到江户，并受到家康的接见。

上述政策源于政治人质制度。在德川幕府治下，第一位政治人质是外样大名前田利长的母亲，她于 1600 年被送往江户。前田利长是当时实力最强的外样大名，并且很不得家康信任。在那之后，幕府提倡各位外样大名前往江户表示衷心。初为自愿的江户参觐也成为一项义务。1635 年，修订后的《武家诸法度》的特殊条款对此进行了规定。按其要求，外样大名均须在江户设立居所，每年或者每隔一年须在江户居住 4 个月。在离开江户返回藩地时，外样大名须将妻儿留在江户。这一名为"参觐交代"的制度十分有效地帮助幕府监控了外样大名的行动。富裕的外样大名还要拥有声势浩大的参觐队伍，这给他们带来了极重的财政负担。

大名们还被要求协助幕府筑城或修缮旧城，这是幕府试图削减各大名经济实力的另一策略。在井伊直胜修建彦根城①时，幕府要求其 7 个临藩的大名给予协助，以压制近畿地区各藩的实力。1602~1614 年，强藩的大名被要求为修缮或者扩建幕府要塞和皇室居所提供劳力物力。江户城的修建工作持续了十年，伏见城、骏府、名古屋城以及其他一些建筑工事也都耗资巨大。根据幕府的命令，大名们还要负责道路、港口等公共设施的修建。

在封建等级制度中，大名以下为旗本。由这一名字（原意为主君军旗的所在地）可以看出，他们是主君的护卫。在江户时期，旗本是直属将军且收入少于 1 万石的家臣。当家康还在三河时，直接向家康效忠的旗本武士是家康军队的主力。旗本武士的具体人数不详，但在 1635 年幕府规定旗本武士的职责后，他们大约为 5000 人。他们有权直接参见将军。在战时，每拥有 500 石岁入，旗本武士就须携同 13 名武士参军。据估计，他们的人数可达 8 万人。其中包括了旗本的下级武士，即不受分封的"御家人"，他们大约有 1.7 万人。

幕府严禁低级旗本武士与在其领地内耕作的农民交往过密。幕府担心这会引发起义，甚至在当地形成像"国人众"一样的地方乡绅势力。他们曾给前任政府带来不少麻烦。绝大多数大名给岁入少于 500 石的旗本武士直接提供固定的津贴，而不再封给他们土地，旗本武士对此并无异议。许多旗本武士带着这些津贴来到城镇。这些无所事事的旗本武士胡乱闹事，给幕府带来了新的问题。

最高一级的旗本武士的岁入可达 3000 石，甚至更多。他们被要求履行参觐交代的义务，并且身兼要职。将旗本和御家人

---

① 彦根城所在地原为石田三成的佐和山城。

与土地分离的政策持续施行了很久，以至 1722 年，只有约 1/10 的旗本和御家人武士（22000 人）没有依靠幕府津贴生活。原本属于旗本和御家人的土地则划归德川幕府所有。

6　幕府的统治机构

幕府的行政机构并非一日建成。在第三代将军德川家光在任时期，幕府的机构架设才大致形成。为了方便读者阅读，本节将介绍从家康到家光三任将军任期内逐渐发展成形的幕府机构的主要特点。

德川幕府中最为重要的行政机构及人员包括大老、老中和评定所。他们相应的职责如下：

大老负责辅佐将军制定重要的国家政策，并在年幼将军在任时承担摄政之职。丰臣秀吉在世时曾任命 5 位大老，江户幕府时期（1633 年）则仅设 3 名大老，后减为两名，最后仅为 1 名。江户幕府时期的第一任大老包括土井利胜、酒井忠胜和酒井忠世。其后这一职位仅在特殊时期设立，并由岁入不低于 10 万石的谱代大名担任。

老中既是将军的谋臣，也是政府的行政人员。家康在任时期仅有两名老中。秀忠在任时期并无很大变化。但在家光在任时的行政机构改革过程中，老中的人数增加到 5 人，后又减为 4 人。于 1634 年颁布的幕府法令对老中的职责进行了明确的规定，其内容可总结如下：

（1）保持与天皇、朝廷和出家的皇子的关系；

（2）统领岁入超过 1 万石的大名；

（3）制定政府公函的格式；

（4）监管将军领地范围内的内政事务；

（5）造金银币；

（6）管理公共事务；

（7）负责领地分封；

（8）管理寺院神社；

（9）绘制地图、图表等。

　　四位老中轮流任职，每人在职一个月，经由侧用人与将军沟通。有时他们被认为组成了某种内阁，但这种类比是有误导性的。因为当烦琐的官僚机构出现时，掌权的军事统领们会轻易找到行动的捷径。

　　评定所由老中和某些奉行组成，他们同时也承担一定的行政职责。例如，他们会担任町奉行（掌管城中事务）、寺社奉行（掌管寺院神社）、勘定奉行以及首席监察官"大目付"。在江户时期，行政和司法职权之间并无明确的区分。评定所兼具行政和司法职能，可被认为是当时的最高法院。

　　在大老、老中和评定所之下是一些更为特定的职位，包括若年寄、大目付、寺社奉行、江户町奉行、勘定奉行以及其他一些地方政府机构的官员。

　　若年寄一职最早出现于 1631 年（具体时间不详）。如其名所示，若年寄是老中的下属。1634 年的一道行政命令记述了他们的职责。若年寄通常有 4~6 人，负责监管旗本武士、手工业者和医师，监督公共设施建设，规范在京都、大阪、骏河等大城市任职的官员的行为，同时需要监管岁入 1 万石以下的大名。自1662 年起，若年寄成为幕府的固定职位。

　　大目付可被认为是幕府的首席监察官。他们直接向老中负责，主要职责为搜集情报并监视所有大名。大目付共有 4 名，下设 16 名目付。目付向若年寄负责，职责为监视旗本武士。

寺社奉行共有 4 名，负责管理包括佛教寺院和神社在内的宗教机构及其人员。

江户町奉行共有两名，负责江户城的治安并处理城内行政和司法事务。

地方政府机构。日本全国是由德川幕府的领地和各大名统领的自治藩地组成的，所以由幕府直接任命的地方官员数量有限。幕府共设郡代 4 名，负责管理一些重要地区的幕府领地。代官则有 40~50 人，负责管理其他地区的幕府领地。除此以外，幕府还任命了一些城主，其中负责掌管大阪城、京都和骏府的城主被称为城代。

从严格意义上讲，地方政府的职位是指京都所司代以及在长崎、山田、奈良和日光等重要城市任职的奉行。其中，京都所司代负责京都的治安并处理近畿地区的司法诉讼。上述职位一直都由谱代大名或旗本掌控，外样大名则不会有此机会。

第二章　德川秀忠与德川家光

1　德川秀忠（1616~1623 年）

1605 年，德川秀忠在名义上继承了幕府将军之位，但直到家康去世前都未真正制定政府政策。自 1616 年起，他开始大刀阔斧地"压榨"一些实力强大的诸侯以强化幕府的权力。这些被打压的诸侯包括他的弟弟松平忠辉，实力强大的大名福岛正则和本多正信，以及他的侄子松平忠直。[①] 秀忠通过打压他们获取了超过 450 万石的收入。

秀忠担任幕府将军的时间并不长。1623 年，他主动退位将将军之位传给了儿子德川家光。但直到 1632 年去世，秀忠仍旧握有幕府实权。在其掌权期间，秀忠重新确认并且强化了家康执政末期的一些重要政策。1616 年，他继续推行禁止基督教的政策并限制外国船只入港，仅允许来自中国的商船进入长崎港和平户港。1622 年，他下令处决了长崎的 55 名基督徒，并在 1628 年下达了类似的命令。他还禁止有关基督教的书籍流入日本并规范了幕府的行政机构建设，如若年寄的任用。

尽管秀忠在公务上手段强硬，却是个妻管严。他的正室希望自己的儿子成为秀忠的继承人。受秀忠的长子竹千代的乳母的影响，家康下令长幼秩序不可僭越。1623 年，竹千代更名为家光，成为第三任德川幕府将军。他的乳母阿福在幕府中很有影响力，与幕府的重要官员都有往来。她还设法获得了朝廷官衔"局"这一封号。

---

① 　此处原文有误，德川秀忠的侄子应为 Matsudaira Tadanao（松平忠直）而非 Matsudaira Tadanori。——译者注

2 德川家光（1623~1651 年）

德川家光在任时期相当自信。他的治国才能仿佛与生俱来一般。对于连家康都善待几分的强藩的外样大名，家光的态度是坚决且强硬的。据僧侣天海称，家光十分聪明而且很有决心，但是很难亲近。他喜好华丽之风。家光命令大名和旗本武士力行节俭，并且罢黜了身边衣着华丽的侍从，然而他在江户城大奥内却拥有大量的装饰华丽的套间。家光死后，近 3000 名侍从（多为女性）成了江户城内多余的存在，并被遣散。在花费上，家光是很阔气的。几位旗本武士曾上书请求借款，家光收到请愿书后下令将其金库中的几箱黄金发给这些旗本。家光表示，把这些黄金一直存着也无大用。人们并不认为这件事展示了家光的慷慨大度，反而说明他对钱财一事毫无概念。和他精于计算的祖父家康不同，家光并不理解会计们试图向他解释的简单算术。

家光在任时期幕府行政制度的发展是否值得称颂？关于这一点的讨论并不重要。这一时期是幕府政策确立的关键时期，而毫无疑问的是，家光得到了许多才能卓著的官员的辅佐，如大老土井利胜以及其他老中。他制定的有关大名的政策则确立了幕府对诸大名的统治，因而更值得关注。家光因其弟德川忠长（国松）对大名的暴行而下令没收其岁入 50 万石的封地。这一处罚或许有些不可理喻，毕竟在家康、秀忠和家光在任时，类似的处罚并不由罪行轻重决定。在处置行为霸道的大名一事上，这三位将军都毫不手软。他们对于不服从权威的行为十分警觉，认为这些行为是忤逆犯上的第一步。正因如此，家光明确表示外样大名将不再享有特殊待遇。而在这之前，幕府将军对于外样大名还是有所礼遇的。1634 年，家光率领 30 万大军前往京都，以获得朝廷的认可并向外样大名展示其军事实力。

1632 年，幕府明确规定了旗本武士的权利和义务。旗本武士应勤修武术，忠于职守；须行事节俭，不可参与赌博；不可结党，不可经商，未经许可不可擅定继承人。相较于 1600 年，1633 年的兵役制度变得更为严格。举例来说，岁入 10 万石的大名须召集携带火枪的士兵 350 人、弓箭兵 60 人、长矛兵 150 人、携军旗者 20 人、骑兵 150 人、步兵 2150 人。

1635 年，为了进一步强化对大名的控制，幕府修订并颁布了条文更为详细具体的《武家诸法度》。其中一个重要的变化即原本自愿的参觐交代被定为大名必须履行的义务。

与此同时（1634 年），幕府的行政机构建设也趋于完善。老中、若年寄和奉行制度以及司法机构评定所得以确立，评定所类似于室町幕府时期的问注所。1636 年，江户评定所成为江户城内的常设机构。

家光在任及其死后，幕府进一步削弱了朝廷的权威。1615 年的《禁中并公家诸法度》已经在很大程度上削弱了天皇的权力。然而，1627 年，后水尾天皇受到了更大的冒犯。长期以来，赐予僧侣名号都是朝廷的特权。但当时受幕府之命，京都所司代宣布朝廷对数位高僧赐号并授予"紫衣"的行为无效并剥夺了天皇封赐"紫衣"的权力。

后水尾天皇深受冒犯，并扬言自己将会退位以示抗议。尽管如此，幕府并未让步，而是剥夺了近 70 位僧侣的法衣及称号。后水尾天皇孤立无援，于 1629 年退位，并在下文的和歌中表达了自己的失望：

苇原兮，蒹葭乱生；乱世兮，正道岂存。①

这首和歌带有很强的政治色彩。合乎正统的朝政已不复存在，朝廷也只能倚仗武士阶层存活了。后水尾天皇在上述和歌中承认了这一严酷的现实。

后水尾天皇受到的羞辱是多方面的。他被迫退位，对于继任天皇的人选也不满意。后水尾天皇最初希望立自己与德川秀忠的女儿所生的儿子为下一任天皇，但在他的儿子夭折后，后水尾天皇不得不立皇女兴子为继承人。1630年，兴子继任成为明正天皇。明正天皇是继称德天皇（于770年去世）后的第二位女性天皇，同时也是德川秀忠的外孙女。

家光并非完全有意羞辱朝廷或者贬低天皇的权威，毕竟这样做会触犯武士和僧侣阶层内很多忠于朝廷的人（上层武士们尽管实力强大，却执着于得到朝廷的认可）。1634年，当家光率领大军到达京都后，他给予了皇族和一些公家贵族很大的帮助。他将退位天皇的岁入由7000石增加到1万石，并且给京都的居民送上厚礼，以求留下好印象。

但从此以后，天皇再无政治实权。他仅可授予公家爵位，主持全年的传统典仪。朝廷资力匮乏，公家贵族的生活水平也不高，就连在公家地位最高的近卫家家主，其岁入也仅有2000石左右。其他公家贵族的岁入更少至130石。他们生活贫困，不得不教人学习绘画、书法、音乐、诗歌、刺绣等技艺或得体的行为举止以谋生。从长远来看，更有利的选项则是将自己的女儿嫁入富有的大名家中。

---

① 该和歌的原文如下：芦原や、しげらば繁れ、荻薄とても道ある、世にすまばこそ。

接下来的三章将具体介绍家光治下的日本社会。这将涉及城镇社会的发展、对基督徒的迫害、对外贸易以及锁国政策的出台——到 1640 年，日本已逐渐封闭国门，仅允许一定数量的进口和与少数荷兰商人进行买卖。

第三章　封建社会

1　社会秩序

德川幕府时期的日本社会是建立在严格的等级制度之上的。幕府的统治者通过立法反对一切变化，以求国家能够自我延续。因此在原则上，任何人不得僭越其原属的等级。

等级制度在此时的日本社会并不是新鲜事。1588 年，丰臣秀吉发布刀狩令（没收武器的政策），通过没收武士之外的平民的武器，间接地进行了武士与平民阶层的区分。在德川幕府初期，社会各阶层之间的区分尚不严格；但家光在任期间，日本社会已等级森严，所有等级都须经世袭获得且不可更改。

日本社会共有士农工商四个等级。其中，武士仅占总人口的不到 1/10，或者更少——1/20 有余。农民则占总人口的 80%。在战乱不断的中世时期，日本社会被分为武士和农民并不稀奇。但实际上，这一等级划分可以追溯到 8 世纪的《养老律令》和《大宝律令》。这两部律令采用了与当时中国社会类似的等级划分方法。纵观日本历史，拥有极强的等级观念是日本人的一个重要特点。

每个等级内仍有不同阶层，因此社会流动仍旧存在。但是等级之间的鸿沟不可轻易逾越。武士阶层包括了所有可以携带武器的家族，其中既有实力强大的大名，也有贫困至极的武士。

武士以下为农民。其中既有穷困的佃农，也有富农。在大阪城之战后的和平时期，农民可以平安地在租地上耕种。但他们的生活并不轻松，并且随时可能被刻薄的地主盘剥。幕府中地位仅次于将军的大老土井利胜的言论道出了统治阶层的看法。1640

年，土井时隔十年再次回到自己的领地，发现村民已不再住茅屋，而是搬进了极好的房子里。他表示："这些人的生活太舒适了，他们应该被课重税。"

自中世时期起，日本社会都以农业经济为主。农民在人口中所占比例最大，也可以说是最重要的社会成员。为了更好地理解日本历史，我们有必要了解农民在社会生活中所扮演的重要角色。

一般来说，武士阶层都会设法将农民与其耕种的土地绑在一起，并防止农民弃地离开。德川幕府早期的法令并不严苛，并且在一定程度上试图保护农民免受地主剥削。1603年，江户城的行政官员下令表示，若德川家领地内的主管或私有土地的地主对农民有"过度"压迫的行为，农民可以离开自己的租地。出现上述情况时，农民须在离开前交纳赋税，之后才可自由选择居所。在同一命令中，地主被禁止对农民使用暴力。若出现有关赋税的纷争，应交由地方法官处理。

尽管一部分地主选择通过劝说而非暴力方式管理农民，但总体来看，农民的待遇变差了。幕府对农民的态度是相对温和的。1643年，幕府下令："若某一领地的主管或代官的惩戒有误且不堪忍受，农民可在上交所有赋税后离开；他们可搬至临近村落，并免受上述官员的干涉。"但此时，幕府的命令已不能阻止刻薄的地主欺压农民。农民潜逃的案例越来越多。1642年，冈山藩的大名颁布法令，表示五人组 ① 将为农民潜逃负责，并要求村庄继续负责耕种荒弃的土地。

并非所有潜逃的农民都曾受到地主的压榨，但他们中的大多

---

① 　五人组通常由平民或村民组成，负责维护城镇和村落的治安。

数人在城镇发现了可以不再面朝黄土背朝天的工作。和平年代经济不断增长，这些农民也成为劳工或者仆从，进而发展成为一个新的社会阶层。他们如果有一技之长，就可以成为第三个社会等级的成员——手工业者。

手工业者的社会地位低于农民，但在一定程度上，拥有特殊的技能和知识的手工业者，尤其是直接为武士阶层服务的手工业者是受人尊重的。军械师，尤其是铸刀师会得到非常好的待遇。他们从幕府和大名那里得到的报酬很高，住宿条件也很好。木匠的地位也很高。例如，在1698年，京都的首席木匠中井的薪水可达500石，并有带刀的权利，可以说相当于半个武士。其他有特长的工匠，如金匠、银匠、画师、裁缝甚至是直接服务于幕府的制糖工都可以获得类似的权利。

普通的手工业者就没有那么幸运了。住在城下町的手工业者通常为大名工作，薪酬很低，并借此换取在市场上贩卖自己商品的权利。在他们之下是被称为旅人的手工业者，他们的工资都是按日发放的。这些手工业者会成立行会来保障自己的权益。木匠、锯木工、铁匠、瓦工、石匠、泥水匠等各个行业都有行会，还有严格但高效的学徒制度。

在四个社会阶层中，商人的地位最低。[1]但随着和平时期日本经济的发展，商人逐渐强大起来。到18世纪时，凭借他们雄厚的经济实力，商人已经可以突破由德川幕府确立的社会分级。富商们经常被任命为政府的经销商，他们的服务也成为武士阶层生活中必不可少的一部分。甚至连幕府原则上反对的商会，都承担了征收赋税的工作。

---

① 在此，"非人"是被排除在外的。"非人"字面意思为"不是人"，指社会最底层的贱民。

在此需要指出的是，每个阶层内部仍有分层。武士阶层内上有大名，下有低级武士；农民阶层内上有富农，下有临时工；手工业者中既有技艺高超之人，也有学徒；商人阶层中既有富商也有小贩。所有人都严格地依照等级关系办事，并且对于优先权或者村落长老会发言的顺序等都十分关注。复杂的社会等级制度要求人们必须行为举止得体，这些要求的确烦琐，但也促使人们更知礼节。

上述四个阶层囊括了日本社会中的绝大多数人，但不属于上述四类的人也是存在的。上文中提及类似于杂工、挖土工、船工、抬轿人的流动人口，他们从事的不是技术活而是体力活。像潜逃的农民一样，这些人或被迫或自愿地逃离了他们原有的社会阶层。但与此相比，另外一批"离经叛道"者更为引人注目。他们原本属于武士阶层，但出于生活的不幸或对现实的不满，选择了反叛当权者，这些不服侍主君的武士被称为"浪人"。他们在封建社会中的地位值得我们单独探讨。

2　浪人武士

尽管德川幕府颁布法令将武士置于幕府和所有大名的统领之下，但有一类武士不受这一体系的制约。

在日本封建社会中，编组封地的过程存在一个内部矛盾。这一矛盾造成的不幸结果即是浪人武士的出现，这一问题最早出现在丰臣秀吉执政时期。秀吉下令实行农兵分离，禁止武士居住在村落，这是秀吉土地政策的一部分。他希望农地能够被用来增加国家收入，而不是养活一些可能发动叛乱的地方武士。然而，导致浪人武士出现的直接原因是德川家康对其敌对大名封地的削夺。在关原之战结束前，这些浪人武士的存在并未成为亟须解决的问题。虽然他们没有归属，但只要战争仍在继续，他们就可以听从召唤展开行动。但在关原之战后，随着削藩和大名人员变动的规模逐渐变大，浪人武士的问题也变得更为棘手。据称，发动叛乱或者失去主君和生计的士兵达到了 50 万人。

这一数字并不令人十分吃惊。1601~1650 年，由德川家族没收的土地的岁入总额超过了 1200 万石。由此可知，为数众多的大名都被削夺了领地。德川将军们贪恋土地，并且以任何可能的理由没收大名的领地而毫不顾及当地人的生活。例如，他们曾拒绝承认一位过继给已是暮年的大名或者旗本的养子，并借此没收了其领地。以类似理由被没收并划属给德川将军的领地约有 60 处，岁入总额约有 500 万石。

因德川幕府对大名领地的削夺而失业的武士不断增加，幕府也意识到了这个问题。1651 年，当幕府终于决定采取有力措施削减浪人武士的数量时，其最先采取的措施之一便是减少对大名领地的削夺，并承认 50 岁以下的大名或旗本武士认领的养子。而在这之前，所有试图减少浪人武士数量的措施都是无效的。

在江户幕府早期，大阪城陷落后不久，幕府官员就已经意识到管理失业后试图作乱的莽撞的武士们是一件难事。约有 10 万浪人武士加入了丰臣阵营，其中 3 万人阵亡，余下的 7 万人则滞留于畿内地区。他们多数聚集在京都，希望甚至祈祷着战乱再起。加入德川阵营的浪人武士更多，这一直令幕府焦虑不安。一些幕府官员支持采取暴力镇压的办法来驱赶滞留城中的浪人武士。这一政策最初适用于所有的浪人武士，后来则仅用于对付那些不愿归从新的主君或者改行从事文职的浪人武士。

福岛正则的家臣就是一个很有趣的例子。福岛曾是德川家康最为信任的武将之一。由于违背了将军的命令，福岛被褫夺了约有 50 万石岁入的封地，他的家臣也因此失业。福岛的家臣当中位阶最高的武士都颇有能力，于是其他大名都争相聘用他们。这样的案例并不多见，但一般而言，大名在获得新的领地后不会遣散领地内原有的武士。也正因如此，失业武士的数量是很难计算的，但其数量还是足以置幕府于尴尬的境地。幕府最初处理这一问题的方式也颇为笨拙。他们下令驱逐城内的浪人，并命令各藩大名不得为他们提供新的工作机会。一些浪人曾被寺院和其他地方收留，并佯装学习以求皈依佛门。这些地方也收到了来自幕府的同样的命令。

1623 年，京都所司代板仓重宗下达了一条专门针对京都浪人的命令。当时京都浪人最多，大街小巷都贴满了告示，警告人们不要聘用任何浪人。浪人若是长期居住在京都，从事贸易等合法工作并与妻儿同住，则不需要被驱逐。这一法令同样适用于其他在城内拥有合法工作并得到城内官员认可的居民，在 1631 年和 1635 年的《武家诸法度》中也有类似的规定。不论城乡，全国各地的官员均被要求拒绝收容非本地人。

为了避开这些禁令，一些浪人回到他们原属的藩内，在农村避难。他们或成为佃农，或成为小农，开始重新务农。只要不张扬，这些浪人通常过上了不被外界干扰的生活。

幕府的一些命令是专门针对基督徒浪人的。在幕府看来，这些浪人最为冥顽不化。幕府在九州地区镇压基督教时，他们带头反抗幕府的政策。1637 年与幕府军队在天草和岛原交战后，他们被称为"天草浪人"或"岛原浪人"。其中态度最为坚决的是追随基督徒大名小西行长的浪人武士，他们被称为"小西浪人"。小西行长曾是丰臣秀吉的家臣，领地在肥后国南部。

　　幕府的各种镇压措施并未有效地减少浪人的数量，甚至有可能导致他们数量的增长。大多数浪人的愤懑之情也并未得以平息。在家光统治后期，幕府面临着起义引发的统治危机。这一点在由井正雪策划大规模浪人叛乱一事上显露无遗。

第四章 对外关系

1 对外扩张

如前文所述，德川家康十分热衷于推动对外贸易的发展。17 世纪早期，日本的海外活动显著增加。幕府给日本商船颁发印有将军朱印的通航许可，一些独立的日本商人和冒险家也纷纷找到了前往太平洋西岸和通过马六甲海峡前往缅甸的航路。1604~1635 年，幕府总共颁发了 300 份通航许可，允许平均每年有十艘商船进出日本。在海上运输十分耗时的 17 世纪初期，这一规模算是十分可观了。除了这些朱印船以外，葡萄牙和中国的商船也载货进出日本港口。西日本的大名们，尤其是岛津氏、松浦氏、锅岛氏和大村氏，也都开展了各自管辖范围内的官船贸易。

一些朱印船的活动几乎与海盗无异，他们会袭击任何船只或地点夺取战利品。这令东南亚地区的国家惶惶不安，一些国家向日本政府抗议并催促他们采取管控措施。应吕宋的要求，被允许前往当地通商的日本商船减少为每年四艘。一些学者认为这是 17 世纪 40 年代日本制定锁国政策的前奏。

日本出口的货物主要有银、铜、铁、硫黄、樟脑、米以及其他谷物，除此以外还有相当数量的漆器、扇子和其他一些手工艺品。作为交换，来到日本的商人带来了生丝（最为重要的货物）、高质量的丝绸、棉、鲨鱼皮、鹿皮、香木、染料、糖、铅和锡。

从中国的台湾岛、澳门到马六甲、菲律宾群岛、婆罗洲、西里伯斯岛、爪哇、暹罗和马来半岛，日本人在东亚的大部分地区有居留地，其中最大的位于吕宋、暹罗和中南半岛。在这些移居的日本人中，许多是战争结束后找不到合适工作的武士。其中一位名叫山田长政（1633年逝世），他住在暹罗国的都城阿瑜陀耶。山田长政深得暹罗国王信任并被委以重任。在一次王位继承之争中，山田凭借自身的军事才能阻止了一场叛乱的爆发。

2　锁国政策

令人意想不到的是，就在日本的海外扩张前途一片光明时，幕府却接连下令切断除与少数国家之外的贸易关系，并严禁国人出国。这些政令先后颁布于1633年、1635年和1639年，统称为"三次锁国令"。然而，这一表述并不准确。确切地说，这些政令未被公示，而是幕府告知地方官员如何执行海禁政策的文书。

通过比较这些文书的内容，我们可以更好地理解日本闭关锁国的来龙去脉。这一历史现象看似简单却实须细解，源头可追溯到1611~1614年家康下令禁止信仰基督教一事。但不论涉及的规模还是影响力，锁国令都远远超过了家康时期的政令。

1633年，老中酒井忠胜和另外三位幕府高官向长崎奉行下发备忘录（全文共有17条）。其主要内容如下：

（1）凡未携带许可证件的船只均不得离开日本前往外国；

（2）任何日本人不得乘坐未得幕府许可的船只前往外国；

（3）任何留居外国的日本人如若回国将被处死，因不可抗力留居外国且未满五年者可免刑罚，但若再次试图出国则将被处死。

除上述条文外，备忘录的其他内容主要涉及搜查基督徒和偷渡到日本各港口或已藏匿于日本国内的传教士。对于申请进入日本的外国船只一事则须向幕府请示。

1635 年的锁国令同样是下发给两位长崎奉行的。该令共有 17 条，主旨与 1633 年的锁国令相似，但规定更为具体。日本船只和日本人被严禁出国。任何人若被发现秘密出国将被处死，相关船只和船主将被拘留并听候幕府处置，其余条文主要涉及搜查基督徒和货物处理，最后一条对从中国进口的生丝的寄售做了规定。来自中国的生丝是当时最贵重的进口货物。锁国令规定，幕府或幕府将军享有垄断生丝贸易的特权。另有条文（第 14 条）就如何应对进入日本港口的外国船只做了规定，并给予葡萄牙和中国商船特殊待遇。

除三项有关日本女性与外国人所生子孙的条款外，1636 年的命令（不算在三次锁国令之内）的内容与 1635 年的基本一致。同年，幕府下令要求所有在日外国人移居到长崎港内的出岛，并搬入由幕府准备的住所。最初，这一命令仅适用于少数葡萄牙人。他们在这之后不久便被驱逐出国（1638 年）。1641 年，在日荷兰人从平户移至出岛，出岛逐渐成了在日荷兰人的居留地。他们被限制仅在一定地区活动，其家人也被要求离开日本。

1633~1636 年，这些记录在册的锁国令将日本与外国隔绝开来。自此，日本仅通过中国、葡萄牙和荷兰商船与外界有所往来。这些商船也只被允许进入指定港口，并须接受严格的检查和管控。这些禁令自家康去世后不断演化成形，大多与禁止信仰基督教的政策有关。另外值得注意的是，除这些禁令之外，1635 年的《武家诸法度》中也有条文要求所有大名在各藩内严禁信仰基督教。

1639 年，幕府迈出了闭关锁国的第三步也是最后一步。这一决定似乎是由 1637~1638 年爆发于九州地区的起义触发的。来自岛原半岛和天草岛的农民军与受命于幕府的西日本大名的军队对抗数周，后世称此为岛原起义。幕府认为这是日本基督徒的叛乱。针对起义军的屠杀可谓骇人听闻。起义军主要由贫苦农民组成，但也包括一些叛逆的武士。整个起义军由曾效力于基督徒大名的几名武士统领，据说总数约有 37000 人，而其中仅有 100 人左右最终得以逃脱。但这些数字仍需要求证。起义军一方的人数有可能不及 2 万人，幕府军则有 10 万人，其中死伤人数不下 1 万人。幕府军统领无力，士兵们也缺乏勇敢战斗的志气和能力，因而未能轻易取胜。这也暗示着在大阪城陷落之后的二十余年间，战斗精神已渐渐消亡。

其实，岛原起义并不是一场宗教起义，而是一次对偏远且落后的岛原地区的封建领主统治的反抗。但毫无疑问，起义军领袖们的基督教信仰让许多起义者加入战斗。他们的旗帜上写有圣徒的名字和"赞美圣体和圣血"等内容。不论性质如何，这场起义之后，公开信仰基督教在日本已不再可能。幕府更是加紧搜寻基督徒和传教士。在 1633 年和 1635 年两次锁国令之后，这次起义也将日本在锁国的道路上越推越远。

1639 年，幕府颁布由 7 位老中和大老署名的锁国令。锁国令指出，外国传教士不断来日并违反禁令传播基督教，地方上还出现了反政府组织，藏匿的传教士和信教者也借机获得来自海外的违禁物品。鉴于上述情况，幕府将禁止一切葡萄牙商船进入日本。任何违反此规定的船只将被销毁，船员和乘客将被处死。幕府还将上述命令传达到进入日本港口的中国和荷兰商船处，并承诺给予举报者奖励。

1639 年的锁国令重创了葡萄牙在澳门的贸易。澳门总督决定冒险派遣一使节团前往日本，请求幕府重新考虑既定政策。1640 年 7 月，一艘葡萄牙商船不顾上述禁令进入长崎湾。但在到达长崎后不久，这艘葡萄牙商船即被解体。船员和乘客也被拘押，等候幕府处置。8 月初，幕府的决定被非常严肃地传达给葡萄牙使节。在被指控违反日本法律后，葡萄牙使节回应他并非为通商而来，也未携带任何货物，只是传递外交文书。日本一方的官员随后下令宣读判决书。因违反将军下达的基督教禁令，使节团一行被判处死刑。

第二天清晨，幕府表示，若狱中的使节团成员自愿放弃基督教信仰则可免去死刑，但使节团成员均表示拒绝。他们随后被带到处决地，其中 57 人被斩首，其余 13 人则免于一死并被要求回到澳门向当地官员汇报日本的处罚决定。使节团乘坐的船只也被烧毁。

日本的锁国政策在上述严厉的处置决定中有明确的体现，这一政策与日本对外国入侵的惧怕有直接关系。从锁国令的内容来看，幕府的主要目的似乎只是镇压日本的基督教活动。但这与1635~1639 年日本的基督教传教活动的实际情况有所出入。接下来，本章将梳理自家康时期以来日本镇压基督教政策的演变，以更好地理解其背后的逻辑。

3 镇压基督教

1611 年，幕府首次发布基督教禁令，要求各地官员镇压基督教信徒。1612 年，幕府下令给长谷川藤广（通称左兵卫，1606~1614 年任长崎奉行），要求其镇压违法者。1613 年 6 月，幕府发布长文政令，要求所有寺院神社对包括基督教和日莲宗的非正统教派在内的"邪教"提高警惕。1614 年 1 月，僧侣以心崇传撰文指出基督教教义的"邪恶"本质，并谴责其对日本本土宗教传统的破坏。在这一颇有儒教色彩的文章中，崇传号召驱逐外国传教士。这一文书得到了德川秀忠的认可。秀忠特批朱印，这一文书也因此成为法律。

1612 年之前，家康对外国传教士的态度颇为宽容，所施对策也相对温和。他不允许武士和幕府官员成为基督徒，但也未干涉农民、手工业者和商人信教。虽然在 1613 年，家康下令处决了 27 名日本传教士，但这是对一位名为索特洛的西班牙传教士的违法行为的惩罚。1612 年，索特洛在将军的都城江户建了一座礼拜堂并公开举行弥撒。他随后被处以死刑，但这一刑罚未被执行。

1614 年，幕府镇压基督教的态度变得更为坚决。① 此时，家康转向与荷兰和英国商人进行贸易往来，而这些外国商人并不受传教士的影响。因此，家康在驱逐耶稣会士等传教士的问题上也不再犹豫。大多数传教士离开了日本，但也有少数藏匿起来，还有一些秘密返回日本。据说，在大阪城陷落时，城中就有几位神父。家康在世时，类似的违法之事多有发生，但无外国传教士被真正处死。这或许是因为相比日本国内的基督教传教活动，家康面临着大阪城战役这一更大的挑战。在掌权期间，家康并未亲自起草基督教禁令。耶稣会士和在日本居住的英国商人认为，1613 年和 1614 年的禁令实际出自长谷川藤广之手。在担任长崎奉行时，长谷川非常排斥外国人。1614 年，长谷川施诡计获得了有马氏的领地，并残忍地处决了当地的基督徒。

---

① 1606 年，日本国内共有约 122 名耶稣会士（其中包括 66 位神父和 56 位修士）和约 30 名方济会及其他修会成员。在 1614 年颁布禁令后，他们的数量降为 47 人，但时常有新的修会成员偷渡到日本。

家康心胸开阔，为人冷静。相较于处罚传教士，他对日本的贸易扩张更感兴趣。家康去世后，日本镇压基督教的政策才变得更为严苛。1616 年 10 月，幕府老中向各藩大名下令，要求他们禁止藩内的所有人（包括农民在内）信仰基督教。同年，幕府增加了对朱印船出航的限制，要求他们在获得朱印的同时还须得到老中的许可。

这一措施是德川幕府开始严格执行锁国政策的第一步。同年，除中国商船以外，所有其他外国船只仅被允许进入平户港和长崎港。但此时，禁教活动仍未达到顶峰。耶稣会的德·安吉利斯（de Angelis）教父和卡瓦略（Carvalho）教父分别于 1618 年和 1620 年造访虾夷新发现的金矿。据他们称，那场"掘金热"一年内吸引了约 5 万人从本州岛到当地定居采矿。①1618~1621 年，在京都和长崎，包括传教士和信者在内的许多日本基督徒被处决，其中仅 1619 年就有超过 50 人。但 1622 年之前，仍未有外国基督徒被处死。在这一年，日本发生了大殉教。有 30 名基督徒被斩首，25 名被烧死。被烧死的基督徒中有 9 位外国牧师，他们是最早在日本的禁教活动中被处死的外国基督徒。

一位名为理查·考克斯（Richard Cocks）的英国商人记录了当时悲惨的场景。考克斯并不喜欢这些"天主教"传教士。他写道："我在京都看到 55 名殉教者，其中有五六岁的孩子。他们被母亲抱在怀中一齐活活烧死，哭着恳求耶稣收下他们的灵魂。还有很多人在牢狱中等待着死亡的到来，再无机会继续祈祷。"②

---

① 参见 H. Cieslik 创作的《北方探险记》（东京，1962 年）。

② 在这里，作者所描述的应为 1622 年发生在长崎的元和大殉教。引文中记录该殉教发生在京都（Miyako），但应为理查·考克斯记录有误或作者转述有误。——译者注

由此也就不难理解为何考克斯称日本幕府是"世界上最令人生畏的专制政府"了。①

1624年，几名来自吕宋的传教士被允许进入日本。但当来自菲律宾的使团请求幕府给予西班牙传教士和商人以优待时，德川秀忠表示了拒绝。1625年，秀忠虽未禁止贸易，但下令禁止一切以经商为目的西班牙人在日本居留。秀忠的禁令未能阻止传教士偷渡到日本。在这之后，松仓重政甚至提议派远征队前往吕宋，捣毁设在当地的传教士基地。

这或许只是幕府用来支持各种冒险之旅的说辞，但一些幕府官员确实对基督教的影响力十分忌惮。大多数信仰基督教的日本人是贫苦的村人，武士和市民阶层中也不乏信徒。对信徒的严酷镇压迫使城里的信徒或公开放弃基督教信仰，或藏匿起来。但村人却违抗幕府的命令，坚守自己的信仰，并甘愿为此献出生命。幕府的迫害是残酷的，他们找到藏身在最贫困偏远之地的信徒并对之严刑拷打。一些信徒放弃了信仰，但仍有许多人经受住追捕者对他们的折磨。在九州的一些地方，尤其是宗教狂热的贫穷地区，一些农民自发组织起来，进行了更长期的反抗。

1625年，日本的宗教迫害达到顶点。在日本的大多数地区，基督教或被肃清或转为地下活动。在接下来的二三十年中，基督教活动零星再起，殉教也有发生。在一些地方，农民仍在潜伏的传教士的鼓励下秘密地做礼拜。

1640年，江户城内设立了一个类似于宗教裁判所的调查委员会——"宗门改"。1664年，所有岁入超过万石的大名均被要求在领地内设立类似机构。幕府开始采用踩踏十字架的测试（踏

---

① 据记录，1613~1626年，在日本被处决的基督教传教士约有750人，更有数千人因入狱或被流放而受难甚至死亡。

绘）来探查基督徒。为了探查人们的宗教信仰，幕府还要求寺院等宗教机构将教区内居民的生死、婚姻、出行、职业等信息记录在册。在幕府镇压基督徒的行动中，佛教僧侣扮演了警察的角色。

1633~1639 年颁布的锁国令将镇压基督教作为锁国政策的首要目的。传教士散布的基督教教义与幕府视为统治根基的封建思想格格不入。因此，迫害牧师和信徒的行为虽然从道德角度讲极为恶劣，从政治角度来说却有所依据。即便如此，为了避免外国宗教的影响而大关国门的逻辑还是难以说通。

幕府的锁国政策也并非一刀切。首先，幕府的政策并不适用于中国和荷兰，以及任何不将传教士送往日本的国家。为了垄断与日本的贸易，荷兰人想方设法地警告日本提防葡萄牙和西班牙，并指控两国试图夺取日本的领土或对日本动武。英国商人本不会被幕府的锁国令排除在外，但是他们早在锁国令颁布之前的 1623 年就离开了平户（当时英商的聚居地）。正因如此，幕府的锁国令虽只禁止葡萄牙和西班牙商人或传教士进入日本，却也达到了预期效果。

从 1624 年开始，西班牙人被禁止进入日本。如前文所述，1636 年，所有外国人都被命令移居到长崎湾的出岛，并搬入由幕府准备的居所。这最初只针对一些葡萄牙人。在 1638 年岛原起义后，他们被驱逐出境。到 1639 年，基督教已被肃清。只要统筹各港的入港管控，幕府即可阻止外国传教士进入日本，但这需要港口所在地大名的合作。这一现实情况可以帮助我们理解幕府政策制定的缘由。

地处西日本和九州地区的外样大名在对外贸易中获益颇丰。

若继续被允许与外国通商，这些大名的实力将很有可能强大到足以威胁幕府地位的程度，甚至会胆大到寻求葡萄牙人和西班牙人的协助。防止出现这一情况的唯一办法即为禁止除在幕府直接控制之下的长崎港以外所有地方的对外贸易。通过这一办法，幕府不仅控制了日本的对外贸易，还获得了其中所有的利润。不论锁国政策的目的到底有几重，上述内容都是自家康在任以来幕府政策的目的所在。现在看来，德川幕府很明显是在试图建立一个专制国家，并控制国家经济、社会和道德生活的方方面面。

幕府是惧怕基督教的传播，还是以此为锁国政策辩护？在幕府开始大规模迫害基督徒之前，日本基督徒的数量应为30万人左右。在大规模迫害发生后，由于许多教徒或被处死或放弃基督教信仰，日本的基督徒减少到不足10万人，并不得不秘密地坚持信仰。1625年后，在日本的基督徒势力薄弱且四散在各地。考虑到家康的眼界，称其因惧怕如此弱小的群体而放弃对外扩张的计划，恐怕难以令人信服。秀忠和家光的胆识远不比家康，他们的幕臣们或许非常惧怕外国的入侵。他们不愿冒险，而且很不信任外样大名。在听闻欧洲国家的各种活动后，他们也不愿意参与太平洋地区争夺海外领土和贸易特权的争斗。

荷兰在日商馆的负责人法兰索斯·卡隆（Francois Caron）曾给家光上过几节世界地理课。在1641年的报告中，卡隆写了这样一段引人深思的文字："在了解到世界之大、国家之多和日本的渺小之后，他（家光）非常吃惊，并且打心底里希望传教士从未到过自己的领土。"①

---

① C. R. Boxer 在 *Jan Compagnie in Japan* 一书中记载了包括这一案例在内的许多有关当时日本人的地理概念。日本人从荷兰人那里学到许多有关航海的知识。在锁国令发布之前，许多荷兰人曾担任朱印船的导航员。

回看日本对基督徒迫害的历史，我们无法对种种残忍的行为视而不见。教徒们经受的酷刑是令人无比悲伤的，而下令折磨教徒的人也让人厌恶。相较于由宗教引起的仇恨，世俗世界的各种敌意似乎显得更温和了。在日本，许多男女老少死于各种各样的酷刑折磨，其残忍程度是其他地方所难以企及的。① 但实际上，中世纪欧洲基督教会的许多行为同样令人作呕。更可怕的是，受难者的苦痛被认为是令人愉快的。例如，萨伏那罗拉就曾经数天受到"锲而不舍的折磨"，阿尔比十字军也曾"无比欢欣地"将"异教徒们"活活烧死。

值得注意的是，日本对基督徒的迫害并非出于宗教上的考虑。佛教寺院并未发起这一行动，僧侣也并未在其中扮演重要角色。统治阶级对基督教的反感主要是出于政治上的考虑。基督教教义与封建等级制格格不入，也与武士阶层的行为准则相悖。基督教是日本潜在的敌人的信仰。

但若要说幕府对基督教的惧怕是其决定闭关锁国的原因恐怕很难令人信服。一位明朝学者的观点给我们提供了很有趣的证据。黄宗羲于1646年前往日本，试图寻求幕府的帮助抵抗清军。他认为，日本对欧洲人和基督教的惧怕的确是幕府锁国政策的一个缘由。但从最根本上说，幕府的锁国政策是为了维持国内稳定和繁荣，并排除一切可能妨碍这一目标达成的外部势力。

幕府对这一政策坚持之久似乎也印证了黄宗羲的观点。他们采取的措施和推崇儒家思想的中国，尤其是明代的举措一致。长年与世隔绝、忙于内政的明朝政府废撤海军，关闭港口，并严格

---

① 据说许多时候，处刑者会被要求或被贿赂更快地了结受刑者，让他们免受折磨。

管控商站的对外贸易。①

在理解日本的锁国政策时，还有一点是常被忽略的。从本质上来说，在 17 世纪，前往日本的葡萄牙、荷兰和英国商船并未携带来自西方的货物，而是来自亚洲其他地区（主要是中国）的货物。即便将对外贸易限制在长崎一港，日本仍可以像之前一样从荷兰、英国和中国的商船获取必需的物资。幕府有时会拒绝一些特定货物入港，但从未切断中日之间的贸易往来。

---

① 上述两段内容由 Theodore de Bary 教授执笔。黄宗羲是一名学者，同时也是一位爱国人士。在未得到日本的支持后，黄返回中国并投身到抗击清军的游击战中。

1　谱代大名与外样大名

/ 046

　　在日本江户时期，中央集权的封建政府建立在德川幕府将军对全国领土的控制之上，这一结果是在从织田信长到德川家康的国家统一进程中逐步实现的。所有的大名都须臣服于幕府将军。大名既可被将军削藩，也可被下令与其他大名交换领地。从原则上讲，大名都必须遵照将军的法令统治各藩。

　　大名又分两级，各级大名的出身和所受的待遇不同。如第一章所述，他们分别是谱代大名和外样大名。谱代大名包括德川家康及其子嗣的直属家臣，外样大名的领地则继承自先祖，并非由德川将军家封赏。

　　谱代大名最受幕府的信任，并且从一定角度来说地位最为稳固，但他们的处境却不好。谱代大名会被要求频繁更换领地（国替），而这一措施对他们来说有害无益。幕府的命令使他们没有机会更好地了解自己的臣民，因而他们对自己的领地治理欠佳，并且背负了更换领地的经济负担。

　　关原之战前，在家康势力范围之外的各藩领主为外样大名。他们原本效忠于丰臣秀吉，但在丰臣家族覆灭后，他们无主可侍，而极不情愿地接受了德川氏的统领。他们被视为德川氏潜在的敌人，因而受到了严密监视。但家康对外样大名的封赏十分大方，给予他们的领地也远比秀吉封赏的多。家康将关东八藩以及包括京都和大阪在内的畿内地区留给了自己和谱代大名，而把长期以来地处偏远之地的强藩留给了外样大名，如处于统领地位的北方的伊达氏、九州地区的锅岛氏和岛津氏。^①谱代大名则被安排在一些战略要地，必要时可以压制外样大名单独或共同采取敌对行为。

在完成这些战略布防后，幕府开始对外样大名施加更大的压力。这主要是通过《武家诸法度》和参觐交代制度完成的。按照上述规定，所有大名被要求每隔一年前往江户居住四个月，在返回藩地期间将妻儿作为人质留在江户。谱代大名和外样大名均被要求按规定完成参觐交代。其不同之处在于，前者是借此表示衷心，后者是借此表示服从。参觐交代制度始于1615年后不久，并在1635年成为所有大名的义务。这一义务使各大名的经济负担加重，仅在遇到困难时得以免除。

对比家康在关原之战后和1623年继任幕府将军时对外样大名的态度即可知晓，这些旨在确立幕府权威的措施是成功的。在

---

①　与外样大名相对应，在各地的谱代大名中，处于统领地位的大名如下：

在连接京都和关东的东海道地区，谱代大名被安排在骏河及其西侧一带，负责保京都、大阪和畿内地区。

在北部（陆奥和出羽），德川氏的支持者被安排在水户、宇都宫等地，负责监视伊达氏、蒲生氏、上杉氏和佐竹氏等外样大名，并保护关东地区免受来自北方的攻击。

前田氏的领地包括位于东海道西北方的加贺、能登和越前。为了防止他侵入东海岸或畿内地区，谱代大名结城秀康被安排在福井藩，松平忠辉则被安排在高田藩。

在中部地区（"中国"），福岛氏、毛利氏、池田氏、浅野氏等大名负责保护畿内地区免受来自西方的攻击（作者在这里似乎将毛利氏列为谱代大名并认为其被委以重任。但据译者考证，在关原之战中，毛利辉元为与德川阵营敌对的西军主将，战败后被迫隐退并让位于其子，毛利氏的领地实际为被家康削减后所剩之地。——译者注）

在九州地区，与幕府关系友好的大名被安排在统领强藩的外样大名中间，以尽可能将他们隔开。在家康之前，九州地区并没有谱代大名。

召见外样大名时，家光说了这样一段话："我的祖父和父亲都平等地对待你们，并给予了你们一些特权。但在我继任后，我会对你们和我的直属家臣一视同仁。如果你有何不满，大可不必犹豫地回藩去。按惯例，武力会决定谁才是这个国家的统治者。"这或许不是真正发生过的事，但若确实发生过，也与当时幕府强势的态度相契合。

到 17 世纪中期，所有大名的岁入总和约合 1900 万石，约占日本国内收入（约合 2700 万石）的 7/10。在幕府统治的第一个十年中，日本共有约 200 个藩国。这一数字在 1614 年减至不足 200，后又有所上升。由于幕府对藩国的封赏和征收情况的变动，各藩的岁入也起起落落。但在约 200 个藩国中，有 50 个藩国的岁入超过 10 万石，150 个藩国的岁入有 5 万 ~10 万石。

从原则上来讲，各藩国都由幕府封赏并可被征收、削减或者交换，因此作为对所获领地的回馈，各大名都要承担幕府规定的职责。每当新的幕府将军继任时，所有大名都必须上交其财产清单，并重新宣誓遵守《武家诸法度》以示忠心，幕府随后会下发按有将军朱印的文书确认大名的身份地位。他们必须承担幕府规定的一些军事职责，并响应幕府在一些紧急情况下的应征，如为筑城等工事出资出力。当然，他们还必须参加参觐交代。

除与幕府直接相关的事项外，大名在履行上述义务的基础上可自由管理自己的藩国。当然，他们的行为总体上不可与《武家诸法度》以及幕府其他基本法令的宗旨相悖。尽管 1635 年的《武家诸法度》曾明文规定"幕府所定之法适用于所有藩国之事"，但实际上，大部分大名因地制法施令，享有充分的自治权。相较于谱代大名，外样大名享有更多的自由。毕竟在家光任

期内的大规模"消灭"活动 ① 结束后，幕府也不愿过多干涉外样
大名的活动。即便如此，各大名对其藩国的治理可以说是受幕府
之命。幕府会看不惯某一藩国的苛政，但不会出面责罚。只有大
名的治理不当可能导致危险的藩国内乱，或者大名有对幕府不忠
的重大嫌疑时，幕府才会干涉一藩内政。

幕府有运转高效的情报机构。情报官员（目付）会前往外
样大名的藩国，有时候也会住在当地，为外样大名提供政策建议
并向幕府传递信息。对幕府来说，确保谱代大名治藩有方也并非
难事。因为谱代大名一旦治藩不当便会被严责，可能被调往不受
欢迎的藩国，甚至被削夺大名身份。这一政策并不适用于外样大
名。他们的领地都与江户相去甚远；若幕府施压过重，他们还可
能举兵反抗幕府。虽然外样大名的反抗可以被简单地镇压下去，
但公开反叛会损害将军的威严。幕府可以要求外样大名履行各种
义务，加重他们的负担，从而轻松地达到制约他们的目的。外样
大名也大都十分小心，以免出现冒犯德川将军家的举动。家康在
世时，外样大名似乎也对家康抱有好感。在家康辞世前，伊达
氏、前田氏和岛津氏都含泪陪在他的身边。

2 各藩内政

对于幕府的领袖们来说，在由武士阶层统治的社会开创和平
年代本身即有自相矛盾之处，而化解这一矛盾也并非易事。为了
维系封建社会的统治，幕府将军必须能够在确保各大名效忠于自
己的同时，给予他们很大程度上的自治权。将军必须手握无人可

---

① 　此处的"消灭"活动（日文为取り潰し）是指幕府废除一些旗本和外样大名
的家族名分并没收他们领地的行动。——译者注

敌的权力，但又能够处事小心细致，不至于落入不得不使用这一权力的境地，从而避免破坏好不容易才建立起来的社会结构。因此，他必须致力于维系国内权力的平衡。历史上曾出现过威胁这一结构的情况，但在家康率大军前往京都展示幕府的实力之后，这一威胁被掩盖了。

出于上述原因，绝大多数大名拥有很大的自治权。他们对本藩的治理有绝对的话语权，藩内民众均须服从大名颁布的法令并按要求交纳赋税。由于各藩大名在不同时期的职责都有变化，我们很难明确界定大名的权力和职责。但他们的主要工作包括发展本藩经济，确保藩民守法，并随时做好准备在幕府将军需要时调动军队。

大名的工作并不轻松。他们需要在很大范围内协调各种利益相关者。每个大名既是藩国的所有者，也是藩国的统治者。各大名的家臣（仅限于武士阶层）从大名处获得土地和粮米。其中，俸禄为土地的家臣被称为"知行取"，俸禄为粮米的则被称为"藏米取"。

"知行取"多为上层家臣，从大名那里获得土地（以及统治耕种土地的农民的权力）。如此获得的土地被称为"给地"。"给地"不一定都在同一地区，而是分散在各地，以便家臣向农民征税并要求其服徭役。大名的官员负责从"给地"征税，然后再转发给家臣。其数额不以土地面积而是米的重量为计量单位，也即通过石高制来计量。

"藏米取"则为下层家臣，从大名那里获得一定数额的粮米作为俸禄。这些米均产自直属大名的土地，也即"藏入地"。"藏入地"的所有收成都直接上交至大名的库房。获得产自"藏入地"的"扶持米"的下级武士被称为"扶持米取"。武士也分不同级别，其区别就在于俸禄的多少。

各藩的"藏入地"和"给地"的比重各有不同。下表反映了各藩的大致情况：[1]

年份	藩国	藏入地（直属大名）	给地（家臣统治）	给地（在总耕地中所占比重）
1625	萩	37万石	28万石	41%
1631	大村	4.2万石	1.9万石	31%
1632	尾张	15万石	45万石	75%
1643	水户	18万石	18万石	50%

一般来说，上层家臣的数量比"藏米取"的数量要少，因而由他们直接统治的领地在总耕地中所占的比重比"藏入地"所占的比重小。例如，1625 年在萩藩，"知行取"有 1764 人，而俸禄为粮米的家臣则有 4465 人。[2]

这种将一藩之地一分为二的制度必然存在管辖权的问题。按照分封制原则，"给地"的领主在适当范围内有权按照自己的意志统治领地。他们可以决定耕种作物的种类和农民需要上交的赋税，有权征用劳力从事清理田地、开渠、铲雪等工作。他们还有权通过酷刑等严苛的方式惩罚迟交赋税的农民，而实际上他们也这样做了。受刑的农民不会因此得到任何赔偿。

大名都倾向于减少"知行取"的数量，增加领取粮米俸禄的家臣的数量，但这样的政策极少出于人道主义的考虑。每增加一

---

[1] 该表由作者基于藤野保论文中的数据制作而成，参见《史学杂志》第 65 卷第 6 号。

[2] 参见《萩藩秘话》，载《经济史研究》第 12 卷第 3 号。

寸"给地"，大名的实力就会相应地减弱一分。大名也就自然而然地做了相应的政策调整。1640~1660年，这一调整在大多数藩内虽进度不快，但也切实地进行下去。1646年纪州藩实行的分封制改革就是一个很好的例子。改革后，"知行取"虽仍享有对"给地"内农民的统治权，但农民的赋税则由大名规定。针对不法行为的惩罚也不再由"知行取"实施，而是交由大名任命的地方官员执行。另外，除特殊情况外，"知行取"都被禁止居住在农田地区。

在同一时期，其他藩国也进行了类似改革。其中，水户和尾张地区的改革尤其重要。两地的"给地"比重都很高，且领主都是德川将军家的成员，因此改革由幕府直接参与。

上述改革被称为"知行制改革"，目的在于削减"知行取"的领地，以避免他们在领地居留过久，成为与农民接触过密的小地主乡绅阶级。出于对"地侍"或"土豪"势力的畏惧，丰臣秀吉曾颁布刀狩令。而江户时期的这一改革也是出于同样的考虑。即便如此，许多"知行取"还是留在了"给地"并亲自负责耕种。这一制度被称为"手作"（区别于佃农负责耕作的"小作"制度）。1653年，幕府下令要求所有大名按照1646年纪州藩的模式对本藩内的知行制进行改革，原本拥有"知行地"的家臣必须居住在城下町并领取粮米俸禄。其数量由大名按土地征税的多少决定，一般比固定税率下的年贡要少。到1660年，大多数大名已经按此命令进行了改革。

这些"改革"强化了大名的权力，降低了发生地方叛乱的概率。1651年由井正雪领导的浪人起义并非始于农村而是城市。当然，被迫离开土地迁往城下町的武士们都感到焦虑，而这次起义也是对失业武士数量增加的状况表示不满的抗议。

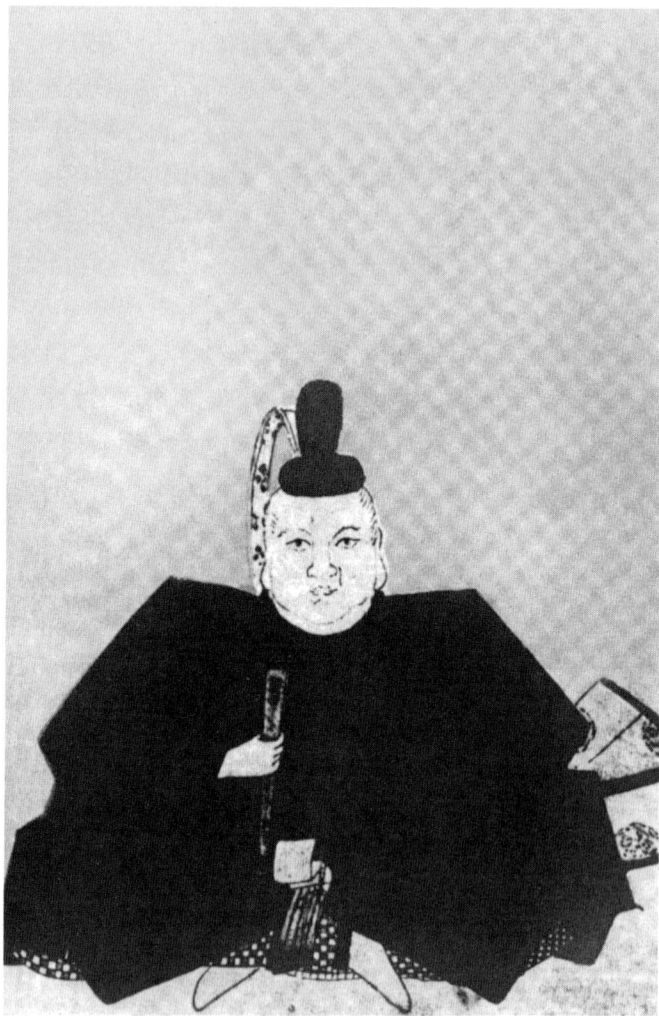

德川家康（1542~1616 年），德川幕府第一代将军

日光东照宫，主祭德川家康。1617 年，幕府举行隆重的安座大典，将德川家康的灵柩护送至此

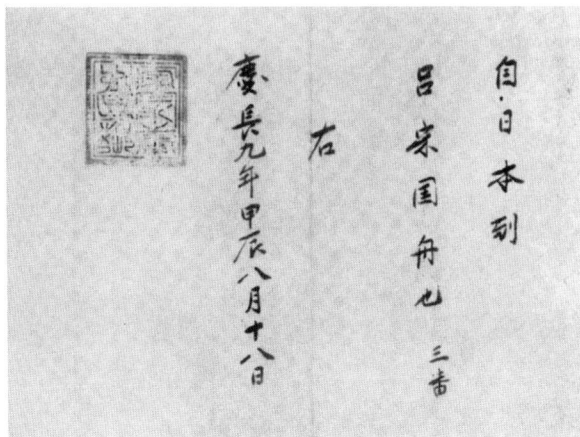

幕府"朱印状"，批准来自吕宋岛的船只入港（1604 年）。此朱印状现存于相国寺内，该照片由东京大学史料编纂所提供

德川早期一艘驶自长崎港的日本商船，船头挂着印有荷兰东印度公司标志的旗帜。该照片由东京大学史料编纂所提供，其原件属于长崎的森先生（K.Mori）

荷兰东印度公司标志

17 世纪初期的姬路城。该照片由日本文化财产保护委员会提供

《武家诸法度》，1615 年由僧人崇传起草。
该照片由东京大学史料编纂所提供，《武家诸
法度》原版现存于京都金地院

　　作为对上文有关各藩内容的补充，接下来本书将对德川将军家的直辖领地做一些介绍。这些领地被称为"天领"。"天领"内的都市（包括江户）政府由幕府任命的町奉行统领，幕府的直辖领地由"郡代"或者"代官"等幕府官员负责管理。郡代共有4名，负责管理岁入超过万石的领地。代官有40~50名，负责管理岁入5000~10000石的领地。他们可以算作下层大名。尽管薪金固定，但若管辖的领地岁入超过万石，这些幕府官员和大名一样拥有居城，并在其他方面享有和大名相同的权利。这些官员一开始都因熟知当地情况而被任命，并不一定都属于武士阶级。家康任命的幕府地方官中不仅有谱代大名，还有一些富商，甚至是像伊奈①和彦坂这种在德川直辖领地的历史上留有姓名的富农。

---

① 如前文所述，伊奈忠次是德川家康十分信任的助手，出身三河地区的武士家族。为了褒奖伊奈效力于自己的功绩，家康任命他为关东郡代，可代表将军管理关东八藩。他同时还是堺市代官，在他掌管之下的德川直辖领地的岁入可达100万石。在关原之战中，伊奈负责德川军的武装运输工作。因此，家康欠了他很大的人情。

第六章　德川家纲（1651~1680年）

1　新幕府

1651 年，德川幕府第三代将军家光逝世，其侧室的儿子家纲继位。继位时家纲年少，因而引领国家完成从武治向文治转型的重任就落在了幕府高官的肩上。这些官员包括酒井忠胜和堀田正盛两位大老和以松平信纲为首的三位老中。另外，按照家光的要求，他天资卓越且个性鲜明的同父异母的兄弟保科正之也被列入其中。

酒井忠胜年事已高，已难以担任幕府官员的首领。堀田正盛当时尚年轻，本可以担当大老的重任，却被家光选为为自己"殉死"的家臣之一。[①] 因此，幕府只剩松平信纲和为人正直且经验丰富的阿部忠秋两位老中共同执掌大权。

家光去世后，急需两位老中处理的首要问题即为浪人对社会的不满。仅在家纲继位数周后，就发生了由井正雪试图谋反的"庆安之变"，这可以说是浪人问题最鲜明的体现。此事之后，幕府一改以往对大名的严厉态度，并做出让步。例如，幕府允许大名可在晚年无子时收养养子继承家门。另外，幕府对浪人的态度也更为温和，处理措施更具建设性而非仅靠惩罚了事。

家纲继任幕府将军时年仅十岁。在其后三十年的余生当中，家纲一直身体欠佳，气概不足。但从现存的家纲的书信中可以看出，他为人和善，很有人格魅力。幕府的工作几乎都是在保科正之的指导下由家纲的幕臣完成的。在接下来的二十年中，受保科正之的影响，幕府的治国之道都偏于文治。保科本人颇为博学，

---

① 　这一野蛮的习俗于 1663 年被废止。

他鼓励发展学术，并十分尊重像朱子学者山崎闇斋一样的人。总体来说，当时幕府官界的尚学之风颇为盛行。

新幕府面临的局势与以往不同，虽不算危险但比较困难。新幕府的政策也与以往有所不同。前任们制定政策时多继承了独裁统军的风格，态度更为决绝。与此相对，新幕府的决策风格多少有些消极。在处理城市中浪人、匪徒和喧哗作乱之人的问题上，家纲的幕臣态度谨慎但应对有方。面对各强藩大名，幕臣们虽依旧立场坚定，但也绝非不解人情。

在这一时期（1651~1671 年），重要的幕臣如下：

大老	酒井忠胜	1656年逝世
	酒井忠清	1666~1680年
老中	板仓重矩	1665~1677年
	酒井忠清	1656~1666年
	阿部忠秋	1633~1671年
	稻叶正则	1657~1696年

在这些幕臣当中，阿部忠秋十分出色。他意志坚定，坚持原则，能力很强。酒井忠胜年事已高。酒井忠清经验丰富，但行事狡诈，为人未必正直。所幸家纲的监护人保科正之为人处世能力极强，且为德川将军家直系，在政治上颇具影响力，帮助幕府避免了重大失误。但也有人批评保科的政策过于软弱。家纲的新幕府很快便经受了一次考验。1651 年，数名浪人密谋组织叛乱以推翻家纲的统治。因被幕府发觉并受到镇压，这次谋反失败了。但通过了解浪人的计划以及幕府对浪人的态度，我们可以更好地理解家光之后新任幕府的治国之道。

2 浪人谋反

由井正雪和丸桥忠弥是这次浪人谋反的领导者。由井出身卑微，但年少时就被父母送去村塾，并大展才华。在与住在附近的浪人接触后，由井从他们那里了解到不少历史往事。他进取心强，发誓要像丰臣秀吉一样，从一个穷小子变成一国之主，站上权力的巅峰。忠弥是一名武士，出身可算优渥。他资质平平，但身强体健，一心希望为父报仇。在大阪城之战中，忠弥的父亲被搜城的士兵发现后处决。

虽然经历不同，由井和丸桥两个人都是那个时代的产物。在17世纪初那个战事渐消的年代，他们就如同被时代潮流击碎冲向岸边的破船残骸一般，怀才不遇，无主可侍，既无归属又无收入。面对如此尴尬的处境，许多人选择教人军事谋略以维持生计。在残酷的战事结束不久，对这种知识的需求初看或许有些奇怪。但武士阶层的成年人大都无他职可谋，将军也下令要求文武双修，因而对有经验的老师的需求也就出现了。在大多数城镇，学校的数量越来越多。学生们可以在那里练习使用武器或学习兵法谋略。

活跃的人们自然而然地聚集在这些地方。类似的设施既是社交场所也是教育机构，成了人们谈论政治的地方。有些学校或学堂有数百名学生，并且明显成了很受欢迎的表达异见和谈论时事的场所。出入这些学校的武士中既有小藩大名和旗本，也有最底层的武士，甚至是足轻（步兵）的统领。为防止地方叛乱，幕府下令要求各大名驱逐藩内非自己家臣的武士。在这之后，出入类似学校的武士更多了。这些规定（见《武家诸法度》）是针对浪人的，目的是增加在城镇聚集的无主武士的数量。

由井正雪和丸桥忠弥都找到了教职。忠弥身强体健，负责教授学生如何使用戟（一种不易操控的极具杀伤力的兵器）。正雪则加入了一个发展势头正盛的学堂，并凭借自身才能得到了学堂主的信任和提拔。不久之后，他谋杀了学堂主，并继承了学堂。

正雪还经营了铁工坊和军械商店，并向地位不低的武士销售自己的产品，借此扩展自己在城市和乡村的人脉。正雪经营的学堂等地吸引了众多浪人和异见者，其中之一就是他之后的搭档——丸桥忠弥。正雪开始谋划叛乱的具体时间已无从知晓，但应是家光在任期间，可能在 1645 年之后。他计划在月黑风高之夜炸毁幕府的弹药库，在易燃的江户引起火灾，并趁机袭击江户城，暗杀还未反应过来的幕臣们。另外，正雪计划在京都、大阪和其他城市采取同样的行动。

若不是因为一些不可预期的阻碍，这个大胆到孤注一掷的政变计划或许真的可以成功。按照原本的计划，起兵者将在家光去世后不久的 1651 年 6 月行动。不料忠弥突然患病，并开始神经错乱，口无遮拦地叫喊着谋反的计划。政变因此被推迟到同年 9 月初，但幕府已经知晓这一谋反的计划。忠弥在江户被捕，正雪和他的同伴在骏府被幕府的警察包围后切腹自尽。正雪的尸体被辱，他年迈的父母和许多近亲被施以磔刑。忠弥和他的同伴在饱受折磨后同样被施以磔刑，他们的妻儿被斩首。

这次谋反可谓计划周密，更值得注意的是，它还由武士阶层直接参与，这反映了幕府的统治过程中必然要面对的问题。只要幕府试图维护尚武精神并发展工商贸易，类似的困难就会出现。

幕臣们对这样的谋反计划并无防备，在镇压试图作乱的武士后，他们共同分析了谋反计划出现的原因并提出了应对下一步动

乱的措施。最初，幕臣中的主流意见是采取强硬措施，包括驱逐
江户的所有浪人武士。但老中阿部忠秋指出，当下的明智之举应
该是逐步减少浪人的数量，而非使用武力。最终，忠秋的意见获
得了幕臣们的支持。按照他的建议，幕府停止没收土地，幕臣们
也致力于为浪人武士们寻找合适的工作机会。逮捕忠弥的江户的
町奉行石谷贞清对此尤为积极。石谷曾在九州地区作战时负伤，
很能理解老兵们的感受。在其后的二十余年中，受石谷帮助找到
工作的浪人武士有一千余人。其他的退役武士们也都受到同样的
帮助。

　　类似的人数量不多，但这至少表明幕府认为温和的措施是
可取的，并愿意逐步从军事政府向文治色彩更强的政府转型。在
这一过程中，幕府需要克服的困难之一是许多武士对文职工作的
厌恶。在中央和地方政府中，一些职位对文书的排版编辑或者会
计技能有要求，但年龄较大的浪人武士都没有这些技能。著名学
者新井白石（1657~1725 年）曾经是浪人，并在幕府担任要职。
据他所说，在他年少时认识的武士当中，只有不足 1/10 的人有
足够的书写和算术知识，可以在一些小官那里做简单的工作。但
当他成年时，连位阶最低的武士也受过基本的教育。

　　由井正雪谋反失败后不久，幕府的情报人员查出另外一次
叛乱计划，牵涉数百名浪人。1652 年，佐渡岛还发生过一次小
规模骚乱，但这些都未造成严重后果。随着时间的流逝，也得益
于幕府的努力，浪人的问题逐步解决。曾经参加 1615 年大阪城
之战的年轻武士们已经年过五六旬，他们的儿子大都已经继承家
业，并且与老一辈不同，都或多或少受过教育。在组织机构日益
官僚化的中央和地方政府中，他们大都能够找到工作机会。

　　到 17 世纪末期，浪人武士的数量已经很少了，其中大多数

是生性不甘于平淡的工作和安定的生活之人。一些浪人武士教授剑术和兵法谋略，在嘈杂的都市社会中倒也不缺学生。其他的人原本就声名狼藉，经常游走在犯罪的边缘。浪人一词一般被用作贬义词，但这指的并非知礼守法的大多数，而是那些无业游民和败家子。他们人数不多，但总是图谋在城中作乱，在街上游荡并试图挑起争斗，酗酒无度，不知礼节。与这些游手好闲的人相反，浪人中也有像荻生徂徕这样的学者，还有17世纪后期文学思想运动的领军人物——浪人诗人松尾芭蕉。

3　市井百态

让幕府头疼的不只是浪人武士。关原之战后，日本国内维持了较长一段时间的和平。虽然其间发生了大阪城之战，但1601~1651年，在家康、秀忠和家光的统治之下，幕府致力于完善自身的行政体制。为了达成这一目标，幕府削减了武士阶层的一些特权。而在这之前，这些特权都是建立在牺牲平民社会的利益基础上的。

在这五十年中，除了发生战事的大阪以外，日本大部分地区的经济增长迅速，工商业发展很快，并且都是出于民用目的，而非服务于战事。如前文所述，在家康的鼓励下，国内外贸易日益繁荣。矿业与和平时期的消费品制造业也都创造了大量财富。

随着经济的发展，日本社会自然出现了由乡村向城市的人口流动，这一现象在东日本的太平洋沿岸尤其明显。由于幕府将军居所先后定在骏府和江户，日本的军事和政治权力中心也从古都京都东迁。在参觐交代制度确立之后，全国各地的大名都在江户建设府邸，他们的许多家臣也跟着来到了江户。大名及其家臣在江户每年的花销很大，这给许多商人、手工业者和劳工提供了就业机会。江户的人口迅速膨胀，城市生活也变得更丰富多彩。对于那些不愿从事苦力活和过单调乏味的生活的人来说，江户这样的城市是充满吸引力的。

1615 年后不久，许多这样的人来到了江户。到 17 世纪中期，江户的城市人口中包括了相当数量的游手好闲之徒。他们生活在正经社会的边缘，大都从事不正当的工作。这样的人行事作为乖张怪异，因而被称作"倾奇者"，意思是"怪人"。其中也不乏出身较好的武士。在和平年代，他们无事可干，于是在街头乱斗和抢劫中寻求刺激。

早在大阪城之战爆发之前的 1612 年，一些"倾奇者"中的先行者就已经受到幕府的关注。当时，位属"中间"①阶层的几名男侍为了替一名被杀的门童报仇，杀死了一位高官。在调查这起事件的过程中，幕府发现这些"中间"者遍布于江户的各个角落，组成团伙从事非法活动。为了处理他们的问题，幕府在江户街巷设置路障，并在一次追捕行动中抓获和杀死了数百名"中间"者。他们集结成团，并听从称号为"岚之助"的领导者的号令。他们起誓不论情况如何，都会保护同伴，甚至不惜与自己的父母和主君反目成仇，认为自己遵循的道德原则比老一辈们更为高尚，实际上他们也确实对自己的同伴十分忠诚。

幕府一开始并不打算将这些"倾奇者"视为犯罪者，因为他们的行事目的并不完全是作恶。但他们急切地希望受到人们的关注，并为此采取了许多极端行动，如参与暴力抢劫和凶残的街头斗殴。幕府不得不采取更有力的措施维护市街秩序。1628

---

① "中间"是江户社会中一个社会阶层的名称，指位列武士阶层之下平民之上的人。——译者注

年，江户市内的十字路口都被安排了看守。大量的"倾奇者"被逮捕，其中一些被处死，因而其总体数量骤降，但骚乱仍旧不断发生。1645年前后，流传于江户的一幅讽刺画描绘了两个位阶很高的旗本武士（岁入分别为1万石和3000石），他们统领着由"旗本奴"组成的团体，黄昏之时会在江户市街游荡，抢劫并杀害毫无防备的平民。他们的首领衣着华丽，发型奇异。从此以后，他们因这些不同寻常的装束而得名"倾奇者"。其耳下都生有侧须（正常情况下，武士脸上的胡须都必须剃除），并且携带着极长的刀剑。他们所属帮派的名称也大都令人哗然，如有的帮派名为"大小神祇组"，意为"万神不论大小，皆属其组"。

从上文中可以看出，旗本武士是这些有违社会常规的活动的参与者。其原委可以追溯到1635年幕府对旗本武士政策的转变。当时，凡岁入500石以下的旗本武士均被幕府没收土地，改为接受固定数额的俸禄，但这些俸禄对他们来说是不够的。也正是这些旗本武士之后成了浪人和帮派首领。

除了"旗本奴"组成的团体以外，"倾奇者"中还有由"町奴"组成的团体。"町奴"多是年轻人，声称为伸张正义和惩治恶人而活动。在行为举止和着装上，他们与旗本奴并无不同，但他们的首领的出身不同。其中大多数人不属于武士阶层，而是店员、掌柜、旅店老板或者地位较高的手工业者。他们中的许多人都从事类似于招聘代理的工作，为跟随大名来到江户的武士招收随身奴仆（属"中间"阶层），因而与武士阶层时有接触。在文学作品中，最出名的町奴莫过于幡随院长兵卫了。长兵卫身强力壮，勇猛无比。1657年，他因为一些小事与一帮旗本奴发生争斗，并被旗本奴的首领杀死了。在很久之后，长兵卫因出现在当时的舞台表演中而广为人知。在表演中，长兵卫被描绘为扶弱惩恶的英雄人物，最后却像"砧板上的鱼"一样被砍杀。①

不知为何，在浪漫文学作品中，像长兵卫一样的"奴"都是正义感十足的人物。他们被刻画为代表着骑士精神的"男达"，意思是敢于同非正义做斗争的勇士。的确，一些帮派内部奉行严苛的忠义之道，并且时不时有一些极具浪漫主义色彩的行为。但在现实生活中，他们似乎就是一群不守法度的恶徒。他们之所以被传颂为英雄，是拜 18 世纪出现的戏剧表演所赐。日本戏剧表演的发展也得益于作品对"倾奇者"及其行为的刻画，这一点实在是令人匪夷所思。将"男达"刻画为主要人物的戏剧作品与《乞丐歌剧》有相似之处。②

直到 17 世纪晚期，在江户市街四处游荡的"旗本奴"和"町奴"帮派仍旧是让幕府头疼的问题。1686 年，"大小神祇组"的三百名成员被包围，他们的首领被处死。从那之后，这些帮派的势力和影响力大减，解散成赌徒和无业游民的小团体。现在的西方国家也存在类似的由年轻人组成和参与的帮派以及帮派斗争。他们的行事准则与"倾奇者"有相同之处，对发型、衣着和谈吐有特定的讲究，并且以反抗领袖为核心精神。最让人吃惊的是，在他们的概念当中，贯彻帮派的忠义之道与从事违法行为并不矛盾。

"旗本奴"和"町奴"的出现也从一个侧面展现了战事结束后日本市井生活的面貌。和浪人武士一样，"旗本奴"和"町奴"的出现是城市人口和生活成本迅速增长（或者说生活水平提

/ 061

---

① 在佰特伦·米特福德（Bertram Mitford）的杰作 *Tales of Old Japan*（《日本古代传说》）中，"A Story of the Otokodate of Yedo"（江户男达的故事）一章对幡随院长兵卫的故事进行了详细的描写。在这一版本中，长兵卫被热水煮烫，并最终死在长矛之下。

② 《乞丐歌剧》是英国 18 世纪很受欢迎的一部叙事歌剧作品。——译者注

升）的结果（实际上许多奴帮的首领就是浪人武士）。随着战事的结束，幕府的政策不可避免地从服务于战时需求转变为建构有效的行政管理机制。为了达成这一目标，幕府别无选择地牺牲了一部分武士的特权利益。为了维护武士阶层以下的社会成员的利益，下级武士的牺牲尤其多。

引起旗本武士不满的首要原因之一即为其俸禄的购买力的降低。如前文所述，许多武士的俸禄原本是按照耕作土地产量计算的，后来却变成了固定数额。这些武士既没有土地耕种，也没有其他职责需要履行。1651 年发生了一件有趣的事情，并多少能让人理解那些领取固定俸禄的武士的生活状况。一位名为松平定政的三河地区的大名将自己的领地财产悉数奉还给幕府，并附书请求幕府将这些财产分给生活拮据的旗本武士。他同时指出，幕府将军也应该从自己的私有财产中支出一部分给这些旗本武士当作俸禄。松平定政剃光头发，带着一个乞讨的饭碗走过江户的街巷。幕府认为松平定政失神疯癫，没收了他的藩国并将它转交给他的兄长。而由井正雪试图谋反的"庆安之变"就发生在此后数周之内。

1660~1670 年，原本由旗本武士和御家人统领或耕种的江户附近的土地均被幕府并入德川将军家直属的领地。这些武士转为领取藏米俸禄，其中的绝大多数搬迁到江户。到 17 世纪末期，9/10 的旗本武士和御家人领取幕府的藏米俸禄。他们中的有些人在官所找到了薪金不错的工作，但类似职位不多。大部分人不得不依靠很少的固定俸禄过活。

4 明历大火

年少的家纲在位早期，江户还发生了一次令人心痛的事故。

1657 年，一场持续了三天的大火烧毁了大半个江户，约 10 万人在这场大火中丧生。在新年的第十八天，大火从本乡地区蹿起，借着如飓风一般的西北风以快得可怕的速度蔓延开来。从神田向南至京桥，向东至深川，大火吞噬着木屋，毫无减弱的迹象（木材也因上一年大旱而非常干燥）。第二天晚上，风向突变，将大火从南边卷到江户的中心城区。大火蔓延到麹町，烧毁了江户城附近的大名家臣的房屋，并最终烧到了江户城。江户城外围的一部分橹被烧毁，天守阁虽有损坏，但没有被烧毁。江户城附近的大名府邸也都被烧为灰烬。第三天结束时，火势和风势都减弱了，但江户市街内烟雾弥漫，许多受损建筑物虽未再起火苗却仍缓慢地燃烧着。很长一段时间内，在市街内移动都是极为困难的。到了正月二十四，人们终于能够将大量的遗体搬运到船上，顺着隅田川将他们运到两国桥北部的本所地区。这些遗体被埋入挖好的大坑中，各个宗派的佛教僧侣也来到此地，诵经超度亡魂。为纪念亡人，人们在这里建造了一座名为"回向院"的寺院。这座略有华而不实之风的寺院存续至今，曾被用作春季和秋季相扑大会的比赛场所。

　　江户的重建工作在幕臣的监管之下进行，前后耗时两年。市街的规划更为合理，道路也更为宽阔。出于对实用价值的考虑，幕府对重建曾为批发和商贸中心的地区尤其用心。大名们均被遣返至各藩，将军的居城江户城的重建也是最后完成的。到 1659年，幕府举行了盛大仪式迎接将军回城。在重建江户的过程中，幕府十分关注平民的需求，有序且大规模地分发粮食，并分拨金银给市民，资助他们重建房屋和商铺。另外，他们还资助大名在江户重建府邸，并给予损失严重的旗本武士资金支持。绝大多数的灾后救济和重建工作都是在首席老中松平信纲的主导下展开的，而这些工作的顺利完成也证明了信纲的执政能力确实很出众。

5 酒井忠清执政

从严格意义上讲，家纲在1663年便已成年，但在1672年之前，他都由保科正之辅佐。在类似松平信纲的治世能臣去世之后，幕府开始由资历最深的老中酒井忠清统领。1666年，忠清升任大老，在他之下的是老中板仓重矩、土屋数直、稻叶正则和久世广之。

这些幕臣的能力一般，酒井忠清的能力也欠佳。忠清为人懒散放纵，虽有些头脑，但其之所以有机会升至高位，主要还是因为当年效忠于家光的幕臣都纷纷"殉死"。在家光的家臣当中，唯有阿部忠秋幸存下来。阿部忠秋对酒井忠清的评价很低，并且时常训斥忠清。但阿部忠秋年事渐高，在为幕府尽忠三十八年后，于1671年去世。后世都因阿部忠秋处理浪人问题的政策而记住了他的名字。他成功说服同僚放弃处死浪人武士的政策，并通过为浪人武士提供合适的就业机会而减少了浪人武士的数量。

相比之下，酒井忠清并非能够自主制定并执行政策之人。只有当问题出现时，他才会出手解决。酒井忠清接受贿赂的丑事尽人皆知，其贪婪腐败的行径亦多被人诟病。他也因此成了江户市井平民言谈之间嘲讽批判的对象。除受到阿部忠秋的训斥之外，酒井忠清还曾受到冈山藩藩主池田氏的谴责。池田认为酒井不能理解平民的需求，并且没有以身作则节俭度日。池田还表示，全国各地都存在对幕府的不满，并且已有爆发起义的先兆。他大胆地预测说，若起义真的爆发，一些实力强大的大名很有可能加入起义。当时，各藩治理方式和目的都在发生变化，幕府将军与大名之间的关系也显得尤为重要。针对藩政改革，各藩大名的家臣自然会有不同的声音，各藩之内出现保守派和进步派意见相左的情况也属正常。此时，幕府的职责应是通过立场鲜明但态度谨慎的外交手段来避免乱事滋生。

其中最广为人知的案例是持续时间甚久的仙台伊达氏的继承权之争。这一问题处理起来很是棘手，幕府在酒井忠清执政时期曾进行干预。下文将对其中原委进行解说。

6　藩领政治

一藩领主的大名，尤其是外样大名，其改进藩政和强化自己权力的计划势必会遭到反对。这些反对者通常是保守派，或者那些认为藩政改革会伤及自己利益的人。一藩之中，重要家臣的领地并未受到影响，但直属大名的领地越多，家臣的势力就越薄弱。原本领地更小的武士转为领取藏米俸禄，因此失去了对大名的官员施加影响的机会。

拥有领地的家臣也存在差异，其中包括和大名及其后代的位阶和影响力相当的武士及其后代。由此我们也可以预想，若藩政出现变化，这些势力强大的家臣就觉得他们会失去原本应得的权益。在一藩大名去世或者退位时，随着继承权问题的出现，这种危机感也变得尤其强烈。17 世纪，数个藩国内都出现过支持不同的继承人的派阀，并围绕继承问题进行派阀斗争。

1615 年后，这样的纷争（"御家骚动"）成了日本国内最主要的政治事件。在幕府的严治之下，也只有这些纷争能够影响日本。幕府十分关注这些纷争，因为大多数发生在外样大名治下的强藩，若得不到和平解决就可能产生严重的后果。17 世纪后半期的几次骚动引起了各种事端，并在全国范围内受到关注，成了 18 世纪极受平民大众欢迎的舞台表演的素材。在这些"御家骚动"中，伊达氏的族内纷争持续的时间尤其长久，值得我们关注。它不仅有助于我们理解幕府当时对外样大名的态度，还折射出那个时代藩领政治的特点。

伊达氏的领地为岁入 62 万石的仙台藩，第一代藩主是受家康喜爱的伊达政宗。但是，该藩的继承权却不一定由伊达政宗直系的长子决定。一些宗亲氏族也居住在藩内，并与藩主是姻亲，或是有着或远或近的血缘关系。他们当中一些人拥有岁入过万石的领地，不论是出身还是能力，都可以名正言顺地继承藩主之位。

1658 年，藩主伊达忠宗（政宗之子）之位由其子伊达纲宗继承。当时纲宗十八岁，一位老练的伊达氏宗亲被任命为他的顾问。约两年后的 1660 年，纲宗正在江户参与经常由幕府安排给外样大名的河道疏浚工作，但突然被免职，并被囚禁在府邸。纲宗受此责罚的理由并不明确，整个事件也颇有阴谋色彩。纲宗被人指控纵酒无度，行为放纵，其本人也的确如此。毫无疑问，这一指控来自藩内。伊达氏的重要家臣从仙台来到江户，并向幕府请愿，要求幕府命令纲宗隐退，并任命其幼子龟千代为新任藩主。

幕府对此表示同意，却并未毫无顾忌地采取行动。1658~1674 年，幕府的情报官（仙台目付）每年都会前往仙台，因而幕府对仙台藩的情况比较了解。大老酒井忠清也对这一事件尤其关注。酒井忠清和伊达忠宗关系很好，并且内心偏向伊达氏。因此，即便知晓纲宗举止不当，酒井忠清还是不愿对其采取极端措施。与此同时，来自仙台的压力又很大。1660年夏天，江户的老中们收到了来自仙台的呈文。伊达氏的十四名主要家臣联名上书，建议纲宗以健康状况欠佳为由隐退，仙台藩主之位由其子龟千代（后改名为纲村）继承，并任命龟千代的叔祖父伊达宗胜和叔父田村宗良为监护人。伊达氏的族谱如下：①

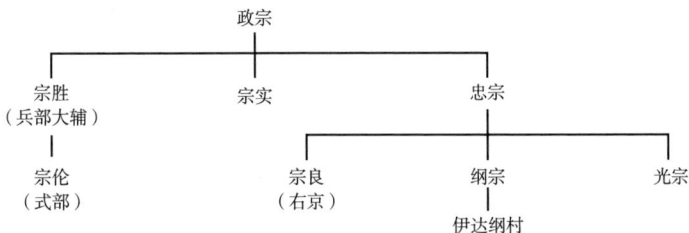

```
                          政宗
        ┌──────────────────┼──────────────────┐
      宗胜              宗实              忠宗
    （兵部大辅）                      ┌──────────┼──────────┐
      宗伦                        宗良        纲宗        光宗
    （式部）                    （右京）   伊达纲村
```

　　在这之后的十年中，仙台藩发生了多次围绕藩主继承一事的暴力争斗。1671 年，这些矛盾达到了顶点。伊达氏的一位重要宗亲伊达（安芸）宗重急切地向幕府控告以藩主伊达纲村的名义管理藩务的伊达宗胜等人治藩不善。仙台目付试图从中调停，但伊达宗重十分顽固，并积极地发起了反对纲村的监护人的运动。在仙台目付将此情况汇报给幕府后不久，伊达宗重就被幕府调查机构召见而前往江户。宗重迅速动身，并在到达江户后不久被大老酒井忠清召至自己的府邸。与此同时，包括伊达氏的主要家臣之一原田（甲斐）宗辅在内的许多仙台藩人也在江户。

---

① 原著中将宗伦列在宗胜之下的族谱与史实不符。伊达宗伦为忠宗之子，是宗胜的侄子。——译者注

1671 年 2 月 13 日，伊达宗重到达江户，并由原田宗辅安排住进伊达氏在麻布地区的仙台藩邸。2 月 16 日，幕府官员来到藩邸对伊达宗重进行了审问。宗重立即将此情况告知仙台藩的同伴，并收到了他们的回信。为了防止泄密，宗重的同伴在信中用隐晦的方式建议宗重要坚定立场，不惜一切代价击败宗胜。从此时起，宗重、原田、柴田等仙台藩的宗亲家臣被详细地审问了数次。3 月初，宗重又被老中板仓召见并接受了详细的审问。原田和柴田也再次接受了讯问。柴田的供述受到了幕府的承认，但原田的供述并未给幕府留下多少印象。随后，原田十分懊丧地离开了此地。

临近 3 月底的某天清晨，原田、宗重等人被召集到老中板仓的居所。正午前后，原田等人被告知老中和目付将在大老的府邸对他们分别展开讯问。在发现自己的答复与宗重等人的不一致之后，原田内心十分苦恼，情绪很不稳定。据说，审问结束后，原田在前室等候。此时，宗重接近原田并对他进行了侮辱。之后，两人拔刀相向。一场激烈的战斗之后，宗重被原田击杀，原田被从旁屋冲进前室的人砍倒，柴田最后也死于刀伤。

最先拔刀的似乎是原田。因为争斗发生在幕府高官的府邸，参与争斗的人也罪加一等。幕府迅速地展开了对原田谋杀宗重一案的审讯，而对藩主继承一事并未采取任何措施。原田受到了严厉的惩罚：原田氏被灭门，原田宗辅的四个儿子和两个孙子于 1671 年夏天在仙台被处决，他的两个孙女也受到了处罚。伊达宗胜一族亦受到责罚，藩主伊达纲村的统治得到了幕府的承认。因伊达宗重被视为忠义的楷模，幕府并未对其家族进行任何责罚，但与宗重同时代的许多人并不认同这一观点。

按照正史记载，以上就是伊达家骚动的经过。原田被视为恶人，宗重则是英雄。近现代的许多日本历史学家并不认同这一观点，但这其实不重要。不论如何，大名氏族内的意见纷争被证明的确存在，而问题也在幕府的干预之下得到解决。只有在关于"伊达骚动"的戏剧表演中，英雄恶党的角色才被体现得尤其鲜明。在18世纪，这些表演当中最成功的非"伽萝先代萩"莫属。有趣的是，在日本戏剧史上，由著名剧作家近松门左卫门（1653~1724年）创作的四十余部作品当中，关于各藩内斗的作品有三十余部。这些作品被称为"御家狂言"。①

这些作品从不缺乏素材。在日本各地，像造成伊达氏内部分裂的继承权之争并不罕见，其中最著名的争斗发生在黑田氏、前田氏和锅岛氏内部。虽然表面上这些纷争表现为持有异见的一派的反叛，反叛之人的行动却并非出于他们的不忠或叛逆之心。与之相反，他们都诚心地希望借此改良藩政。改革的倾向即为不断强化大名的实力，将权力集中于大名手中，并消除藩政当中因权力和功能分散产生的薄弱之处。这样的改革势必对一些既得利益者不利，如那些拥有广阔的领地且几乎独立执政的宗亲。若操作上稍有不慎，则会伤及小作农和佃农。但改革已是大势所趋，藩内物质资源的整合也成为下一步经济发展的必要条件。毕竟人们已不在战场拼杀，而是在工商贸易领域竞争。

从伊达骚动事件中，我们还可以观察到幕府与外样大名之间关系的本质。江户幕府派往各藩的情报人员会为幕府提供有关各

---

① 参见河竹繁俊《近松门左卫门》（东京，1959年出版）。第一部有关伊达骚动的作品于1713年在江户上演。唐纳德·基恩（Donald Keene）的 *Major Plays of Chikamatsu*（《近松的主要作品》，纽约，1961年出版）提供了非常优秀的翻译和有价值的评论。

藩政情的信息，并且偶尔会充当调停者。我们很难判断这一纷争是否有更好的解决方案。史料中没有证据表明酒井忠清收了来自仙台的贿赂，但是幕府原本可以在1671年之前就解决这一问题，毕竟早在1660年，他们就清楚地知晓伊达氏的内部纷争了。

7 外交事务

在家纲年少时，他的幕臣们所做的政治决策中，最重要的也许与内政无关，而是与外交有关。当时在中国南部地区，反清运动正势头强劲。这一反抗运动的领袖是来自中国南方的郑成功。凭借强大的船队，郑成功控制着中国南部沿海地区，但是他没有可以上岸作战的士兵。1658年，郑成功向日本请求军事援助（其于1624年在长崎出生）。在幕府当中，一派幕臣支持给予郑成功援助。他们认为，支援郑成功可以让武士阶层满意。在武士阶层当中，上至大名和旗本，下至浪人武士，不少人对现状颇为不满。这些人甘愿为了获得名利而放弃和平年代枯燥乏味的生活，出征外国正好可以提供这样的机会。

家纲的顾问们围绕这一问题进行了讨论，并决定不出兵干涉。向海外派遣军队有悖于锁国的国家政策，并会产生巨额花销，甚至会招致灾难。反对出兵的幕臣也许是想起了丰臣秀吉出兵朝鲜的失败案例，而且他们十分清楚，日本并无强大的海军，因而不得不完全依靠郑成功的船队运送士兵。

8 家纲晚年

从1663年至家纲去世时的1680年，政局并无大变化。一些强藩内发生了类似于伊达骚动的事件。在处理这些问题的过程中，酒井忠清与不同意他做法的一位老中产生了冲突。这位老中就是堀田正俊（为家光殉死的幕臣之一堀田正盛的儿子）。1679年，堀田正俊被任命为老中。那时家纲身患重病，并于次年夏天病逝。忠清提议，按照1252年后嵯峨天皇之子宗尊亲王被任命为镰仓幕府将军的先例，下任幕府将军也应是皇族出身。

　　酒井忠清明显认为自己的地位与镰仓幕府时期北条氏的地位相当。堀田正俊对忠清如此自以为是的行为感到愤怒，并强烈反对他的提议。忠清很快便放弃了自己的提议，其政治生涯也就此终结。仅数小时内，家光的四子纲吉即被任命为幕府将军，并于次日继位。

第七章　学问与艺术

1　儒学思想

在本章中，我们不会讨论形而上学的问题。本章的主要目的在于论述 17 世纪日本的主要哲学思潮及其对德川时期日本政治与社会的影响。

到 17 世纪中叶，日本已没有战事。幕府成为封闭的官僚系统，有才之人几乎没有机会进入这个系统参与国政。世袭制日渐僵化，成为各个领域渴求上进的年轻人需要跨越的壁垒。但在中世时期，武士势力崛起，佛教寺院曾为贫穷的年轻人提供机会，并允许才能出众之人担任要职高位。

17 世纪，除流行颇广的净土宗以外，绝大多数佛教宗派的影响力都减弱了，织田信长和丰臣秀吉对重要佛教宗派的打击在一定程度上造成了这一结果；与此同时，修为高尚的僧侣的不足也是佛教衰落的原因之一。在日常生活中，包括市民和农民在内的绝大多数日本人都算是佛教徒。他们会按照佛教要求举行葬礼以及其他家族仪式，各个阶层的人也都会念佛。家康本人是在信奉净土宗的家庭中长大的，也经常念佛。但是作为宗教信仰的佛教并没有扮演精神指引的角色。处于统治地位的武士阶层也不以佛教为行为准则。他们的行为准则中包括剖腹自杀和族间仇杀，而这些都与佛教的仁心教义格格不入。

以禅宗为首的一些古老教派仍延续着中世时期的传统，成为研习宗教与非宗教学问的重镇。这些学派涉猎广泛，一种奇特的现象也因此出现。在研究日本宗教历史的过程中，我们发现，正是这些佛教教派的僧徒唤起了人们对某种世俗哲学思想的注意。

而在之后的一个多世纪中，这种哲学思想通过各种形式统治了日本思想界。

这一儒家学派的思想被称为朱子学，以其在中国著名的推崇者朱熹（1130~1200年）命名。这一思想学派出现于宋代。在14世纪的日本，这一广为人知的思想引起了广泛的讨论。1333年后，围绕是否将朱子学作为新政府的施政纲领的问题，年轻的公卿在后醍醐天皇的朝廷上进行过争论，但新政府并未存续多久。在学术界之外，新儒学思想似乎没有再引起人们的注意。但在家康建立德川幕府之后，人们很快恢复了对新儒学的兴趣。[①]1614年，家康颁布基督教禁令。在由僧侣崇传起草的政令当中，日本被描述为众神之国。随后，崇传介绍了所谓的"众神"，其中包括神道教教义中的诸神、佛教众佛，并巧妙地介绍了颇有儒家色彩的施政原则。这一禁令看似内容混乱，但其实主旨十分明确。其目的在于确保人们遵守与幕府统治相契合的道德准则，确保对纪规严明的社会进行威权统治。

在这次新思潮中，起领导作用的几位学者都曾在佛寺学习。在佛寺学习儒家思想在当时很常见，但这不是因为儒家思想和佛教之间有关联。在当时的日本，佛寺乃学术重镇，并且藏书丰富。从这个角度来说，日本的儒学和欧洲的古典文学十分相似。

按时间先后顺序，藤原惺窝（1561~1619年）是第一位这样的儒学家。他曾是临济宗的僧侣，后在家乡播磨国成为当地一

---

① 例外情况也是存在的。1481年，萨摩藩曾出版过一册朱子的论集。此时，为躲避应仁之乱的战事，一位名叫桂庵的僧侣逃至萨摩藩，并受到岛津氏的欢迎。其他武将也倾向于支持儒学，其中毛利氏尤其尊重学者和艺术家。在研究国别史时，一国内部发生的事件不应该被忽视。在一些问题上，地方反而比中央更为先进。因为在中央，人们更容易反对异见。

位大名的行政顾问。在有了更多的学习时间后，他的信仰从佛教转向了儒学。在丰臣秀吉出兵朝鲜时，藤原惺窝受到家康的注意，并于1593年被邀请到江户。惺窝并没有留在江户，但在关原之战后，再次受邀前往江户。他在家康面前讲了几次课，但不愿接受官职。惺窝还未完全相信朱子学的原理，并且希望能够保持自身的独立。

在离开江户之前，惺窝向家康介绍了他的学生林罗山（1583~1657年），使其成为自己的后继者。年少时，林罗山曾在京都的著名禅宗寺院建仁寺修习。1605年，林罗山见到了家康，并在1607年被任命为新幕府的顾问。林罗山为家康完成了绝大多数的秘书类工作。他的同事包括金地院住持及禅宗统领崇传和天台宗僧侣天海。

按照传统的日本史书的记述，家康认为有必要为幕府的威权统治提供哲学意义上的解释和支持。朱子推崇整个宇宙都应遵循子从父命，君臣之道。对家康来说，还有什么能比朱子的上述观点更适合成为新政府的思想指针呢？不需要多余的注解，这种思想似乎能成为日本的基本意识形态。但是，一国政府执政全依靠一种理论或道德准则还是多少让人存疑的。我们不应该大意地认为哲学思想与具体的政治行动有直接的联系。

回顾日本历史上各个政权的统治，我们会惊异地意识到一个事实——尽管儒家思想从8世纪开始就受人尊重，我们却很难找到儒家思想直接用于解决政治问题的案例。从古代到中世，在日本占统治地位的世界观不是佛教就是来自中国的思想，各种占星占卜也都受此影响（这些对统治阶级的影响力很大，但很多时候有负面影响）。社会秩序的一些特点也反映了早期儒家思想的影响，一些机构的命名和职能也是按照中国的惯例制定的。但是

林罗山小像

从 8 世纪到 17 世纪，除了在机构框架方面，儒家思想并没有对日本政权的实际行动产生任何有建设性或决定性的影响。长期以来，日本社会的道德约束力都是佛教教义，而非任何非宗教性质的思想或行为。

而论及儒家思想在 17 世纪日本的地位，人们会倾向于认为林罗山对于家康的政治决策产生了重要影响。的确，林罗山带头积极推广儒学，也有可能对幕府具体机构的设置发挥了重要作用。但是，没有证据可以表明，家康曾为制定某一政策而咨询过林罗山的意见。在思考学者对政治家的实际行动的影响力时，我们必须有怀疑精神。著名学者或宗教人士的传记总会让人觉得他们才是真正的政策制定者，而统治者只是将这些政策付诸实践罢了。但写传记的人总是会忘记，真正的伟人会自己做出政治决定，而不会等待理论家的批准或认可。

有人会告诉我们，足利幕府的将军们受到了像梦窗国师这样的高僧的影响，他们的政策也都带有禅宗色彩。对这一观点，我们应保持谨慎态度。德川幕府执政初期，我们也无法找到证据证明家康曾咨询过林罗山的建议，或者家康曾认定林罗山的儒学为幕府官学。家康虽不是大学者，却一直有求知之心，十分喜爱研读历史。尽管如此，家康还是更为支持佛教，也确实下令出版中国和日本的经典书籍，但他不太可能对晦涩的中国哲学思想有多大兴趣。尤其值得关注的是，家康命令林罗山剃发并穿袈裟——因为这是当时教师的常规服饰。

在这里，我们不展开论述林罗山推崇的新儒学的具体内容。但讨论这一时期的儒学思想在日本的发展情况之前，我们有必要对新儒学的主要特点有所了解。朱子学最突出的特点是唯理至上。朱子学关注既成事实和可观察的现象，因此在某些方面与孔德的实证主义有类似之处。也许正是朱子学的这一特点吸引了日本思想家的注意力。除了简洁明了的特点，日本接纳朱子学也有其他原因。由狄培理编著的《日本历史史料集》一书中有一章节名为"正统新儒学"。其中的一段文字对此做了很好的解释：

> 朱子学的另外一个重要特征是其以人为本。和理性主义一样，这一思想是从早期儒学思想衍生出来的。朱子学派推崇的道德原则直接关注个人和其最亲近的人际关系，而非任何非自然或神圣的法则。这一特点在"五伦"的概念（父子、君臣、夫妻、长幼、朋友）中体现得最为鲜明。这些推崇为人忠诚的道德观念显然与这个时期的日本封建社会十分契合。这为德川幕府提供了可以用来维持社会秩序的统一且非宗教性质的道德规范。

对于幕府政权来说，这样的道德规范显然是很有价值的。但除了懂学问的人，是否还有其他人理解这些规范就不得而知了。17 世纪三四十年代，幕臣正忙于构建幕府的基本行政机构，恐怕也无心关注这些儒家的道德规范。要知道，1630 年后不久，建立幕府各机构并使其投入运转的都是效力于家康的武将。在大阪城陷落后不久，幕府中央的统治机构就已经成型了，其组织特点也很鲜明。幕府是由封建贵族实行武治的政权，奉行保守的统治政策，目的是确保自身相对于其他大名的绝对权力和地位。幕府对国内问题的处理方式倾向于消极，其主要目的仅仅是维持国内秩序。在 17 世纪早期，朱子学或其他学派的儒家思想并未对幕府的统治方式起到启示作用。但是在这之后不久，儒家思想就开始一步步地支配日本统治阶级的精神生活了。

要了解新儒学逐步成为幕府官学的过程，最好的办法就是研究林罗山的行动。林罗山是当时推崇儒学的代表人物，属于惺窝之后的新一代代表人物。他有着异于常人的精力，饱读诗书，著书不倦。林罗山坚定地推崇朱子的新儒学，并且激烈地反对佛教。家康在世时，林罗山反对佛教的行动并无多大成效。在与天海或崇传这两位学问精深的大师辩论时，林罗山总会败下阵来。实际上林罗山之所以出众，并非因为他对学问研究精深，而是他做到了博闻强识。林罗山的论证方法并不严谨，但他总能凭借自己的知识储备压倒反对声音。

林罗山有着令人惊异的工作能力。他阅读了大量有关历史和文学的专著，并且对儒家思想和日本全国性的宗教神道教进行了大量论述。林罗山向人们大力推崇新的教条，是一位一流的"传教士"。他的主要著作包括日本编年史《本朝编年录》，续作为《本朝通鉴》，由林罗山之子完成。[①] 这些著作的目的在于证明将军代表天皇统治日本的正当性。

林罗山的宅邸位于江户上野区的忍冈，之后成为藏书丰富的儒学学堂。林罗山是幕府认定的官派儒学的始祖。他的儿子林鹅峰（1618~1680 年）是一个很有能力的人，但是到了孙辈林凤冈（1644~1732 年）一代，林家的学问水平就大不如前了。林家在学术界也只有幕府认可的名义上的领导地位，其职责多是仪式性的。

针对林家学派的敌意是来自多方的。首先，一些重要藩国

---

① 　此处著者将《本朝通鉴》视为《本朝编年录》的续作不十分准确。1657 年，江户发生明历大火，林罗山编著的《本朝编年录》被烧毁。家纲上任后命令林罗山之子林鹅峰重修编年史。林鹅峰参照《资治通鉴》，将书名改为《本朝通鉴》。——译者注

的学者对身处江户的儒学学者甚是不满。他们的矛头并不指向林罗山父子推崇的朱子学思想，而是对准了在一些问题上避重就轻的林氏父子两人。在这些反对者中最为人熟知的是中江藤树（1608~1648 年）和山崎闇斋（1618~1682 年）。

中江藤树认为林罗山研究学问不够诚挚。因为林家以自己学派的思想为荣，却无求道的热情，不致力于将学说思想付诸实践。在他看来，林罗山就像是一只鹦鹉，只会重复大师的说辞，而没有真正遵循大师的教诲。

在这些言辞犀利的哲学家当中，中江藤树是最活跃的学者之一。在伊予藩，藤树白天要履行武士的职责，晚上则集中精力秘密地研读儒家四书。二十二岁时，藤树开始公开反对林家学派。在 1634 年之前，他一直待在伊予藩。在那之后，藤树对态度不友好的同僚感到不满，于是未经允许便离开了伊予藩。他回到了自己的出生地——琵琶湖畔的近江藩，并同年迈的母亲一起过着清贫的生活。藤树刻苦学习儒学思想，并因此决定放弃朱子学，转向研究朱子的对手王阳明的学说。阳明学在 1472~1529 年十分流行。与林罗山推崇的官学朱子学相反，阳明学反对客观理性主义，坚持唯心主义的哲学观点。

在三十三岁时，中江藤树完成了名为《翁问答》的对话录。
在这本书中，他用简单明了的语言介绍了自己的观点。与朱子学要求人们格物致知相反，藤树在书中提出的主要观点是"心即为理"。人人都有自己内在的道德准则，而这一内在的道理会引导人们采取正确的行动。阳明学的哲学思想中没有晦涩难懂的词句，而是指导人们如何作为。这一思想流派用词直白，反对咬文嚼字之风，因而对认真修为的武士们来说很有吸引力。终其一生，藤树行事毫无私心，并因此深受身边贫民的爱戴，被称为

"近江圣人"。

山崎闇斋是另一位林家学派的重要批判者。闇斋出生在京都，年轻时曾在土佐出家，学习禅宗。在土佐，闇斋从几名对朱子学感兴趣的藩臣那里学到了一些有关朱子学的知识，并决定还俗成为哲学家。1648 年，闇斋回到京都，开始大肆攻击佛教思想。他认为林家学派没有将他们推崇的朱子学思想付诸实践，表示林罗山只是一个重复着无聊工作的普通儒学学者，并开始讲授自己的儒学课程。

在这一时期，日本还有许多有趣的儒学学者。在后文中，我们将在不同的历史背景下对他们进行讨论，现在让我们回到新儒学对幕府的影响这一问题上来。1615~1650 年，家康、秀忠和家光颁布的一系列法令可以为我们提供上述问题的答案。

首先是 1615 年幕府为统制武士阶层制定的基本法令《武家诸法度》。其第一款条文即为"武士应做到文武兼修"。1635 年的修订版《武家诸法度》对这一条文以及其他内容的修改有限。在这两个版本当中，要求武士行为得当的条文都带有儒家思想的色彩。颁布于 1635 年的《诸士法度》也对各级武士尤其是旗本和御家人的行为规范做了规定。[①] 其开篇便要求武士行事要做到"忠孝礼"，而这些都是儒家思想的基本理念。尽管如此，这些概念在当时已经很常见了，因此我们没有理由认为这些概念对当时的人来说是新知识。一些大名颁布的法令——如《信玄家法》《长宗我部百条》——也包括了文武兼修的条文。

在大阪城陷落后，和平已经成为可预期的前景。面对治国的新问题，统治阶级自然开始思考管理武士阶层最好的办法。当时

---

① 原著将此法度误称作《诸士诸法度》，译者对原文进行了修改。——译者注

最为紧迫的问题便是为放下武器的武士们提供工作机会，而最显而易见的解决办法就是鼓励他们研究学问，这或许可以发展成为他们的新职业。其他法令并没有反映出任何来自儒学思想的直接影响，除非我们认为有关佛寺僧侣的法令与反对佛教的儒家学者存在关联。因此，我们可以得出下面的结论：1600~1650年（甚至更晚），由林家学派推崇的新儒学并没有对幕府法令的制定产生任何有力的影响。但是，新儒学的确开始逐步影响人们的精神生活，还为幕府维持威权统治提供了合适的道德规范，并因此起到了维护社会稳定的重要作用。

在经历了延续几百年的战事和政权崩坏之后，日本的封建社会体系最终在家康的治理之下趋于成熟。将军和幕府迫切地期盼着和平的到来，大多数得到将军封地的大名和希望发展自己的藩地而不是应召出战的藩主也是如此。他们认为必须支持家康的统治，而长久的幕府统治需要有道德上的正当性。佛教在日本已经不能够满足这一需求，而神道教的势力又很薄弱。因此，统治阶级认为他们必须选择某种思想和道德准则，来证明由一人实行专制独裁是正当的，少数武士享有绝大多数人无法享有的特权也是合理的。想要找到某种哲学思想来支持这种完全不正当的主张看似很难，实际上却相当简单。儒家思想，尤其是朱子学就是在这样的背景下被采纳的。或者更准确地说，是其中某些受到统治者重视的内容。

我们已经注意到朱子学的特点之一是重视忠诚之德。在被应用到实际生活中后，"五伦"理论为幕府规定封建社会成员的各种义务提供了合法性，并为原本已松散存在的社会等级制度提供了道德基础。从统治阶级到武士，再到农民、手工业者和商人，每个人都有其特定的社会职责，但这些道德规范基本不会提及社会成员拥有的权利。这是一种世俗的价值观，虽然其本身内容十分有限，影响范围却很广。

我们很难判定儒学讲师的数量是不是随着社会对其需求的变动而增减。但从总的趋势来看，佛教的衰落成为儒家思想在日本发展的推动力，效力于江户幕府和各藩大名的儒学学者也逐渐增多。在 17 世纪上半叶，儒学研究的中心并不是新兴城市江户，而是自古即为学术重镇的京都。从这一点我们也可以看出，身在江户的政治家并未对儒学研究有特别的需求。但是由于林罗山和他的后代对朱子学的大力推广，江户的儒学学者的数量也不断增多。到 17 世纪末期，由林氏掌管的学堂成为官学儒学的总部。

在江户，儒学学者能够为德川幕府的政策提供学理根据。但是，幕府未必是出于政治目的而将儒学作为政策依据的。尽管在研究目的和哲学观点上存在分歧，作为一个整体的儒学已经在思想界占据了主流。因此，幕府将儒学定为官学也只是顺势而为，并不意味着儒学学者具有很大的政治权力。儒学学者效力于幕府和各藩，在被咨询意见时会提供自己的政策建议，在他们最关心的教育问题上自然也是被咨询的对象。但除极个别情况外，从他们的官职就可以看出，他们并不是政策的制定者。而从俸禄上看，效力于德川家的学者的地位并未高于旗本，而在各藩效力的学者的地位也在高级别的家臣之下。

从总体上看，儒学学者在全国范围内有一定的影响力。虽然宣称其有影响力很简单，但要证明这一点却有难度。1650~1700年，日本的政治史中几乎没有迹象表明德川幕府曾经认可过某种官方意识形态。即便儒家思想是官方意识形态，我们也不能认为幕府全靠儒家思想来支持自己的行动。幕府认可的是林氏学堂的教学活动，但到了 1670 年前后，其领导地位逐渐衰落，全国各地开始出现异见。17 世纪 40 年代，年轻的中江藤树和山崎闇斋

曾向林罗山发起攻击。在他们之后，山鹿素行（1622~1685 年）
和熊泽蕃山（1619~1691 年）等学者对林家学派的攻击更为猛
烈。他们公开谴责朱子学的正统学派，却只受到幕府的训斥和
警告。

由此可以认为，德川幕府并不真正排斥针对自己的意识形
态的反对声。幕府甚至有可能无法明确地界定自己的正统意识形
态。在 17 世纪中期，像酒井忠胜和堀田正盛这样的实干派幕府
高官都出身武家，不善于哲学思辨。而在严格遵循朱子教诲的学
者眼中，作为官学儒学代表的林罗山的学说又站不住脚，这也许
是幕府对存在异见的学者网开一面的原因。幕府不喜欢人们对其
政策而非观点存在异议。

为了让读者对当时的情况有进一步的了解，我们在此简单
介绍幕府对于反对官学的主要学者的态度。山鹿素行是第一个引
起幕府注意的异见者。素行出生于会津藩，曾是林罗山出色的学
生。在深入学习佛教和新儒家思想的同时，素行也十分关注军
政。在和平时期，武士们的地位与寻常时期不同，素行所关心
的正是如何解决这一紧迫的问题。素行每次讲学时听众数量都很
多，其中既有大名也有旗本。1652 年，素行受邀前往赤穗藩浅
野氏的居城，担任浅野氏的军事顾问。1661 年，素行回到江户，
并完成了《圣教要录》。在书中，素行号召儒学学者回归最原初
的儒学，并否认之后的衍生流派。这与认同新儒学为官学的幕府
政策相悖，幕府因此十分恼火。素行被遣返至赤穗藩。他仍旧坚
持学习，但终其一生都是流放之身。

从山鹿素行的著作中可以看出，他对军事学有着浓厚的兴
趣，也很关心武士阶层的福祉。深受儒学思想影响的素行在《士

091
/ 078

道》一文中表述了自己对新社会武士地位的看法，并描述了武士应当承担的义务和遵循的道德准则。素行的《士道》以及同系列的其他著作构成了之后武士道的雏形。他一直都能感受到武治与文治结合的困难，但也强烈地意识到，如果武士不想沦落为无用之人，就必须带头以国家的需要为重，为国效力。

早在 1650 年之前，家光就认真考虑解决浪人问题。1651 年，酝酿数年的浪人谋反计划被揭发。其领导者由井正雪虽不是武士出身，但是他代表失业的武士组织抗议，因而得到了不少支持。山鹿素行则对浪人群体的存在感到焦虑。素行、熊泽蕃山（仅次于素行的重要的武士支持者）和由井正雪在当时被称为三大浪人，足见当时浪人问题在社会上的重要性。

熊泽蕃山最初效力于冈山藩藩主池田光政。之后，蕃山拜中江藤树为师。学习数年后，蕃山于 1647 年回到了备前国池田氏的藩地。蕃山在当地推行的行政改革受到了幕府高官的注意，蕃山也因此一度很受赏识。但在池田氏统治的冈山藩，蕃山的对手削弱了他的势力，最终迫使蕃山辞官隐退。

有趣的是，熊泽蕃山在备前国冈山藩从事的工作包括为藩主提供经济政策建议，他在通过修筑堤坝来管控水利以及发展林业方面也十分成功。另外，蕃山还负责藩内的教育工作，并且在冈山藩建立了第一所藩属学堂。蕃山受到池田光政的提拔，在前往江户时也是风光无限。但是，由于与改革有关联，蕃山受到了大老酒井忠胜的猜疑。很显然，蕃山必须退出政局。1656 年，蕃山辞去官职，前往京都，但是（由于他与一些听他讲学的公家贵族相交甚密）再次受到幕府的猜忌。他被迫离开京都，并辗转于各处偏远藩国。直到去世，蕃山都是被放逐之人。1691 年，蕃山在下总国一位友好的大名松平忠之的藩地去世。

酒井忠胜显然不是因为熊泽蕃山对官学存有异议而对其施压。大老之所以采取行动，是因为蕃山在其著作（最著名的为《大学或问》）中批评了幕府的政策。① 蕃山主张幕府应放松对参觐交代的要求，以减轻大名的负担。他还建议由此节省下的金钱应被用于改善浪人的生活状况，主张推行土地改革，而这一改革在池田氏的领地已经获得成功。蕃山尽管未曾公开反对朱子学，却受到了林罗山父子的公开排斥，并被他们称为异端。林氏父子似乎已经忘记了自己推崇的儒学学派的道德教诲。

幕府的官学受到了许多品行端正和学识渊博的学者的攻击，这足以证明其存在严重的缺陷。事实上，新儒学的内容偏狭且不切实际，也没有变动的余地。其虽然为德川幕府的统治提供了理论上的支持，却无法确保自身不受影响。当然，"五伦"的思想并没有受到挑战。因此，新儒学唯一的成功之处在于它为个人设定了可以接受的道德准则。

在这些争论产生之后，一种新的哲学思潮出现了。这一思潮号召人们摒弃复杂的新儒学，回归《论语》中不夹杂无用的形而上学的早期儒学。这场由学术争论掀起的思潮的领袖是著名学者伊藤仁斋（1627~1705 年）。仁斋出生在京都，是一位致力于讲学的商人。他开设了一所学习主要经典著作的学堂，吸引了大量的学生来听讲。仁斋与山鹿素行一起创建了学习经典古籍的"古学派"。② 这一学派反对新儒学以及其他一切由早期儒学衍生出来的儒学学派。

---

① 这一著作是关于儒学四书之一的《大学》的对话录。在此书中，熊泽蕃山通过对话的形式表达了自己对时事政治和经济的看法。

② 一说"古学派"实际上是山鹿素行的"圣学"、伊藤仁斋的"古义学"和荻生徂徕的"古文辞学"的总称。——译者注

神道教新门派的发展过程是日本宗教史上另一个有趣的阶段，我们将在后文中对此进行介绍。接下来，本章将就儒学思想的政治和社会影响进行论述，并以此为第一部分的总结。

我们很难观察到儒学对幕府政策的直接影响。在家康去世后，幕府宣布禁止信仰基督教，接连颁布锁国令（1639年达到顶点）。1649年，幕府下令检地。同年，幕府颁布了有关农业问题的《庆安御触书》，并规定了对待农民的一些原则。[1]1651年，由井正雪试图谋反的计划败露。1658年，600名基督徒在大村被处死；1683年，200名基督徒在尾张被处死。这些事件的处理都不属于儒学推崇的"仁政"。1638~1656年，酒井忠胜担任大老；酒井忠清后接任大老，但在1680年被免职。这两位大老都不是关心哲学问题的幕臣，但都是保守派。我们已经提到，一位学者因建议幕府修改政策而被忠胜处斩。但需要指出的是，忠胜的确是一个正直的人，也对学问感兴趣，深受家光的信任。

朱子学的理想主义观点并不适合解决现实的政治问题。借用近代日本历史学家北岛正元的观点，朱子学对于人性的乐观预期及其沉静不主纷争的特性决定了其在面对秩序混乱时的无力。但毫无疑问的是，新儒学对于德川幕府时期日本社会结构的强化起了重要作用。社会不再混乱无序，新儒学也成为组织有序的新社会的道德基础。"五伦"的纲常不仅为国家的和谐秩序提供了支持，也为每个人提供了适合其身份地位的行为准则。因此，对于武士和农民来说，行为和规范都是合二为一的。这一道德体系的核心是"义务"，既包括下层民众的义务，也包括统治阶级的

---

[1] 在前文中译者已经提及，《庆安御触书》并非幕府颁布的法令，而是甲府藩颁布的用于教育农民的政令。——译者注

职责。

此时的日本是幸运的。许多年轻的武士潜心学术，而包括大小各藩在内的整个国家的治理都需要受过教育且品行较好的人来完成。因此，新儒学可以说为江户时期的日本培养了一批严格遵守行为规范的公务人员。也许有观点认为，对形而上学的了解并不能帮助人们适应公务职责。但是直到现在，在西方国家，古典文学教育仍是官员担任政府要职所需的条件之一。在当时的日本，引用中国圣人的教诲就如同在西方引用柏拉图和卢克莱修的观点一样。

大量的儒学学者在各藩担任顾问或老师，这一现象在1651年之后尤其明显。日本的锁国政策日渐完善，浪人谋反的计划也已被揭穿。此时，许多大名已经完成了一定的改革，并且逐步改进了藩国的行政管理体制，需要招募更多能干的家臣。

在论述17世纪儒学在日本的发展情况时，学生一般面临着两个有关因果关系的问题。首先，当日本需要建立新的政府系统时，为什么刚好会有一种新的思想理论能够为新的政府系统提供合法性？其次，为何这种新的思想理论的引进和日本活跃的宗教和哲学研究存在时间上的重合？

回顾历史，这些问题的答案很简单。我们不能认为日本的学者是在一夕之间决定潜心研习儒学的。日本的学术研究有着悠久的历史，而儒学学者也不是灵机一动便决定引进一种新的思想理论。在新儒学成为官学之前，日本的学者早已开始对其进行研习。藤原惺窝是官学首领林罗山的启蒙者，其本人也曾在禅宗寺院学习。惺窝出生的时间比关原之战早四十年。第二个问题也不难回答。一旦和平近在眼前，人们尤其是年轻人的关注点自然会转向公共道德和个人道德问题以及他们未来的工作。在家康成为将军并建立幕府之后，这一情况很快就出现了。

新儒学的道德规范在日本逐步推广的现象涉及许多因素，并且和机构的发展建设密切相关。有观点认为道德规范引起了所有的变化，但实际上其他要素也起了重要的作用。举例来说，早在源氏时期，日本就存在要求武士服从命令和自我牺牲的行为规范。另外，人们最常犯的错误莫过于认为在儒学兴盛的同时，佛教衰落了。的确，佛教在精神生活中失去了权威地位，但它仍在发挥重要作用。户籍登记、葬礼和追悼仪式等都是按照佛教教义安排的，许多人在晚年也放弃了儒学转信佛教。各大寺院仍旧是学术重镇。1655 年，一个新的禅宗教派黄檗宗从中国传到了日本。尽管幕府在 1631 年颁布法令禁止新建寺庙，寺庙、神殿等佛教建筑仍在不断增加。造成这一现象的原因包括佛教新宗派的不断出现，以及城镇和乡村的扩张。这些建筑虽然占地面积不大，但是在全国范围内分布广泛。因此我们可以认为，与织田信长和丰臣秀吉统治日本时相比，家康在任时佛教在一定程度上恢复了曾经的势力和地位。

尽管儒学具有一定的宗教特性，但对人的要求还是苛刻的，不像宗教一样具有安慰的效果。在江户以及一些主要藩国的都城，孔庙会组织一年一度或季节性的朝拜孔子的仪式。① 在尾张藩，家康的九子义直雇用了一批儒学学者，并且在名古屋城建立了敬奉孔子的圣堂。1632 年，他还在林氏学堂内修建了类似的建筑，用于举办各类仪式。需要指出的是，德川家为推广儒学贡献了不少力量。水户藩的光圀、会津的保科正之和义直在其中起

---

① 在各藩内，孔庙或为独立建筑，或设置于藩属学堂内。

到了领导作用。1672 年，明朝的遗臣朱舜水还曾在水户主持祭孔仪式。

1690 年之前，祭孔仪式都集中在上野定期举行。1690 年，五代将军纲吉下令在神田的昌平坂修建大成殿。①同时，幕府还设置了昌平黉。这里成为举行全国性的儒家仪典的场所，每年春秋季将军和其重要家臣大名都会前来参加仪式。

儒学作为官学的地位已被稳固地确立。在纲吉去世后，儒学的重要性开始减弱，但是昌平黉仍旧存续下来。作为全国的顶尖学府和古典文学教育中心，昌平黉的影响力和办学效率日渐提升。德川家和谱代大名家的所有成员以及旗本武士都会在昌平黉学习。

我们还有必要在此介绍一下朝廷对儒学的态度。按照传统，朝廷一直都支持学问研究，天皇也将此视为自己使命的一部分。1584~1654 年，后阳成天皇、后水尾天皇和后光明天皇先后在任，他们尤其关注汉学。后阳成天皇专门订购了新版四书的善本以及《孝经》的副本。②后光明天皇则十分热衷于研习朱子学，并曾为惺窝的著作作序。惺窝在当时不仅是著名的学者，还是一位冷泉派诗人。

/ 084

上层社会的主要成员是武士。需要指出的是，在新儒学为他们提供的有关公德和私德的行为规范当中，遵循"五伦"纲常对这些生来便被教育要顺从忠诚的人来说并不是难事。他们不需要被人教导履行应尽的义务，毕竟整个武士社会都是在这些概念的基础之上建立起来的。我们甚至可以认为，相较于哲学家的学说，武士需要坚持的道德原则和他们心中理想的生活方式更为接

---

① 昌平是孔子的出生地。
② 这一版本出书于庆长年间（1596~1614 年），因而也被称为庆长本。

近真理之"道"，历史也更为悠久。新儒学的这些理性主义特质与看重情感和经验的日本性情并不符合。也许正因如此，在18世纪的日本，新儒学在某些方面的影响力逐渐减弱。时事问题需要用具有实用性的方法来解决，但新儒学却不能提供这样的解决方案。早在1630年，中江藤树就已经对新儒学提出异议。在这之后，不同意见也以各种方式传播开来，有时异见者会受到幕府的惩罚。

从下面的异见者名单中可以看出，官学受到了激烈的批判：

中江藤树	1608~1648年	研究阳明学
山崎闇斋	1618~1682年	重新研读朱子学
熊泽蕃山	1619~1691年	师从藤树
山鹿素行	1622~1685年	批驳新儒学
伊藤仁斋	1627~1705年	反对新儒学
贝原益轩	1630~1714年	质疑朱子

在为朱子辩护的学者当中，有一位名叫室鸠巢（1658~1734年）的固执的哲学家。在他的《骏台杂话》一书中，鸠巢向读者解释了他在多年研习反思之后得出的结论。在他看来，那些胆敢批评新儒学创始人的学者就像试图丈量大海的毛虫，或者坐井观天之人。他还十分忧心日本的现状，因为他认为武士们正在变得贪婪腐朽。他的这个观点十分有趣，因为这从侧面表现出商业发展对社会道德标准的影响。鸠巢认为，一个完美的武士会以义务为先，之后才会考虑自己的生命和财产。他指出，武士们都是直到最近才对钱财有了概念，而以往他们一直过着朴素的生活。鸠

巢这样写道："我记得在我年少时，年轻人从不谈及价钱，有些甚至在听到淫秽之事时会脸红。在过去的五十年中，社会准则已经发生了变化。"

毫无疑问，最优秀的武士们的确都有这样的情绪。新井白石也一直遵照严格的行为准则为人处世。晚年的白石曾述及自己家教甚严，并提到了自己的父亲（于1679年去世）所坚持的几乎毫无人性的自我控制。在很长一段时间内，保守的武士们都坚持克己的道德标准。福泽谕吉的例子就很好地证明了武士对于钱财的蔑视态度。19世纪中期，谕吉曾提及父亲听闻他在学校学习算术之后大怒。数字应该是店家才需要用的工具。

鸠巢无法为商业造成的恶果提供化解的办法。他仍旧坚持着传统的看法，认为乡下人若能被好生对待，就都是简单朴实的；城里人则是贪婪张扬的。鸠巢认为幕府应该颁布严格的法令禁止奢侈浪费，行为放荡之人也应该依法受到训斥。但是作为一名哲学家，他应该知道，禁止奢侈的规定从来都不会有效。

日本人引进了一种与其国民性并不契合的外国学说，这一现象是很值得关注的。同样引人注目的是，他们做到了有所取舍，而这样的折中也证明了日本本土传统的强大生命力。也许正因如此，在藤原惺窝、林罗山和中江藤树推广自己认同的学说时，他们自身的神道信仰和无神论的儒学理论轻而易举地实现了和谐共存。

2　神道与儒学

如果哲学家是江户天空中的群星，那山崎闇斋就是其中最闪耀的一颗。在前文讨论学界对林氏一族的批判时，我们已经对闇斋的一生进行了大致的介绍。闇斋出生于京都，其父是一名浪人。年轻时，闇斋出家成为一名禅宗僧侣。后来，他和一群年轻人在土佐学习儒学。1648年，二十九岁的闇斋回到京都生活。在京都，他开始了对朱子的形而上学理论的深入学习，并创造了一系列词语用来描述宗教信仰的基本要素。之后，他对教育越发感兴趣，并在晚年开始研究神道。

在有关山崎闇斋的一些趣闻中，他被描述为一个有主见但行为有些古怪的人。在最有趣的一个故事里，闇斋问自己的学生，如果孔子和孟子率领大军攻向日本，那孔孟在日本的弟子该怎么做。见到学生们都很安静，闇斋表示自己不会害怕，而是会穿上铠甲带上长矛将孔子和孟子活捉。闇斋指出，这样的应对方式才是遵循孔孟之道的选择。伊藤仁斋也曾评价闇斋兴趣广泛，并调侃道，闇斋的热情总是会很快地转移到不同的事物上；如果闇斋活得再久一点，他肯定会成为一名基督教传教士。

山崎闇斋并不是唯一一位对神道教义十分感兴趣的学者。在中世日本，神道教与佛教相互融合。林罗山则将神道视为儒学反对佛教的助力，且这一倾向变得越来越普遍。与此同时，本土宗教神道教也逐渐被染上了儒家色彩。藤原惺窝曾主张神儒融合，而林罗山甚至在此基础上表示两者实际上是相同的。德川义直也热心地信奉神道教。

在阳明学派中，中江藤树曾写成《神道大意》一书，并指出部分神道教义和儒学中的一些概念是相同的。[1]熊泽蕃山则进一步指出，儒学并不适合日本。他赞美神道的词句是令人吃惊的。

---

[1]　著者此处论述错误。《神道大意》的作者并非中江藤树，而是日本神学家吉田兼俱。此书成书于15世纪晚期，其内容也与儒家思想无关。——译者注

蕃山说，佛祖如果来到日本，就一定会放弃转世轮回的观点，并转信神道。中国的儒学圣人会被人们忘记，神道也将取代儒家思想。但从实际行动来看，山崎闇斋则比熊泽蕃山更有力地推动了神道的发展。

山崎闇斋对朱子学是十分感性的。在儒学众多的形而上学概念当中，闇斋只选择了"忠"，并将此作为宗教崇拜的基础。他认为，儒学思想大都可以与神道信仰相融合。闇斋从一位神学者那里学习到"融合"的概念，并急切地希望促成神儒融合。据说，他向学生宣讲这一观点时气势很足，让学生们十分震惊。他声如洪钟，面带怒色。① 佐藤直方曾是听众之一。据直方回忆，当他们跨过闇斋的房门槛时就如同去监狱一般；而当他们离开时，仿佛是从虎爪之下脱身。

本节不会就山崎闇斋的理论做更多论述。在他之后，许多更具逻辑性的论点促成了神道与儒学的进一步融合。这种将本土宗教传统与从中国传来的哲学思想融合的尝试最突出的特点即为其民族主义的要素，闇斋对于中国的圣贤进攻日本的假设以及他本人的态度即是这种情绪的体现。

察觉到这种处于早期发展阶段的爱国主义并非易事。这种情感自古就有，却从未被积极地表达出来。在中世时期，这种情感又被内乱掩盖下去。但是，随着国家的统一，尤其是受到朝鲜远征行动的影响，日本的国家意识不断增强。我们并不完全了解幕府闭关锁国的原因，但不可否认的是，其原因之一是幕府希望保护日本文化免受外国影响。

---

① 这与西方的演讲形成了鲜明的对比。在西方，怀特腓德光说出"美索不达米亚"一词就会让听众落泪。

3　新儒学伦理

在 17 世纪，最后一类评论新儒学的著作并没有攻击新儒学，而是成功地将其主旨大意以通俗易懂的方式传达给普通人。这些著作的作者是贝原益轩（1630~1714 年）。益轩出生于九州，一直接受的是医师培训。益轩对药草的研究促使他对自然科学很感兴趣，这也影响到他的哲学思想。益轩相信世界上存在独一无二的仁慈的创造力，这与朱子学的二元论很不一样。益轩对新儒学的简化反映了他直截了当和一心一意的性格特点。在完成著作时，益轩都会用易于辨读的字体书写，其文章的语法也很简单。各个社会阶层的人都可以读懂他的文章，连妇女和孩子都能够明白他注解的儒学伦理。就连轻易不会赞美别人的学者太宰春台也赞扬益轩，称其是日本最博学之人。

据传，《女大学》一书即为贝原益轩所著。这本书阐述了女子需要侍奉父母、公婆、丈夫以及儿子（在丈夫去世后）的道德准则。但是，益轩一直平等地对待自己的妻子（东轩），也有人认为《女大学》实际是东轩写成的。东轩是一个很有才能的女子，所以《女大学》一书也有可能是他们夫妻合著的。①

在当时所有的儒学学者当中，贝原益轩的官位可能是最高的。益轩将自己出众的分析和实践能力结合起来，将朱子学的理学观点转化为简单的日常行为规范。益轩的思想对江户日本社会尤其是中产阶级的行为规范的形成产生了无人可及的影响。

江户时期的日本存在士农工商四个社会等级。这种社会等级观念的源头即为儒家思想，因而与儒学范式也是契合的。但是，

---

① B. H. Chamberlain 的 *Things Japanese*（伦敦，1927 年出版）中有对《女大学》的译文。

儒家思想的关注点都集中在家庭层面，并不十分关注社会公共事务。儒家的道德准则原本不是为规范个人行为而制定的，其目的在于强化并且延续一个家族的势力。所有家族成员的行为和思想都要以此为首要目标。一个家族的延续主要依靠孝道，即儿子对家族首领的孝顺，而不是臣子对主君的忠心。孝道是封建社会伦理道德的基础。朱子学和由其衍生的学派要求人们服从上级，并将此视为做人的义务之一。这种思想也是从孝道中衍生出来的。

在《翁问答》一书中，中江藤树指出，为了理解孝道的本质，我们必须考虑子女对父母之爱应有的感激之情。父母子女之爱是世间公认的，在任何时间和地点都是真实存在的。但是在日本的封建社会，这一道德准则被推崇到极致。它不再是一种自然的情感表达，而变成了外界强加的一种行为规范，迫使子孙盲目地服从父母。让人感到吃惊的是，宣扬孝道的贝原益轩在《童子训》中曾警告父母不可以盲目地遵从本能，并警惕自己对孩子的态度过于柔和宠爱。益轩指出，这会使孩子对父母毫不忌惮，因而是与圣贤的教导相悖的。父母必须压抑他们对于子女的宠爱。按照益轩的话说就是："孩子必须安静地接受长辈的训斥。他们必须恭敬地听从长辈的教诲，不论教诲是对是错。不管长辈的言语如何激烈和无礼，他们都不能表现出丝毫的怒气或怨恨。"

这种对一家之主的绝对服从和日常生活各个方面都是相关的。一家之主有责任维护家族的名声，并有权为此惩罚任何一名家族成员。为了避免家族成员为不法行为承担连带责任，家族首领可以让家族成员与犯法者离婚或者断绝亲子关系，有时甚至会杀死犯法者。

兄弟之间的相处同样需要遵循长幼秩序。年幼的子女和长子不同，衣食住行的安排都逊于长子，这与镰仓幕府和室町幕府时期的情况大不相同。在镰仓和室町时期，家族继承人的选定都以才能为标准，而非遵循长子继承制。这体现出德川时期保守主义的落后。相比早在中世时期就为人熟知的孝道，德川时期的长幼秩序可谓弊病十足。

这种严苛的道德规范给贫穷的武士家里的幼子们带来了巨大的负担。在所有的藩国，大名的俸禄都是固定的。在这样的情况下，下级武士很显然无法获得足够的俸禄用来确保长子和幼子们有同样的生活条件。因此，不论才能如何卓著，幼子也只能被迫寻找其他可以过继的家族，或一生清贫，或前往城市寻找其他工作机会（并放弃他们的武士身份），或成为浪人。

但所受待遇最差的还是当时的女子。女子终其一生都被要求遵从"三从"之德：年幼时遵从父母，结婚后遵从丈夫，年老后遵从孩子。读书多被认为会有损女子品德。在中上层社会，女子被允许接受一定的教育，如文学、音乐、作词和书法。由于男女有别的规定十分严格，女子必须私下学习这些知识和技艺。儒家甚至有规定，要求七岁以上的男童女童不能同座，即便在吃饭时也不可以。

婚姻都由父母基于家族利益的考虑进行安排。丈夫可以七种理由休妻，其中无子、放荡和疾病是最为常见的。丈夫也可以宣称妻子与家族传统不合而休妻。除了向妻子及其父母递交简短的通知以外，丈夫不需要提交任何其他法律文件。这种通知短到被人们称为"三行半"。夫妻之间的亲密关系即便会被列入考虑范围，也只是次要的事项，妻子的职责就是生下孩子。按照当时一种残忍的说法就是，她们的"肚子就是借来用的"。

如果人们严格按照这些道德规范行事，妇女和儿童受到的折磨肯定是极其残忍的，已婚女子的生活也一定十分悲惨。但是很显然，除了家教极严的上层武士家族以外，大多数家庭只是遵循上述道德规范中的一部分。感情和常识软化了这些严苛的规范，并使家庭生活更为欢乐和睦。在一家当中，妻子最害怕的通常不是她的丈夫，而是丧夫的婆婆。在受到长年的压迫之后，她们终于可以给人发号施令了。

需要指出的是，每个家族都有强烈的家族荣誉感。如果丈夫放肆地伤害和侮辱妻子，那么妻子的父母和兄弟会找丈夫报仇。仇杀是武士社会生活的特点之一。人们或许认为，和平年代的武士不会再考虑如此暴力的行为。但实际上，在 17 世纪，如何让武士社会适应和平的现状一直都是幕府最难解决的问题之一。从理论上为这一既无工作也无产出的阶级的存在提供合法性并不是难事。但在实际操作中，要想为这些以作战为生的人寻找其他有用的工作，却是一件难事。

在德川幕府建立后，幕府和各藩国的组织机构都有了改进，下层武士的地位也大不如前。他们开始惋惜地回忆自己在战场军营的生活，因为那时他们不需要待在家里应对各种新情况。而现在，他们很快就被新人超越了。这些新人通常来自其他藩国，或者是愿意服侍任何主君的浪人。这些新武士有着很不一样的特点，他们居住在城下町，如若有特殊才能，还可以成为藩内的官员。这些官员熟悉会计工作，能够规划藩国的收支，或者承担重要的行政职责。在传统武士看来，这些人都是胆小懦弱不愿从军的逃兵。但是，这些新武士逐渐变得更为重要，而没有特殊才能的忠心的家臣几乎没有任何升迁的机会。①

在新的历史条件下，新兴武士取代了传统武士，有关武士的

---

① 福泽谕吉的父亲是奥平藩的下层武士。据福泽谕吉称，在两百年间，奥平藩只有三十五位下层武士受到提拔，成为最下等的上层武士。

职责义务的标准也发生了变化。因此，知识分子的领袖们（如果我们可以认为儒学学者是领袖）开始寻求一种合乎逻辑的伦理道德体系，并将此应用于所有武士阶层的成员——不论他是大名还是最底层的武士。

山鹿素行是最早尝试制定这种道德规范的学者。前文已经提及，他是《士道》一书（约成书于1665年）的作者。在开始阐述自己的观点时，素行就坦言武士不像农民、手工业者和商人一样有工作。那么，武士的职能是什么呢？答案是以身作则，向他人展示如何履行忠孝道义。在素行看来，武士是只思考自身的职责而不求回报的老师。素行的《士道》以及其他相关著作的特别之处在于，它们为武士提供了在社会中的新的地位。武士不再是军官，而是文官，承担着从思想和道德上引领民众前行的职责。素行进一步阐述了武士和其所侍奉的主君之间的关系。他表示，这种关系是神圣的、绝对且不可侵犯的，并且胜过任何以感恩之意或封赏来维持的关系。

山鹿素行创建的这一理论体系十分简洁明了，但是经不起推敲。尽管素行在书中表示，武士不应该考虑收入和奖赏，但他在被流放时曾写道，自己不会接受俸禄不过万石的工作。世间所需要的也不是武士们高调地宣扬自己能够尽忠，而是能够为政府机构的工作做出实际贡献。为了做到这一点，服从和勤勉自然是必须的，但不需要从哲学上论证其必要性。长期以来武士们都会坚持这些品德规范，虽然没有完美地遵循这些道德原则，但是普遍来说武士们还是能够依此行事。

山鹿素行和其他儒学学者还试图证明下面这一事实的合理性：一个数量不足总人口 1/10 且毫无产出的阶层，可以像寄生虫一般依靠人口众多的农民、手工业者和商人过活。在这个问题上，哲学家们提出的观点是无用的，有时甚至是有害的。但是，他们对于一些传统的武士行为规范的反对还是正确的。

这些过时的行为准则有时被延续继承下来，但是与儒家的哲学伦理是相悖的。其中之一是为主君"殉死"。在旧时，主君和家臣并肩作战，他们之间十分亲近。当主君被杀后，家臣也会立刻自杀，以在死后能陪伴主君。到了江户时期，这一传统演变成为臣子为将军或大名殉死。从任何理性的角度来看，这一行为都是错误的。家康和大多数受到儒家思想影响的大名都反对这一行为。

在江户时代早期，四位家臣曾在 1607 年为松平忠吉殉死，另有四位为结城秀康殉死。在此之后，殉死一度成为十分常见的现象。有时，甚至会出现"二级殉死"，即有家臣为已经殉死的家臣殉死。

支持这种行为的观点认为，武士不可侍奉两主，因此当主君去世时，臣子也必须结束自己的生命。秀忠去世时，一名老中为其殉死。家光去世时，十三位家臣为其殉死，其中就包括两位杰出的老中堀田正盛和阿部正次。这一恐怖的传统最终被保科、井伊、池田和黑田等一些开明的大名禁止，并于 1663 年由幕府正式下令禁止。幕府十分严格地执行了这一禁令。1668 年，奥平忠政去世后，他的一名家臣为其殉死。这名家臣的两个孩子随后被处死，其他的亲属也被流放。奥平忠政的继承人被贬到一个不重要的藩国。殉死的传统就此终结。幕府对此事的介入可以被视为其政策受到儒家思想影响的案例。

复仇（"讨敌"）是另外一个更常见且历史悠久的传统，也不是很不合情理。在江户时期，第一个记录在案的复仇案发生于 1634 年的"伊贺越"（从畿内到关东都须经由伊贺）。在伊贺一片孤立的高地上，渡边数马和自己的姐夫与另外两名年轻武士一起，追杀害死自己父亲的河合又五郎以及他的随从。① 数马一行人以少胜多，杀死了又五郎。由于包含同性之爱的要素，此事成为不少剧目的创作题材。

比上述复仇事件更广为人知的是家臣为主君尽忠而引发的"赤穗事件"（1702 年）。自赤穗事件发生后，以这一事件为题材的剧目一直都是最受观众欢迎的。这一事件对社会各阶层思想的影响力也是可想而知的。奇怪的是，在江户时代前半期，有记载的复仇事件都是武士参与的，但在江户时代后半期（除了单独某次争斗），农民和商人成了复仇事件的主角。这或许是因为在江户前期，武士仍然保留了战争年代的尚武精神，但随着时间的推移，他们逐渐适应了普通人的生活。中下层民众则逐步受到儒家行为规范的影响，或者受到了各类演出剧目的影响。

幕府对复仇一事不完全反对。由于复仇牵涉道德义务问题，幕府不能禁止那些遵循儒家忠孝之道采取的复仇行动。恰恰相反，如果有人希望复仇，他们可以向幕府申请。通常他们的请求都会得到幕府的许可。

《家康百条》（有时又被称为《家康公御遗言百条》，实际出现在 1650 年前后）专门规定了幕府可以批准复仇行动的权限。这一文件就如同武士社会的宪法一般，其对复仇行为的规定也十分明确："任何人都与杀害其父或其主君之人有不共戴天之仇。"（第 51 条）该条文还指出，如果一人希望复仇，则须将此计划向相关机构汇报。只要不存在计划延期，也无暴动行为，复仇者的计划就会得到幕府的允许。《家康百条》还规定武士可以杀死

---

① 据译者考证，一说河合又五郎杀害的并非数马的父亲，而是数马的兄弟。——译者注

"对自己有所冒犯"的下层人。在这种情况下，武士拥有"切舍御免"的特权，无须向幕府申请许可，也不需要采取任何后续行动（第 44 条）。

4 历史学

家康曾对复印有关政府治理、军事学和历史学的新版汉学典籍很感兴趣，林罗山等学者也开始深入学习儒家思想。他们不是引进某种新的学说思想，而只是经历了战国时期的空缺后，回归日本的学术传统。他们可以说是某种"文艺复兴"运动的领袖，但是这场运动并不十分关注艺术的发展，而更多地关注学术的发展，尤其是历史学。

/ 094

在成书于 1233 年的《愚管抄》（日本最重要的历史研究之一，也是最早尝试对历史进行逻辑性解说的著作）之后，日本一直未出现重要的历史著作。因此，在德川的新政权建立后，学者们希望立足于当时的现实情况，重新思考日本的历史。① 在这场历史学复兴运动中，德川光圀（1628~1700 年）是最合适的领导者。他是家康的孙子，水户藩的藩主。据说幼年的光圀总是放荡作乱，但在十八岁时，他改过自新，并被父亲选作继承人，担任水户藩的下任藩主。光圀也因此成为属家康直系的御三家之一的家主。

德川光圀埋头研究典籍，并对历史学越来越感兴趣。在三十岁时（1657 年），光圀开始编纂日本国史，并希望以自己编纂的

---

① 北畠亲房的《神皇正统记》（1339 年）是一本为南朝辩护的书，而非历史著作。亲房在写作这本书时条件艰苦，没有文献可以参考。这本书的历史价值在于，亲房记录了实际发生在自己身边的事件，如在后醍醐天皇时期的政治军事事件。其基本写作态度受到了《愚管抄》的影响。

书籍取代林罗山为幕府编著的《本朝通鉴》。① 在光圀看来，林罗山的著作只是写满了事件的日历。他计划按照中国编年史的风格，为日本编写一套系统的国史。这套著作将会涵盖日本从古代到南北朝的历史，并被命名为《大日本史》。光圀在世时，编纂工作进行得很顺利。但在 1715 年，编纂工作中断，直到 19 世纪晚期才重新开始。这套史书是按照中国编年史的标准编著的，内容十分准确，是风格和质量都与中国编年史相近的唯一一套日本史著作。

德川光圀希望以史育人。他希望各藩武士能够通过学习历史增进心智，并意识到国家统一的重要性。光圀是朱子学坚定的修习者。按照朱子学的观点，学习历史能够使人获得道德上的指引，人们在研究历史人物的行为时也要遵循"理"。

在有关南北朝冲突的早期书稿中，德川光圀对"大义名分"进行了详细的阐述。光圀得出结论，认为支持北朝的足利氏征夷大将军都是叛国者。随着编纂工作的展开，包括安积澹泊和三宅观澜在内的新学者也加入了编纂者的行列，史书的语言变得更为客观和中肯。另外，中国学者朱舜水也是《大日本史》的编者之一。他居住在长崎，后受到光圀邀请参加了编纂工作。

这套著作的主要目的在于通过记述正统朝廷的政策措施来梳理日本国的历史。但是，编者们"并没有谴责幕府体制。因为幕府是天皇统治日本的工具。他们坚持认为将军是天皇的臣子，并且无法否认天皇有决定自己的授权对象的自由"②。

---

① 原著此处存在历史错误。前文的脚注已经提及，《本朝通鉴》由林罗山之子于 1670 年完成，由林罗山完成的《本朝编年录》在明历大火中被烧毁。因此，光圀希望自己的著作取代的或是林罗山的《本朝编年录》，或是由林罗山之子编著的《本朝通鉴》。——译者注

② 引自 Herschel Webb, "What is the Dai Nihon Shi?", *Journal of Asian Studies*, Vol. XIX, No.2(1960)。

1　农地与农民

在介绍十七世纪日本乡村生活之前，我们有必要对其基本特点和发展环境有所了解。日本农业最突出的特点就是小农耕作，农地分布范围广且耕种密集。农地的主要产物是产自水田的稻米，其次是产自旱地的粮谷作物和蔬菜。如前所述，每处耕地面积都很小，单位换算如下：1 町 = 10 段 ≈ 2.5 英亩。面积为 1 町的最优质水田的产量为 10 石，1 石约合英国或美国干式测量的 5 蒲式耳。

在我们讨论农作物产量和质量时，需要指出的是，一人每年平均消费米量为 1 石。鉴于日本未从外国进口食物，因此日本每年产米的石数基本相当于国内人口总数。

1 町的混合型农地（水田加旱田）的耕种需要由 4~5 人全职完成。[1] 每户农家的规模都较小，农户规模与其耕种农地的面积和产量成反比。因此，一处包含 20 家农户的村落构成可能是以下情况：

耕地产量低于 5 石　　　　　　　12 户

耕地产量为 5~10 石　　　　　　5 户

---

[1] 这一数字是基于推测得出的。耕作所需的人数会根据耕地土质、旱田水田的比例大小以及其他变量而变动。据 16 世纪的一本书记载，耕种含 1/4 旱田的 1 町耕地需要 800 男工人日和 200 女工人日。算入季节性补助后，每町农地的耕种大约需要 4 人。当然，要计算出精确的数字是不可能的。耕作方式的改变、新农具的引进也会减少耕种每町农地所需的人数，并增加农地面积。

耕地产量为 11~20 石	*2 户*
耕地产量高于 20 石	*1 户*

虽然上述村落构成是基于假设提出的，但对农村群体构成的反映是基本属实的。其没能反映出的是日本农业最重要的特点——在所有农户当中，小农所占的比重极高。许多农地产量低于 5 石的农户耕种的农地面积仅有 2~3 段，产量也仅有 2 石，符合边际效应。

生产量为 20 石（耕地面积为 2 町）的农地需要一家农户有 5~8 名劳动力。一般来说，能够提供上述劳动力的农家极少。他们都必须依靠旁系亲属，或者虽不是亲属但可算作家族成员的人。如果人手还是不够，他们会召集世代服侍本家的仆人（谱代下人）或者是合同劳工。这些农仆（一般被称为"下人"）被视为地主一家的构成成员，会和地主同住，或者居住在由地主提供的临近住所。在 17 世纪，据估计日本全国农民人口总数的 10% 都是下人。若劳力仍旧短缺，"名子"或者"被官"就会被征来填补空缺。这些农仆为地主出力，作为报酬，地主会为他们提供一小块土地和居所。

通过上述介绍，我们可以看到，在 17 世纪，耕种大面积农地的农家是由不同农民群体构成的，这些群体之间的联系是依靠血缘亲属关系和经济需求维系的。而毫无疑问的是，在这些农家中，家族观念很强，且其涵盖范围很广。即便是地位卑微的下人，也会被当作亲戚对待。

2　村落

为了理解德川幕府时期的日本农业社会，我们必须首先对 16 世纪丰臣秀吉主导的土地测量完成之前的土地政策有所了解。①

在中世日本，耕种农地的人口中包含了可以自由移动的各个社会阶层的人，构成十分多元。换句话说，直到丰臣秀吉确立农兵分离政策之前，日本社会的等级分化并未固化。由于中世日本的务农人口大都拥有相当的军事实力，当时农兵的行动自由度也相当高。秀吉的农兵分离政策也正是为了消除上述隐患。在秀吉下令进行土地测量的过程中，每一寸土地都被检查并登记在案，农地所在地区、农地质量、稻米和其他作物的产量、负责耕作的人员姓名都被记录下来。②

秀吉的政策使务农人口失去了社会流动性。他们的身份被固定，也无法再离开土地。在这一过程中，因为无法被剥夺其名下的土地，地位最低的农民反倒获得了独立，但是他们的自由也只是名义上的。这些农民所拥有的农地面积很小，其产量不足以维系一家的生计。他们中的大多数只拥有 1~2 段（1 段约合 0.245 英亩）农地，农地产量不足 5 石。对于每人每年消费 1 石的小型农家来说，这一数量（缴纳税赋后）是远远不够的。因此，他们不得不为更大户的农家工作，将一个儿子、女儿或者其他亲戚送到大户农家帮忙。

大户农家一般是乡绅的后代。在秀吉下令测量土地并要求除武士阶层成员以外所有人上缴武器之后，这些人决定放弃原有的武士身份，专心务农。与小农相比，这些被称为"豪农"的富农

---

① 由丰臣秀吉下令执行的这一次土地测量工作开始于 1582 年，并持续到 1598 年，被称为"太阁检地"。

② 如果读者想了解丰臣秀吉的土地测量完成之前的农工情况，请参考本书第二卷第二章"乡村生活"。

人数并不多。如前所述，中小农的农地在全国耕地中所占的比重最大。

农民耕种的环境和组织方式十分复杂，对这一问题的分析需要专门的知识，因此我们就不展开叙述了。本书会对此进行较为宽泛的介绍，以便读者理解村落而非单一农场的情况。在 17 世纪的日本，主要的务农方式还是在大户农家及其附属农户的农地上进行耕作。这一耕作方式被称为"手作"，意思是耕种都由地主自家完成。与此相对，"小作"是指农地由佃农耕种。村庄则是与封建官僚打交道的行政单位。

在展开关于村庄的论述之前，我们有必要简单介绍一下统治阶级对农民的态度。从理论上讲，农民的地位高于手工业者和商人，仅次于武士。但实际上他们深受压迫，生活凄惨。幕府和大多数大名对农民课税过重。德川家康的亲信本多正信曾提及，农民是一国之本，必须小心统治。他们既不被允许拥有过多的财产，也不能拥有过少的财产。农民手中的米足够养活一家并用于次年播种即可，其余的必须作为税赋上缴。

农民生活得不愉快。这一点在许多公文中都有体现，在庆安年间颁布的《庆安御触书》中体现得尤其明显。1642 年的告示发布后，《庆安御触书》在 1649 年被作为政令下发到所有村庄。①此令的主要目的在于教导农民认识到勤恳劳作和节俭生活的重要性。从下文的摘要中，我们可以大致了解这一政令的基本特点：

> 农民务农须勤恳。播种应整齐，除草要及时。水田与旱田的边界处不论面积大小，均须种植豆类或其他粮食作物。

---

① 据历史学家的最新研究，《庆安御触书》并不是幕府的告示，而是甲府藩颁布的地方法令。其发布时间也并非在庆安年间，而是元禄年间。——译者注

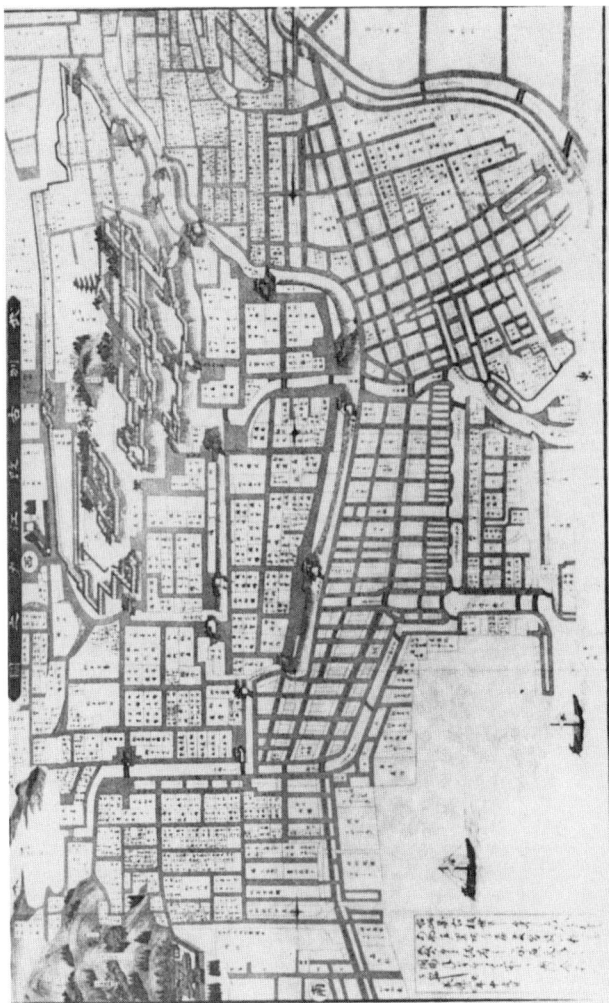

德川时期的江户

松山外村落中富农的住所，距今已有约 300 年的历史

中富农农场院落近照

57 岁的新井白石（1656-1725 年）

久隅守景画作:《纳凉图（局部）》（约绘于 1700 年）。
图中人物为一农民及其家人

/ 第八章　乡村生活 /

奥村政信（1686-1764 年）的画作：《两国桥的夜色》。该照片由檀香山艺术学院提供

农民应早起，并在开始耕作之前完成除草工作。晚上则应编织草绳和草编袋。所有工作都应用心完成。

农民及其妻子不得购买茶叶或清酒。

农民须在农房周围种植竹子或其他树木，并用落叶生火，以节省开支。

农民既无品位也无前瞻性。因此，在丰收时，他们也必须节省粮食，不可以将大米给妻儿食用。他们应该进食小米、蔬菜以及其他粗粮，甚至落叶也应该作为食材收集起来，以应对灾荒。在播种和收割作物期间，如果劳作辛苦，他们可以稍微改善一下伙食。

农家分工须为男耕女织。夫妇都须做夜工。不论妻子如何貌美，若其无视家务，只顾喝茶观光或者山间散步，则应当被休。

农民只可穿棉麻，不可穿戴丝织品。他们不得吸烟，因为吸烟不利于健康，费时又费钱，还可能导致火灾。

农民背负着重税。除了缴纳税金，他们还被要求无偿提供驿马，或被无偿征用参与修路、筑堤等工事。有时，主干道路附近村庄的农夫和马匹会接连数日被征用。被征用的劳力统称为"助乡"。这样的徭役严重地干扰了农民耕作，有些农民甚至因此变得极度贫困，弃地而去。在这种情况下，仅能依靠极少农地过活的农工受苦最多。

针对潜逃农民，幕府和数个藩国制定了严厉的处罚措施。1642年，冈山藩的池田氏下令，各个村庄的五人组将对村内农民潜逃一事负责。任何协助农民潜逃的人和其他违令者都将承担个人和村庄的罚金。全村或者五人组必须负责耕种被荒弃的农地一年，直到找到合适的农民继续耕种，各种费用（包括被弃农地应承担的税务）也必须由全村承担。相较于个体农户，村庄整体上实力更强，也更有影响力。村庄可以抵得住地方官员施加的压力，或者在最糟糕的情况下，可以与地方官员谈判并有望成功。

17世纪的日本村庄都是中世时期的村庄自然形成的，构成也很多元。从社会阶层来看，这些村庄中既聚集着乡绅（"名主"、"土豪"或"地侍"），也有内战战败后离开故国避难的武士组成的新的农民群体。但是，最常见的是开垦新地的农民。幕府和强藩大名都十分鼓励农民开垦新地。商业经济的发展为农地开垦提供了资金支持。用于土地测量和堤坝建设的国内工程技术也有所进步，并进一步推动了农地的开垦。

从规模上看，每个村庄平均约有五十户农家。到16世纪末期，村庄的主要居民是名为"本百姓"的独立农家。他们中的一些人原本是家境殷实的农兵，在1588年丰臣秀吉颁布刀狩令后上缴武器，成为平民。这些农民可以被认为是村落的护卫。另外，被称为"小作人"的农民也算在这些独立农家之中。在秀吉颁布刀狩令后，他们不再倚仗乡绅，而成为独立的地主，但是所拥有的水田和旱田面积最小。①

这样相对自由的村落生态并没有维持很久。1574~1600年，日本国内进行了各种地籍勘测，其中秀吉主导的"太阁检地"更是持续了十五年左右。② 在这之后，村庄变成了行政管理单位。

---

① 著者对日本的小作制度理解有误。"小作人"又被称为"小作农"或"小作"，对农地并无所有权，而是租种地主的土地。——译者注

② 需要指出的是，在这次大规模的农地勘测之前，一些军阀就已经做过类似的工作。例如，在16世纪早期，由北条氏和今井氏主持的勘测。1568年，织田信长也下令在一藩之内开展土地勘测工作。

中央或地方统治者通过村庄对农民实施管控，征收各块农地的地税，制定综合性的农业政策。村庄仿佛就是一个公司，代表农民请愿，负责土地承包和租赁并管理公共用地。村庄有时甚至需要为农户个人的不法行为负责。

地方官员（代官和郡代）负责监管村庄事务，但是不在村庄居住。村庄的管理职位共有三类（"名主"或"庄屋"①、"组头"、"百姓代"），在职之人按照地方官员的指令管理村庄。担任上述三类职务的人名义上须经选举或者委员会讨论决定，但实际上这些职务都是由有影响力的乡绅家族成员世袭担任。

除了上述职务以外，还有一名下属（类似于中间人）协助村庄的管理者处理有关耕作和维持秩序的工作，尤其是安排征收税金。"名主"或者"庄屋"一般有三四名被称为"组头"的助手。在职务分工和税赋问题上，"百姓代"则被选出代表大多数农民的利益。在大多数日本农村地区，数个村庄一般会组成一个更大的共同体"乡"。"乡"的管理者又被称为"大庄屋"，这是一个相当有尊严的职位。②

（a）五人组

五人组由五家农户的户主组成，为彼此的行为负责，并承担多种职能。他们需要为婚姻关系、家业继承、遗嘱、买卖或者贷款合同做公证。若组内农户无法按时缴纳税金，他们必须按时垫付等额的保证金。若组内农户存在不法行为，他们则必须为此行为负责。总体来说，五人组在组内公事私事上既相互协助，也相

---

① "名主"意为"有名之主"，中世时期的日本"名田"地主也被称为"名主"。"庄屋"多在近畿地区使用。

② 若读者想了解更多有关村落构成和农民家庭生活的内容，请参见本书附录。

互监视。

因此，五人组并非源于农民自下而上的自我管理的主动意愿，而是统治阶级强加给农民群体的。其主要目的在于维持秩序，同时确保当权者能够及时了解城市和乡村的情况。它实际上是一个从事侦查和控告活动的警察机构，体现了当权者对于行政管理的态度。

每个村庄都有一本名为"五人组账"的记事册。村庄的管理者会在记事册上签名。其前言（日语为"前书"）对五人组的职责进行了描述，内容则包括了组内成员需要履行的义务和禁止参与的活动。有的"五人组账"十分简洁，有的则详细记述了各种规范。举例来说，1658 年的一本早期相对简洁的"五人组账"中共有十五条，其主要内容可总结如下：

> 有关接待来访官员，清理道路，处理猫狗的指示。
> 在新年之前，清理所有井渠溪流并修缮所有堤坝。
> 所有农地都须耕种，不可留有空地。
> 未经允许不得擅自砍伐树木和竹子。若须砍伐竹木筑房，应事先向村庄首领申请。
> 村内一律不可留宿来自外藩的陌生浪人、商人或乞丐。
> 所有桥梁街道必须每天维护。
> 有关牛马贩卖的规定。
> 严禁赌博和行贿行为。
> 农村地区任何不具备农工商等正当工作的人都应严加盘查并将结果上报官员。若官员下令要求驱逐他们，应按令行事。
> 任何基督教牧师或教徒或其他被禁宗教的成员都不得进

入农村地区。五人组应注意防止上述人员进入农村。

　　发生火灾或盗窃案时，若其他村落求助，本村应立即提供援助。

　　按法律规定，任何不足十岁的人都不得被买卖。

　　每年，村庄的首领或其他官员都会向村民数次宣读这些规定。①五人组制度一直存续到1888年才被废止，取而代之的是一套新的地方政府机制，但是集体责任制的原则仍旧存在。在20世纪30年代，政府就利用各地更大的非官方机构"邻组"来组织城乡的集体自卫、粮食配给等战时活动。

　　在书面上，这些行为规范写得十分详尽。但在实际生活中，五人组是否真的按此行事还有待求证。当然，他们要大致遵循这些规定。但是这些文字与其说是农民的行为准则，还不如说是写给官员看的。在农民群体内部，他们自有对付犯事者的办法。

（b）村内等级分化

　　在早期的土地勘测过程中，只有直接从事耕作的农民（"作人"）——被称为"本百姓"的地主——才会被登记姓名，而一些包括小作农和农奴等在内的其他农民并不被记录在册。这种情况在落后地区十分常见。这些农民通常被称为"被官""名子"，或者其他可以表示他们依附于地主的身份的称呼。他们是奴仆，不承担纳税义务，在村落管理问题上也无发言权。只有被称为"本百姓"的农民才可以参加村落的集会，成为五人组的成员，或者享有使用村内公共用地和供水系统的优先权。

---

　　①　穗积陈重编纂的《五人组法规集》（三卷）对"五人组账"有详细的介绍并附有原文。

　　因此，17世纪的日本村落绝不是简单淳朴的世外桃源，而是一个社会等级分化鲜明、贫富矛盾不断加剧的社区。各个地区村落内部的等级分化也不尽相同。在日本中部和近畿地区，农地面积普遍较小，不直接从事耕作的地主很多。在日本东部和北部地区，许多面积较大的农地都归地主或债主所有。农地则由依附于这些大地主的"被官""名子"等农民耕作。在耕作自己分内农地的同时，这些农民还要承担各种租金，并且在每年特定的时间提供无偿劳动。

　　农村社会如此严格的等级分化是当时乡村生活的一个突出特点。等级的区分并非由所有土地的面积来决定，而是由家族谱系决定。农民群体十分在意出身和等级的区分，大多数古老且受人尊重的家族成员是日本中世后期地主的后代。这些地主曾是当时村落当中活跃的领导者。他们的地位十分稳固，丝毫没有受到收入变动的影响。这些家族的首领大都在村落管理中身担要职，对各种决策制定的影响力也最大。他们优先享有使用村落公共用地和灌溉系统的权利。这些家族成员在"宫座"中的权威即很好地体现了他们的社会地位。"宫座"是由当地神社的信奉者组成的机构。在"宫座"集会时，这些古老家族的位次先于其他成员。他们会承担众多仪式性职责，因而留给其他村民的机会就极少了。

　　鉴于全国的主要粮食都须由农民生产，政府也就必须确保对农业的管控。最好的管控方式是监管村庄（而非更大或更小的单位）的活动，最好的办法即是利用用于定税的土地勘测的手续。负责勘测的官员会仔细考察农地及其产量，并随时提防不习农作的农民的出现。这些官员对农民采取了高压政策。而政府如此迫切地希望确保并增加食物供给也是有理由的。17世纪末期，日本的农业耕作技术仍然十分传统，而全国的食物供给量也很低，这是十分危险的。随着人口的增加，日本对农业产量增加的需求也更为迫切。

政府每年针对水田和旱田的作物征收基本农税，其数额由"检地账"的记录决定。农地产出的 40%~60% 会被征收，通常以粮米形式上交，旱田作物的一部分则可以现金形式上交。若气候恶劣等自然因素导致产量不足，则会有补贴。农地的质量是通过"坪刈"的办法测量的。"坪刈"是指通过收割并测量某一坪农地（约合 6 平方英尺）的作物产量来推测农地总产量的办法。

/ 105

为了定税所测的样本如下文所示：

	面积
一级农地（水田）	5 反 [①]
一级农地（旱田）	5 反
住屋	1 反
	总产量
水田作物，1.8 石 / 反	9 石
旱田作物，1 石 / 反	5 石
住屋	1 石

在这个案例中，若农民需要缴纳 50% 的税，即 7.5 石的米或者与此相当的谷物和现金，可以用于其自家消费的粮米就所剩无几了。但是，他还有相当数量的其他谷物或者蔬菜可以食用。除了上述农税，农民还需要担负其他烦琐的税务，如为驿站提供

---

① 此处 1 反相当于 300 坪。

资金，以及将作为税金的货物运至官库的运费。另外，农民销售自制商品或地方特产（如鱼或水果）所得利润也会被课税。有时，农民还被要求为筑堤提供资金。相较于由各大名管理的藩国，幕府直辖领地内的杂税更少，但全国各地都会进行基本农税的征收。

为了进一步完善征税系统，一些藩国的大名对农民的行动自由施加了更多的限制。1643 年，农地的出售和抵押都被禁止。此举目的不仅在于防止农民出售地权和迁移到城镇地区，还意在防止他们手中的土地减至最小面积。1673 年，农民被禁止细分土地。他们必须按令持有面积为一到两町的农地，或者是产量能够达到 10~20 石的农地。按照当时的农业生产率，面积小于一町的农地若再细分耕作，对分得土地的任何一方都不利。

农民在各个方面都受到限制。他们不可以更换工作。在获得所属地区神社颁发的证明书之前，他们不可以离开当地去别处谋生或参加婚礼。有时候，不能按规定数额上缴税金的农民会受到严厉处置，而村落的首长因此被问责或收为人质的情况也不少见。他的财产会被征收，其本人也有可能遭受酷刑。① 熊泽蕃山在给备前藩大名的备忘录中写道："农民会自发地藏起粮米，因为他们知道，一旦发生任何情况他们就会受到残酷的处置。"他认为，农民受到的残酷惩罚使他们不得不采取绝望的应对办法。在藩政改进（可能受到儒家思想的影响）之后，各藩的暴力处罚也被禁止了，但取而代之的是其他施压手段。

受到迫害的农民之中也包括村落的首领（"名主"或"庄屋"）。其中一个经典案例是一位名叫佐仓惣五郎的村落首领。

---

① 近松门左卫门的作品之一《倾城酒吞童子》曾提及一种木马，受刑之人被要求腿负重物骑在马上。

他曾直接向将军上书请愿，控诉藩主堀田正信对农民的粗暴行为。将军听取了佐仓的上诉，但是佐仓也因冒犯将军轿辇而被定罪，其本人和妻儿均被处斩。在这个案例当中，传说的成分可能多过历史事实，这一故事本身也被改编成让人振奋的表演节目，而历史上也确实发生过不少反对征收重税的农民起义。

农民主要是通过大规模游行的方式进行抗议，有时候也会使用武力。比较早的一次抗议活动旨在反对1641年的土地勘测。在村官的领导之下，富农直接参与了这次抗议。在宇和岛藩发生的抗议活动之后，七名村落首领被处斩。由低级农民参与的起义也发生过多次，但这些起义所造成的事态都较为和缓，处理起来也不十分棘手。对农民来说，最有效的抗议方式并非诉诸武力，而是有计划地弃村而去。通常两三个甚至更多村庄里从事耕作的农民会离开农地和村落，然后向大名请愿，并表示若他们的要求得不到满足，所有农民会一起逃亡。按照规定，只要农民通过正当途径进行游行示威，就不会受到责罚。例如，1652年，在若狭国的小滨藩，一个名为松本长宗的"庄屋"坚持要求藩主为其村庄减税。他的要求最终得到了满足，但是这个"庄屋"却被处斩了。

由于缺少全村一致的强有力的支持，这种抗议通常很难成功。但是到了17世纪末期，农民阶层逐渐意识到自己的力量。有时，他们强有力的抗议活动能使幕府出面训斥大名治藩不力。

3 农业经济的发展

17世纪，日本农业的发展是引人注目的。可耕作农地的面积从160万町增长到了290万町，农作物产量从1800万石增加至2500万石。

　　17 世纪后半期的变化最为迅速，这和百姓对农场的管理是分不开的。幕府和大名鼓励（有时甚至是过度的）农民无休止地集中耕作农地也是促成这些变化的原因。新技术被应用于新地的开垦。举例来说，从多摩川上游（1655 年）和箱根湖（1670 年）引水的灌溉河道修建完成后即被用于关东大平原地区的农地开垦。① 随着耕地面积的扩大，耕作技术也有了长足的进步。复种的耕种方式得到了广泛传播，播种技术也得到了发展。肥料的质和量都有所提高，深耕技术也有所发展。人们更多地使用踏车从沟渠抽水，借助其他机械来节省谷物脱粒等工作所需的时间和劳力。这都使大多数农家能够更高效地从事农活。

　　除了作物产量的增加，农民也通过售卖其他谷物和蔬菜获取更多收益。他们种植棉花、烟草和用来养蚕的桑树，生产可用于榨油的种子、木蜡、靛青。统治者认为农业应主要用于生产食物，因此一度不支持这些农副产品的生产。但之后各藩大名之间开始出现贸易竞争，他们对这些作物生产的态度也转为积极支持了。

　　在当时的日本，生活水平不断提升，农村能够定期为城镇提供各种美食，如纪州的柑橘，甲州的葡萄，温暖地区生产的甜玉米、甜瓜和其他果蔬。前文已经提及，由于每人每年消费的米量为 1 石（或与其相当的其他作物），稻米总产量可以帮助我们大致推算日本的人口总数。我们虽然很难获得 17 世纪稻米产量的确切数字，但单就 1721 年来说，2600 万人应该是一个比较合理

---

① 1631 年，在信州地区，通过借助一种开采铜矿的技术，当地在坚硬的岩石中穿凿水渠供水。部分地段的水渠是在地下穿凿岩石而成，长达 800 码（1 码相当于 3 英尺）。由于这一灌溉系统的导入，17 世纪武藏国的米产量从 66.7 万石一跃增至 116.7 万石。

的推测（但武士阶层和无等级的人并未计算在内）。因此，2500万人应该可以说是对 1700 年日本人口总量的一个合理推算。我们现在只能推测人口增长的原因。1615 年后，日本国内总体处于和平状态，各藩大名和幕府也都将注意力转向经济发展。在全国范围内，随着城镇商贸活动的增加，各地农业不断发展。这在大阪、京都这样人口众多的城市和不断扩张的将军之都江户尤其明显。食物的质和量都有大幅提升，就业也更有保障。不断提高的生活水平也促进了出生率的上升。

但需要指出的是，在农业经济和人口增长的问题上，我们其实很难明确地界定因果和供求关系。农业产量的增加不仅是因为新的耕作方法的导入，还得益于全国范围内人口流动的增加和贸易的发展。偏远落后的地区因此被纳入了全国农业生产和农产品流通系统。成书于 1696 年的《农业全书》对上述现象进行了一定的解释。虽然在这之前，有几本理论性著作将农业的起源追溯至神话时代（就如同园艺学的诞生可以追溯至亚当和夏娃时期一样），但《农业全书》可以说是第一部真正重要的农业实用类专著。该书十分严谨，其作者宫崎安贞也非寻常之人。他有着长达四十年的务农经验，也花了四十年时间游走各地，学习他人的著述和经验。

在写这本书的前言之前，宫崎安贞曾就写作内容和风格一事咨询贝原益轩。在前言部分，宫崎指出，由于农民不识字，在此书成书之前都没有有关农业的实用手册。世人对农业的需求不高，因而知识的缺乏也不是亟须解决的问题。宫崎继续写道："但是现在农作物已经不再有剩余了。人们对农产品的需求是之前的十倍，农民必须提高农业产量。单是坚忍不拔和辛勤劳作已经不能够提高产量了，农民并不熟知真正的耕作技术。这才是农作物产量常年不足的原因，而非土质不佳或劳作不足。农业知识必须与劳作相结合。日本拥有土质良好的耕地，气候也适宜农业耕作。一首称赞日本刀的汉诗也曾提及我们得上天眷顾，拥有富饶的土地。但如果不能够充分利用这些自然的馈赠，我们将无法保证人人都可足食安居，不受穷困之苦。如果能够充分地利用自然资源，我们就不必依靠外国。"

安贞的《农业全书》被广泛阅读。我们很难估量这部书影响力的大小，但与安贞同时代的人都认为此书十分重要。贝原益轩尤其如此，他还为1697年版的《农业全书》补写了长篇附录。

到17世纪末期，农业社会发生了显著的变化。粮食产量不断增加，其他农作物的种类和产量也在不断增加。在全国范围内（尤其是近畿地区），自给农业逐渐发展成为商品农业，制漆和造纸等地方产业不断发展壮大，各地生产的地方特产的数量也不断增加。举例来说，村庄会用当地材料生产产品以换取现金收入，而这些收入和棉花、烟草等经济作物共同改变了农村的经济状况，提高了地主的地位。到1700年时，农民变得更为自信，不再如从前一般卑躬屈膝，也不再对武士唯命是从。政府的政策变得更加规范且可以预测，村落的生活也更加殷实。海陆运输更为便捷，偏远地区也被纳入全国市场。农民生产的产品得以销往全国各地，不论是中心地区还是偏远地带都可以成为其销售市场。

从前文的论述中可以看出，农民的生活是贫困且凄惨的；农民会受到统治阶级压迫（有时是极为残酷的）也确为事实，但此事也有另外一面。明智的统治者知道，残酷地对待农民并不会有好结果；他们中的许多人会减轻村落的负担。与此同时，农民自己也会想办法减轻负担，而地方检查官员的无能、懒惰和欺瞒行为对此是有所帮助的。

理论上，土地勘测须每十年进行一次。但实际上，许多地方没有按时勘测；负责勘测的官员很容易忽略新增的耕地，在收受贿赂时更是如此。名册上登记的信息很快就过时了。得益于农耕技术的进步和耕地面积的扩大，农作物产量会有提升，但这一提升不会及时地被记录在册。按照幕府的规定，各地须评定每年农地的产出以确定征税的额度。但实际上，农民每年须缴纳的税额在数年内都不发生变动，他们也可以从增加的作物产量中获利。因此，总体来说，农民的税负比例比名义上的 40%~50% 要低，其收成的很大一部分也没有成为被征税的对象。

到 17 世纪后期，农作物产量和种类都在不断增加。此时，拥有五英亩耕地足以让一户农家过上相当惬意的生活，而真正背负沉重负担的是需要从早到晚不停劳作的贫苦劳工和他疾病缠身的妻子。

有读者或许会问，当下有关农民社会的研究为何与这些有关农民的凄惨生活的描述相符或是相悖。20 世纪 20 年代，在一战之后短暂出现的自由主义思潮的影响下，日本的历史学家倾向于站在农民一边，反对资本主义浪潮。很多史料可以用来支持这类论点，但是后续研究并未从各方面对其进行发掘。①

/ 110

---

① 在太平洋战争（1941~1945 年）结束后，一些学者试图从马克思主义史学观的角度重新"界定明治维新在日本农业史中的位置"。高桥幸八郎于 1953 年发表在 *Revue Historique* 上的论文（"La Place de la Révolution de Meiji dans l' Histoire Agraire du Japon," *Revue Historique*, t.CCX, Paris, 1953）即是一例，但其论点也不能说是毫无瑕疵的。

第九章　城市生活

1　城镇的发展

在 17 世纪（尤其是后半期），农村社会不断发展。与此同时，城镇的数量也不断增长，城镇规模显著扩大。江户幕府成立之前，日本国内出现了接连不断的人口移动现象，大规模的军队在很大范围内进行着长距离的行军。因此，当大阪城陷落之后，和平年代的生活也多少有些停滞感。运货的小贩和检地的官员成了主要干道的利用者，干道周围也出现了小乡镇。只有大名队列前往江户时，干道上才会出现带武器的士兵。

幕府和大名们开始了和平年代的统治。他们满怀希望，或者说是坚定决心，试图通过鼓励领地内的可营利事业的发展，增强自身的实力。也正因如此，城下町既是商业中心，也是政治中心。

各藩内城下町的人口数量是能够反映一藩经济总量的指标，江户可以说是首屈一指的城下町了。按规模排序，在江户以下有名古屋、仙台、福岛、熊本、和歌山、静冈（骏府）、鹿儿岛、福冈和金泽等藩都。到 17 世纪末期，这些城市所在藩的岁入均达到了 50 万石或更多。岁入为 20 万~50 万石的藩的都城包括津市、福井、高知、广岛、彦根、冈山、久留米、水户、甲府、德岛和佐贺。另外，在岁入为 5 万~20 万石的藩内，还有 100多个城下町。

到 17 世纪末，名古屋的人口数量约为 6.3 万人，约占全藩岁入 62 万石这一数字的 1/10。[①] 在大多数藩内，城下町人口在总人口中所占的比重也大致相同。例如，姬路所在的藩岁入为 15 万石，而在 1700 年后，姬路的人口也在 1.5 万人左右。大垣是岁入为 10 万石的藩的都城，到 1700 年时，其人口总数降至不足 6000 人。

　　大多数藩内的行政管理都偏保守，倾向于限制工商业的发展。这限制了城下町的全面发展，但也促进了其他城镇中心的发展。因此，到 17 世纪末期，城下町的人口总数毫无增长，甚至有所减少。在岁入 5 万石以下的藩内，城下町不能够再容纳大量的人口。举一个极端的例子来看，1665 年，信州的上田城人口只有 2600 人，甚至还有继续减少的趋势。本书的最初几章已经提及，许多大名被安排在战略要地，他们本身并不一定对贸易持支持态度。如果城下町所在的地理位置适宜，批发和零售商人就会在那里聚集。因为大名们会给予他们垄断特权，这些商人认为城下町是当地及周边地区的贸易中心。但是较小的藩不能供养大量的人口，除非当地有某种特别高价的物产。这样的小藩若完全依靠农业生产，则极有可能导致财力薄弱。若一藩的农业年产量为 1 万石，则上缴至大名及其家臣的年税只有 5000 石（50%）。该藩如果无法通过销售经济作物获得利润，那么在支付完家臣的俸禄、填补大名家用以及完成城池的维护保养之后，这笔收入将所剩无几。在这样的藩内，下级武士领得的俸禄极少。

　　因此，作为不断发展的人口聚集地，城下町有时候还不如

---

① 　在前文中著者曾指出，按照当时每人每年消费 1 石米来算，农业产量可以用来估算人口总量。岁入也以石为计算单位，所以译者猜测这里的比例是按此算出的。——译者注

不断扩张的农村（如在大阪周围）重要。在摄津、河内、和泉地区，这些村落分布范围极广，彼此之间的距离又近，因此有不断合并形成组团式城镇的趋势。富田林市是当时城镇发展的另一个引人注目的案例。富田林市位于河内和大和之间，早在14世纪就因此地理位置而成为十分重要的地方。① 对于富商以及他们雇用的棉厂工人来说，富田林市是一个十分方便他们居住的地方。而从1640年起，棉纺织业不断促进当地的发展。平野、天王寺、住吉和堺市等乡镇城市也逐步走向聚合。到17世纪末期，它们已经共同组成了以大阪为轴心的全国性市场。

虽然在经济层面上，城下町的重要性逐渐减弱，但其政治层面的发展仍对整个国家有重要意义。城池是军事基地，更是行政中心。在17世纪后期才逐步摆脱内战与无政府状态的日本，城下町聚集了武士阶层中的有才之人。他们在政府身居要职，并为法制与规范的确立做出了贡献。在不影响地方特色的基础之上，这些藩国的中心城市在当地文化共同感的形成过程中起了促进作用，而这正是中世时期的日本社会所缺乏或有待完善的。大名们及其谋臣参觐交代的经历进一步强化了这一倾向。在大多数藩内，儒学学者都担任谋臣或老师，他们会一直提醒城下町的居民关注时势动向。

2 大都市

到17世纪末期，日本主要大城市人口大致如下（武士阶层人口排除在外）：

① 富田林市位于河内地区千早道（楠木正成曾在1333年守卫该地）与其他道路的交界处。

城市	人口	时间
京都	40万	1700年以后
江户	50万	1700年以后
大阪	35万	1700年
金泽	6.5万	1697年
长崎	6.4万	1696年
名古屋	6.3万	1692年

我们已在前文中对城下町进行了介绍。除此以外，日本三大都市的特点也值得我们多加关注。

在中世时期，京都是日本最大且最重要的城市。京都不仅是日本帝国的都城以及主权所在地，还位于人口最为密集的近畿地区的中心地带。[①]从1338年起的两百年间，京都一直都是足利幕府的政权所在地。长期以来，京都还是学问与艺术的故乡，市内著名的佛教建筑众多。

江户是江户幕府的政治中心，其人口构成包括各级官员和仆役等幕府成员，一小支江户城守卫部队，来到江户履行参觐交代义务的大名及其随从武士和仆役，还有大量的手工业者、艺术家、店家、劳工和根据城市生活需求从事零售贸易的商人。江户既不是工业城市，也不是商贸港口。聚集在这座城市的不是生产者，而是消费者。江户需要从距离遥远的日本各地获取食物、建筑材料以及其他必需品，尤其需要依靠从日本北部德川幕府直属领地收缴的税米和当地的产品，以及参觐交代的大名储存在江户

/ 114

---

① 译者在翻译此句时尽力忠于原文，决定将原文中的 empire 直译为"帝国"，但是译者认为原著将中世日本描述为"帝国"有待商榷。 ——译者注

的粮米。大名的粮米大都是从大阪运送到江户的，当时的大阪有"日本的厨房"（日文为"天下的台所"）之称。

从1643年起，各大名纷纷在江户建筑居所，江户的规模随之扩大，人口也开始增长。但是1657年的明历大火摧毁了大半座城市以及江户城的一部分，江户的扩张也被踩了刹车。直到进入18世纪，江户的重建和扩大才得以完成，其人口也增至50万人。如果算上武士阶层的数量，总人口可达100万人。

从本质上来说，江户是大规模批发与零售贸易的中心。江户的第一批新居民包括来自家康原有领地的商人，他们跟随武士家族及其随从们离开三河和远江，来到江户。在他们之后，近江、伊势和大阪人也来到了江户，为他们自己的产品开拓市场。每年"樽船"①等货船为江户运送大量货物，贸易也逐渐繁荣起来。需求量最大的商品是粮米、味噌、木炭、盐、清酒、大豆、油、棉织品以及其他缝纫用品。繁忙的批发零售业务需要大量的资本支撑，放贷商和经纪商也因此生意兴隆。为了获取收益，粮米交易商会提前给大名预付现金，或者向旗本和御家人支付其粮米俸禄折算后的现金。江户有名的商人包括奈良屋茂左卫门和纪伊国屋文左卫门，他们都是出色的建材商。不断扩张的江户时常会受到火灾的侵袭，因而人们对建材的需求从未中断。②凭借与幕府机构的密切联系和善于把握机会的技巧，这些商人获利颇丰。

---

① "樽船"是用木桶装载货物的船只，会定期往返于大阪和江户两地。
② 在三河，奈良屋曾效力于家康，后跟随家康前往江户，因为先代曾在长篠之战（1575年）中作战英勇，一位名为樽屋的商人也很受人尊重。这些人在江户的早期发展中扮演了重要角色，也得以建立家业。喜多村文五郎善于抓住先机，尤其是在明历大火之后获利不少。

江户的本地人则不同。（按照小说家井原西鹤的话说）江户人很容易上当受骗，做事无前瞻性，因而总是做赔本的生意。大阪商人经常说江户人像小孩一般，不知道如何动用钱财。这些钱肯定不会用作存款。江户就是一个自由消费的都市，店家可以在这里赚得大笔收益。通过开办像"越后屋"这样富丽堂皇的布店，起家于伊势的三井家族进一步扩大了自家家产。他们一改平素讨价还价的销售模式，一律按照固定价格售卖各种各样的棉织品。他们自由地张贴广告，致力于吸引更多消费者前来购物，并且乐意向生活窘迫的人出售少量的商品。正因如此，他们成了开设近代百货店的领跑者。伊势屋与越后屋竞争，也将分店开到了城市的各个角落。

这些商业聚落的繁荣发展证明了日本人口的不断增长。在江户居住的大名是最富有的消费者，其次是大名的家臣和跟从他们来到江户的武士。在江户工作的仆役和劳工构成了更大的消费群体。他们或是效力于旗本和御家人，或是受雇于幕府和江户地方政府的大小官员。农民和劳工受到优厚的薪金待遇的吸引，源源不断地从农村涌入江户。来自全国各藩的旅客则构成了江户相当数量的浮动人口，这一点在旅店和为旅客准备餐食的饭店名单上体现得很明显。

很显然，江户对人们充满了吸引力。但是作为一座没有重要产业支撑的城市，江户的人口增长很难被解释清楚。毫无疑问的是，日本东部和北部地区的年轻人都想在都城找到工作。从近畿商铺出发经由东海道北上的商人和寻求高薪工作的工人数以千计，而其中很多人最终留在了江户。

乍看之下，1700 年之后农业总产量的增加势必需要更多的耕作劳力；而事实上，一些地区尽管已经引进了用于节省劳力的耕作设备，其务农人口的总数还是有所上升。然而，务农人口新增需求不足以消化所有新增人口，源源不断的剩余劳动力大量地涌进城市。务农人口增加导致的另外一个结果是城乡之间的直接联系。由于每年的税率固定不变，农民有了富余的粮米，并将这些剩余粮米直接卖给了商人。

　　大阪——日本最大的商业城市——曾经只是佛教一向宗总部石山本愿寺的附属地。这座严防固守的寺院周围密布水路沼泽，可谓战略要地。1580 年之前，其多次成功抵挡了织田信长的进攻。

　　丰臣秀吉很明白本愿寺所在地作为军事要塞的价值。他将自己的城池建在了那里，并以大阪城为据点，以京都为目标向东进发。秀吉将大阪作为自己的都城，并大力鼓励其发展成为商贸中心。1615 年后，家康控制了大阪并削减其规模，大阪因此失去了其在政治上的重要地位，但是昔日促使大阪成为军事要地的地形特点同样为其发展成为商业都市提供了便利。大阪既通海路，又临近高产的近畿地区。在大宗货物的陆路运输既费时又费力的年代里，大阪是可以用于海运货物集散的理想的全国性港口，也因此成为日本重要的金融中心。①

　　除上述三大都市以外，其他几个城市也值得在此处简单提及。长崎同样是大都市，并且在幕府宣布锁国之后有着重要地位。它是唯一一处允许外国商船和货物进港的城市，并允许荷兰商人在幕府的严厉监控之下居住在出岛——一座人工小岛。通过在出岛居住的荷兰人，日本得以了解当时外面的世界，而外国也得以对日本有所认知。长崎直属幕府管辖，当地的长官也须按幕

---

①　在德川幕府治下，全国的主要干道得到了修缮，但是大多数乡村道路不适合车辆运行。马匹只能运载少量大米，人们在运输途中还需要攀爬高地和穿越激流。

府指令行事。

中国商人频繁到访长崎，日本幕府也通过这些中国商人了解中国方面的消息，如明朝的覆灭和清朝的崛起。

前文已经提及，名古屋和金泽都属于规模极大的城下町。名古屋是尾张藩的都城。德川直系御三家之一负责掌管该藩，并将尾张和美浓地区富饶的农地收入囊中。名古屋同时也在东海道沿线，因此在商业上的地位十分重要。金泽是前田氏领地的城下町。前田氏是当时日本最富有的大名家族，其藩内的岁入可超过100 万石。

3 市井百态

在本书第四章中，读者应该已经注意到江户城市人口的特点，也明白管理那些活跃但不守规矩的市民是很困难的。他们的行为在很大程度上受到周围环境的影响，而当时的市井盛行街斗和暴力抢劫。江户是一座年轻的城市，并没有城市规范的传统，无业浪人和他们的同伙经常四处滋事以寻求刺激。在 1651 年发生浪人意图谋反的事件后，幕府最终通过严厉的措施处决了这些制造麻烦的浪人，但直到一代人过后，浪人才最终被彻底镇压下去。在一座人口主要由武士及其随从组成的城市当中，些许争斗是在意料之中的。况且这些武士多数没有重要的职责，因此各种争斗更是少不了。

/ 117

但是，我们不应该就理所应当地认为当地的普通市民也是这种德行。居住在城区（町）而非城堡的阴影之下的町人通常是正经的商人和手工业者，只希望平平安安地养活家人。由于江户是一座新城市，其居住人口中包括了不少从全国各地赶来的各行各业的移民。他们主要来自日本东部各藩，而这些地区又多强硬好斗的人。江户还有不少来自三河、远江、近江和伊势的经商者。其中，来自近江和伊势的商人数量众多，并且事业相当成功，因而被嫉妒他们的人称作"近江强盗"和"伊势乞丐"。他们在江户各处的零售业中业绩突出，对町人生活的贡献也很大。综合上述要素，"江户子"（类似于我们国家所说的伦敦佬）十分自立，说话直白，不好相处。来自武士阶层的人尤其如此，而普通市民也多少有这样的风格。

到目前为止，许多著述都以17~18世纪江户的中产社会的风貌及其流行文化为内容，并且对江户的娱乐场所、剧院、餐厅和游廓的描述很多。学习历史的学生因此会认为这就是江户的日常生活。但是，普通市民安静的生活并没有被记录下来，所以我们不能理所应当地认为江户的普通人都在不知疲倦地寻欢作乐。

江户是幕府所在地，很大一部分居民是效力于国家的公务员。我们可以认为，上至幕府官员，下至警察，不论私人生活如何，其在公众场合都是行为端正有礼之人。除此以外，江户还有代替京都成为日本文化中心或哲学之都的趋势（京都仍是各个宗教的故乡）。有趣的是，在江户町人的生活中，新儒学的道德典范逐渐被用来规范武士的行为。忠孝之道成为正统商人遵循的道德准则，市井放荡之人也认可"义理"和职责等道德规范，而这正是儒家所推崇的理念。在江户和大阪上演的各种剧目不论主人公是武士还是学徒工，只要出现职责与情感的冲突，就会让观众激动不已。

大阪人在许多方面与江户人不同。大阪比江户拥有更长的历史，是商业中心而非政治或军事中心。几乎所有的大阪市民都或多或少地参与经商。大阪的人口不断增长，大阪市也逐渐从一个地方市场发展成为全国性市场。几乎日本各地的货物都会被送往大阪储存，后经海路陆路发送到各地。大阪最早的大商人（多与堺市的商人竞争）都是通过为丰臣秀吉置办军备发家致富的。其中一人是淀屋常安，他的家族成为有名的供应商，在 1600 年之后负责为大名们储存并销售粮米。在成为全国最重要的商业城市之前，大阪处于由小城市和海港组成的商贸网络的中心位置。以这些小城市和海港为媒介，日本偏远地区生产的粮米被运送到不断发展的城市，储存在滨水区的粮仓内。

陆路运输粮米等大宗货物十分困难，这也限制了大阪的发展。在这一问题得到解决后，大阪开始了大规模的扩张。因此，在思考大阪人的特性时，我们有必要将前期和后期商人群体区分开来。在早期，大阪商人大都出自名门且家境富裕，而这些家族也均在市内担任要职（年寄），受人尊重。但是随着交通运输方式的改进（后面的章节会有介绍），大阪人的特点也开始发生变化。一个新的商人群体出现了。井原西鹤在《永代藏》（1688年）一书中写道："那些古老的家族已经不再是大阪的主要居民了。新来的'吉藏'和'三助'们崛起了，并成了大阪人中的大多数。"[1] 这些人来自大和、河内、和泉等地区的农村，决心靠自己的努力发家致富。西鹤还以鸿池和住友为例，补充说"现今成功的商人都是三十年前才来到当地的"。

/ 119

1690 年，受雇于荷兰的德国科学家肯普法（Engelbert Kaempfer）[2] 来到大阪，并对这座城市做了如下描述：淀川上船只来来往往，街道上人山人海，食品和饮料应有尽有。一切似乎

---

[1] "吉藏"和"三助"在此处代指小人物。——译者注
[2] 肯普法（Engelbert Kaempfer），江户时期的德国医生和博物学家，著有《日本志》，此书被认为是欧洲最早系统地介绍日本的著作。——译者注

被允许携带一把日本刀的富商

都在"鼓励人们行奢华之事,满足人们各种各样的欲求"。毫无疑问,大阪的市民热爱娱乐活动,喜爱美食和情感丰富的戏剧表演,比江户人更爱享乐,但是大阪的商人都十分认真勤劳。大阪人的生活中充斥着逐利的欲望,这一点和鄙视逐利之风的江户武士社会十分不同。

第十章　经济发展

1　农业

日本近代早期最突出的特点应该是农业产量与耕种作物种类的增加，这得益于 17 世纪晚期起耕种技术的不断进步。一般来说，在需求没有明显增长的情况下，生产供应也不会增长。因此，不少学者对研究日本此时农业发展的动力很感兴趣。在这一时期，农民的生活水平不断提升，自信心也不断增强；相较于从前，他们受到地方官员的干涉更少，自由度更高。这些因素或许都促使农民耕作生产以满足不断扩大的市场需求。

在为京都提供农产品的富庶农地，商业农产品的耕种由来已久。京都的顾客们既有粮米需求，也会购入蔬菜水果，农场实际上就是他们的厨房菜园。除上述农产品以外，茶、烟叶、麻、桑叶（用于养蚕）、靛青和棉花（尤其在摄津、河内、和泉、大和地区）等农作物的需求量也很大。其中，棉花的需求量增长极为迅速。到 18 世纪早期，在京都附近的灌溉农田当中，约有 1/5 被用于棉花耕种。

耕种棉花的收益比耕种稻米更高，种植茶树和烟草也有相当的收益。各个村落的风气亦发生变化：农民不再为了缴纳赋税而是为了获取收益而耕作，农业不再是一种职业，而变成了买卖生意，大多数农活由没有土地的佃农完成。很快，在听说城市中有好的工作机会之后，这些佃农和他们的家人开始大量地涌入大阪和堺市。

一位名叫田中休愚的幕府代官注意到这些发生在乡村的变化。在其记述 18 世纪初期日本社会状况的《民间省要》一书中，休愚指出，传统的农场经营模式已经很少见了。在大多数村落中，富农不只依靠耕种稻米维持生计，而是同时参与买卖活动。

2　手工业

毫无疑问，农村的努力直接推动了农业的长足发展。但在这一过程中，商人的助力也不可忽视。他们不断开拓新的市场，并刺激了任何可营利的产品的生产。制造业在全国的经济增长中发挥了重要作用。在当时的日本，除了使用一些原始工具进行耕种的农业以外，机械生产是存在的，甚至连水泵也是后来由荷兰人介绍引进的，但也有例外。日本自古就有纺织业。自中世起，织机不断得到改进，上好的丝织品（如有名的西阵织）和棉织品的花色纹样也更加丰富。除了这些无与伦比的纺织品以外，技艺高超的手工艺人还推动了陶瓷和造纸业的商业化。另外，造酒也逐步产业化，西日本地区的名牌清酒（如"滩"）备受大阪和江户热情市民的喜爱。

大多数手工艺品都易于运输，或者产量有限仅在当地销售，农产品的运输才是当时交通运输的一大难题。从大阪到江户的大宗货物的运输并不困难，从偏远之地向大阪运输大宗货物尤其是稻米才是真正的问题所在。

3　交通问题

正如前文（第九章）所述，只要经大阪运输的货物仍须依靠陆上交通，大阪作为日本集散中心就仍有局限性。距离大阪很远的地主想出售过剩的商品，但是陆上运输十分困难。日本多山，路又不平坦，河流还多泛滥，陆上运输有时候是完全不可行的。驮马载重也有限，只能运输少量大米。

因此，在考虑了各种地形因素后，货物运输的路线一般是迂回曲折的。首先，货物会被运送至最近的商人的聚集地。这些聚集地通常是一些港口小镇，如琵琶湖畔的大津，濑户内海沿岸的兵库、尾道和堺市，日本海沿岸的小浜、敦贺和三国，太平洋沿岸的桑名、四日市，以及九州地区的博多。早在日本中世，这些城市便已是富商聚集的重要场所，停泊着可以载运货物的船只。这些商人都与各地有余粮或其他商品可以出售的地主有联系。敦贺的商人高岛屋传左卫门就是一个很好的例子。他是加贺藩主前田氏的代理商，负责贩卖前田氏领地产出的稻米并从其他藩国购买加贺藩所需的补给。高岛屋与前田氏之间的关系可以追溯到丰臣秀吉出兵朝鲜之时。当时，高岛屋的商人负责为前田氏购买和运输军需品。在其他大名的领地，像高岛屋一样的商人也有很多，如佐贺的角仓、平野的住吉、博多的神屋。类似富商几乎在每个港口城市都承担了同样的职能。

产自加贺或越前的稻米首先必须被运往敦贺，然后经陆路运达二十英里开外的琵琶湖北岸。装船后，这些稻米将被运往大津，最后经淀川达到大阪。① 从日本北部（陆奥地区）将上交给幕府的税米运往江户的路线则更为复杂。首先，稻米会经海路被运往铫子（现千叶县），然后转为河运，经利根川逆流而上到达与江户川交汇处，后经江户川等连接河道运抵江户。

如此缓慢的货物运输必然无法满足大阪和江户日益增长的物资需求，开辟一条安全、常规且能远途运输大量稻米等货物的路线成了一大要务。若无法运输，食粮增产再多也毫无意义。针对

---

① 1638 年，人们第一次尝试由加贺直接运货至大阪，第一批货物是 100 石稻米。

这一问题，最明显的解决办法即为发展海运。

早在 1619 年，堺市的商人就曾租用一艘可载 250 石米的船只，将数种货物（棉花、菜籽油、清酒和食醋）由纪州运往江户。那之后不久，一些大阪商人联合起来，开始提供定期前往江户的货运服务，并使用特别定制的船只。到 17 世纪末期，他们已经拥有一支船队，货船可载重 200~400 石米。货运的生意带来了巨额的收益，这一领域的竞争也越发激烈。船主的权势极大。江户的人口不断增长，维持来自大阪的稳定的食粮供给也变得尤其关键。而为确保江户的食粮供应，人们首先需要确保各种物资，尤其是稻米，能够被定期运至大阪。

/ 123

两条始发于日本海沿岸港口的环本州岛航线运输解决了上述问题。这两条航路分别被称为东回航线和西回航线。经东回航线出发的船只沿着出羽海岸向东北方向航行，经津轻海峡向南驶向江户。经西回航线出发的船只则沿着日本海海岸向西南方向航行，经下关海峡进入濑户内海，然后到达大阪。船只每次出航、返航和风暴期间停留在港口的时间加起来可达一整年。

海运问题就此解决。1690 年，肯普法到访日本，看到日本港口停满了船只。船桨和风帆发出的声音此起彼伏，岸上挤满了人，让人觉得也许日本内陆早已空无一人了。井原西鹤对淀川河口的描写更为生动——许多小船就像"秋日河川中的柳叶"一般在淀川上驶过。

4　市场扩大

一旦交通问题得到了解决，抑制生产的就只剩下饱和的市场了。但在 17 世纪末期，日本各地尤其是中心城市的人口不断增长，人们的生活水平也不断提高，因而市场远未发展到饱和状态。

/ 124

井原西鶴

促进生产的要素之一是大名对本藩内无法生产的产品的需求。各藩大名都在努力开发本藩资源并尽可能地实现自给自足，以不断增加自己的财富。岩代国的福岛藩是当时养蚕业的中心，并为市场提供了大量昂贵的生丝。但这只是个例，从全国范围来看，当时最重要的商品是大米。大米通常会被送往大阪，并在大阪的大米交易中心进行售卖。当时日本不存在值得信赖并可自由流通的货币，大米也就成了交易媒介。通过控制定期流入市场的大米的数量，大阪的中间商获利颇丰。

大部分大名的经济政策都是落后的。为了实现经济上的自给自足，他们在建立实体壁垒的同时也试图从政治上阻止其他大名的入侵。但是综合来看，他们共同为日本生产总量的增长做出了贡献。在治理藩国的过程中，他们也尤其关注经济事务。值得注意的是，当时最开明的大名都倾向于聘用学者担任顾问，而这些学者大都被称作富有政治智慧的经济学家。的确，17 世纪中期杰出的新儒学学者对政治和农商事务很感兴趣。熊泽蕃山可算作这一学派的杰出代表，他对冈山藩经济资源的整合做了很大贡献。

设在各藩之间的实体壁垒（"关"，即税关）是商贸发展面临的另一障碍。到 1600 年时，大部分税关已经被撤废。仍有一些大名对经由本藩的通行设限，商贸物流也被迫减速。但总体来说，全国范围内的商业活动更多了。尤其是在幕府直属的领地，繁复的规则已不复存在，仅有某些地方设有监官，负责监视在政治上图谋不轨之人。另外，所有重要城市（筑有城池的城市除外）均受幕府直接管辖，其治理也以和平与繁荣为目标。

日本的国内生产稳步增长。作为商品集散市场的大阪市也不断向外扩张，在日本经济中的地位越发重要。大阪的繁荣是以米市的频繁交易活动为基础的。在需要金钱或商货时，大名会将本藩的余米运往大阪，交给他的代理商。这些代理商通常信誉很好，他们会以大名的名义将余米存在自家仓库并负责保管，用这些余米换取的金银或者货物也由他们管理。交易价格则由大米批发商或者（之后的）大米期货交易所决定。

这些商人（通称"藏元"）需要了解市场行情，并且与其他的大阪商人关系良好。储存余米的仓库不属于大名，而是属于由幕府批准在大阪购置房产的"藏元"商人。在思考大阪的商人群体的属性时，这一点尤其重要。大阪重要的商人会组成委员会。在一般情况下，大阪的行政事务和各个商会的活动都由此委员会管理，但最终决定权仍在江户幕府任命的两名官员（町奉行）手中。有观点认为，幕府无法命令富商执行自己的决定。由此可见，封建势力已开始衰退。但我们只须列举一两个案例来说明幕府对违令者的态度，就可以证明上述想法过于单纯，而且与历史事实不符。

1642 年，一些官员和商人不顾幕府反对垄断的政策，密谋独占某一市场。幕府对他们的责罚十分严苛。密谋者的子孙被处死，商人们被放逐，他们的财产也被悉数没收。类似的处罚体现了武士阶层对商人们为财抱团行为的厌恶，这种情绪在数项政令当中都有体现。例如，1657 年的一项政令明文禁止商人在一系列货物交易过程中达成价格协议。

即便如此，在大阪负责各藩余米交易的商人仍是不可或缺的。一藩大名或其代表需要租用商人的仓库，其运往大阪的余米和其他货物也需要买家。这些买家可以出钱买下他们的货物，或者在更理想的情况下为他们提供汇票（因为运输钱币是受法令限制的）。这样，参觐交代的大名就可以在滞留江户期间，将汇票换成现钱。

由于垄断了在米市和期货市场上大米的交易，大阪的商人从中获得了巨额利润，并且成为日本商人群体的领导者。在当时，大米是最重要的交易货物。但是，大阪确立了其商品集散中心的地位后，各种各样的商品都涌入大阪的市场，如农产品原材料中的棉花、染料、植物油和茶，纺织品，以及木材和矿产品等大宗货物。这些商品的售卖都由被称为"问屋"①的批发商人完成。这些商人通常有不同的职责，有的负责从产地发货，有的负责处理到达大阪的商品；如果货物不被转运到其他地方，批发商人则需要负责这些货物在当地库房的储存和管理。

在大多数情况下，商人只做单一商品的买卖，或者仅从某一个市场进货发货。这样的货物集散需要大量的商人和中介（日文中被称为"仲买"）参与完成。这一过程中确实存在过度的职能重复。但即便如此，现实情况仍旧严峻。当时日本国内经济发展迅速，普通的商贸渠道已经无法支撑其发展的速度。在这一时期，海港城市和城下町的数量不断增长。商品或从海港城市和城下町运往大阪，或由大阪运入这些城市进行交易。这些城市都与大阪有一定距离。尽管交通条件已经有所改善，货物的运输仍旧需要认真筹划。另外，有关商品价格的问题也时常出现。直到交易所出现，买方卖方可以当面商谈价格，商品价格问题才终于得到解决。

在这些交易场所当中，最重要的是堂岛米会所。②近畿地区的米价都在这里决定，而由于受到大阪米价行情的影响，江户的米价可以说是间接地在堂岛决定的。除堂岛米会所以外，其他一

---

① 在江户，"问屋"的日文发音与关西地区不同（江户的发音为 tonya，大阪的发音为 toiya），他们是中世时期日本庄园主的代理商的后代。

② 1697 年，幕府正式批准堂岛米会所为大米交易市场。1710 年之前，交易都是实米买卖。1710 年起，堂岛米会所开始发行和接受仓库票据，进行大米期货交易（日文称"延米"）。1733 年，幕府在大阪建设了直属米仓，并正式批准了期货交易。同年初，日本发生了饥荒引发的暴动。

些可以存储的商品也有交易场所，并且可以进行期货交易。

　　大量货物的流通需要由经验丰富的人掌管的专门机构负责，这些机构都是自然而然地在既有体系的基础之上发展起来的。在封建统治下，工商业的管控主要是通过批准建立商会或同业公会的方式实现的。这些组织的雏形被称为"座"，在中世时期的日本即已存在。但在织田信长时期，随着所谓的"自由"市场和同业公会"乐市"和"乐座"的设立，原有的"座"失去了影响力。在幕府宣布锁国令后，随着国内工商贸易的发展，各行业越发意识到指导方针的必要性。一种名为"仲间"的组织（也可译为"公会"）随之诞生。"仲间"在维护成员利益的同时，对成员活动的管理也不断增强。

　　对于手工业者来说，"仲间"是一种同业公会。对于商人来说，它是商会，在得到幕府的认可之后又被称为"株仲间"。"株"意为商人分得的份额，不可转让。为了防止垄断的出现，幕府最初反对建立公会，但之后却批准成立了众多类型的公会。举例来说，一个交易经纪商的公会在支付一定费用后即可得到幕府的承认。统治者意识到这些公会的出现并非为了限制商贸的发展，它们促进了成员之间的合作，而非竞争。一些日本学者认为，这些公会可以看作社会性组织，甚至有些宗教色彩。毫无疑问的是，由于为首的商人都同意诚信是最重要的原则，这些公会也都表示遵循商人应坚持的道德准则。他们的行动都是以营利为目标，合法合规的活动也同样可以盈利。

　　到18世纪末期，公会的数量迅速增长。在大阪，负责将商品运至江户的批发运货商至少有二十四家，棉花、糖、纸等商品交易商的公会也数量众多。除此以外，还有许多商会负责离大阪很远的地区的产品交易，如"萨摩问屋"和"松前问屋"。大阪商人的组织规模尤其庞大。总体来看，他们十分富有，势力强大，幕府也一直对他们保持着警惕。

5　资本的增长

在 18 世纪初期的数十年间，大阪商人的活动规模明显扩大。不难想象，他们一定积累了巨额资本。我们并无确凿的证据来证实资本的数额，但对这一数字的推测还是合情合理的。

据估计，1714 年，价值 28.6 万贯 [①] 银的商品被运入大阪。每年运往大阪的 400 万俵大米在这些商品中所占比重最大，不论是实物买卖还是期货交易，大米交易产生的利润都是最多的，并可用于投资。因此，交易经纪商鸿池在 1704 年用其资产在河内国购置农地，并将新地购置的范围扩展到大和川沿岸。

鸿池的案例十分有趣。他是超过二十多位大名在大阪的代理（"藏元"），同时也是幕府在大阪的代理商。他出身于武士家庭，但在开始从事清酒酿造业之后成为平民。鸿池意识到，前往江户进行参觐交代的大名需要资金，而如果自己能够为他们服务，则会获利颇丰。因此，鸿池开始为西日本的大名融资并运送货物。

在正德年间（1711~1715 年），大阪商人群体的组成结构如下：

问屋	5655 家
仲买	8765 家
独立商户	2343 家

---

① 　1 贯等于 2.12 枚古希腊银币的 1000 倍。

| 城内供应商 | 481 家 |
| 大名代理商 | 483 家 |

在这些机构当中，问屋、仲买和交易经纪商通过为商品的全国流通提供资金来获取巨额利润，最适合提供高息贷款。

很显然，在积累了巨额财富的同时，大阪豪商的实力也不断增强；虽不比大阪豪商，江户商人的权势也有所增强。大名们本身不熟悉钱财之事，面对上涨的物价，他们的岁入数额却是固定不变的。因此，大多数大名都欠这些商人债务。从这些商人那里借钱的不只有大名。随着消费品供应的迅速增加，社会各个阶层的生活水平也必然有所提升。领取固定数额俸禄的武士若出现入不敷出的情况，会向发放贷款的商人或零售商借贷。武士和商人阶层之间的敌对情绪不断蔓延，但是幕府对此毫无办法。

豪商的事业日渐兴隆，他们的权势也没有受到挑战。但是他们知道，如果自己行事过度，幕府一定会施加压力。1705 年，他们的确受到了幕府的警告。当年，幕府没收了淀屋一家的全部资产。在大阪，淀屋是最富有且最受人尊重的商人家族之一。淀屋被指控行事奢侈，不合商人阶层的身份，因而受到惩罚。的确，淀屋财力雄厚，生活作风也颇为豪奢，但其受到幕府严厉处罚的真正原因在于数位大名背负了淀屋的巨额债务，而失去了行动的自主权。

除了上述发生在个人身上的不幸，商人们总体上还是不断发展壮大。18 世纪的最初二十年也算繁荣稳定。日本的国内生产总量不断增长，町人的生活也变得越发新奇奢华。元禄年间（1688~1704 年）的繁华似乎可以一直延续下去。这一时期的物质文化也值得介绍，但本书要先介绍 1680 年第五代将军德川纲吉继任后的政局变动情况。

第十一章　幕政更迭（1680~1716年）

1　德川纲吉（1680~1709年）

鉴于德川纲吉深受其母亲的影响，为了能够理解纲吉采取的一些重大举措，我们首先在本章介绍一下有关纲吉母亲的研究。这一出色的研究向世人展现了等级森严的贵族社会中亲密关系的不少细节。从中可以看到，一个出身卑微的人是可以攀至至高无上的尊贵地位的。

在现存档案中，纲吉的母亲为本庄氏一员，而本庄一族是专门侍奉关白二条氏一族的仆从。但事实上，她只是一名京都菜贩的女儿。父亲去世后，她的母亲来到本庄家侍奉，并随后为本庄家生下了一个男孩。通过这层关系，纲吉的母亲和她的姐姐也成为本庄家的成员。她的姐姐嫁给了一条氏的侍从。此时，本庄家的家主为本庄宗正，负责二条氏居所的膳食，并且熟识其他服侍京都名门的侍从。宗正的父亲是一名浪人。在幕府对浪人采取严苛政策的情势下，宗正颇有远见地开始制造并销售榻榻米。他虽然贫困，但仍可以依靠自己的子女。幸运的是，他服侍的二条氏与京都的另一名门六条氏关系密切，而他的两个女儿又与六条家的一个女儿相识，这个女儿也愿意帮助本庄家族。六条氏的这个女儿先在伊势成为寺院住持，后成为三代将军家光的侧室，赐名阿万。在阿万前往江户时，她将本庄的养女收为侍女带在身边。而这位侍女很快得到家光的注意，并在二十岁时生下了一名男孩。这名男孩正是五代将军德川纲吉。

家光去世后，本庄的养女落发出家，法号桂昌院。当纲吉搬入江户城后，桂昌院也随他一起搬入了江户城大奥。1702年，

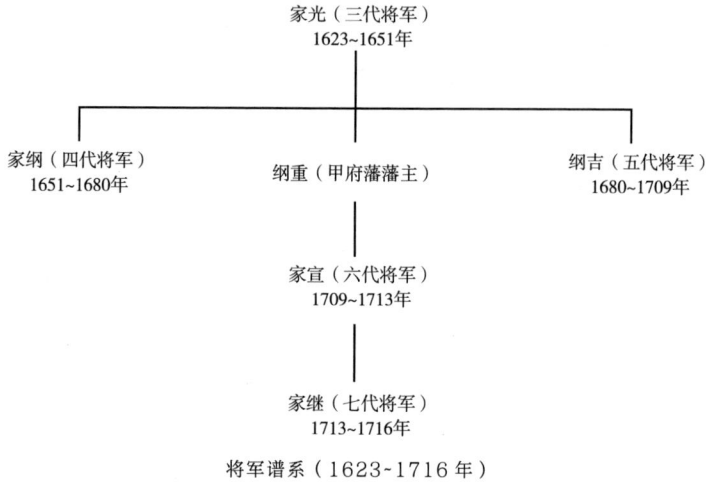

将军谱系（1623~1716 年）

她获赐朝廷从一位官位，这也是非皇族成员所能获得的最高官位。本庄氏还得到大量赏赐，宗正更是成为岁入 5 万石的一藩之主。①

桂昌院对纲吉的影响是无人可比的。纲吉在任时的大多数社会政策都是听取了桂昌院的意见之后制定的，鼓励汉学、尊崇佛教、怜悯生灵的政策都是她直接推动出台的。

1680 年，德川家纲逝世。在经过一番争论之后，水户藩藩主德川光圀和老中堀田正俊决定支持家纲同父异母的弟弟纲吉成为下一任将军。② 为了稳固自己的统治，纲吉上任后即任命堀田正俊为大老，后通过解决一场难以处理的御家骚动展示了自己的手腕。1681 年，纲吉下令不服裁定的越后高田藩的家臣剖腹自尽，并以治藩不力为由责令（岁入 25 万石的）高田藩改易。纲吉之后采取的行动不改强硬之风而且颇受争议，但这些过度的行为倾向于证明他的性格有些不正常。

在纲吉任幕府将军期间，按他的命令改易的大名有二十人，旗本则有一百位。他们的领地的岁入加起来约有 140 万石。纲吉下定决心要成为一名独裁者。为此，他决定消除那些在无形之中垄断幕府重要职位的谱代大名的影响。在江户城内，他重组幕府，削弱了老中的权力，并增加了侧用人的权力。1684 年，大老（正俊）被心怀嫉妒的表亲谋害身亡。在这之后，纲吉对幕府机构的改动变得更为简单。堀田正俊在世时，幕府政策仁慈，落实有效。但正俊去世后，纲吉独揽大权，没有再任命新的大老。

政府管理工作需要考虑财政收支，并且要采取合法正当的

/ *132*

----

① 据译者考证，宗正的儿子、桂昌院的弟弟宗资才是岁入 5 万石的笠间藩的第一代藩主，而非宗正本人。——译者注
② 此处原文有误。光圀应为水户藩藩主，而非原文中的"尾张藩"。——译者注

手段维持秩序。纲吉对这些实际工作既缺乏经验，也没有能力胜任。我们不可否认，在1683年，纲吉治下的幕府的确在《武家诸法度》中新增条文，要求所有私人纠纷和农民申冤案件都须交给法官审定。1686年，纲吉彻底镇压了发动骚乱长期扰乱江户秩序的"倾奇者"，但是他自认为足够出色的幕府治理大多还是纸上谈兵。

纲吉是朱子学坚定的推崇者。正因得到了纲吉的支持，日本的新儒学学者才得以在1680年修建圣堂，儒学也不断发展成为幕府的官学（如本书第七章所述）。纲吉本人也十分认真地学习儒家思想。为了向民众灌输儒家理念，纲吉甚至尝试在全国各地发布通告，嘉奖道德高尚的人。在1680年继任幕府将军后，他立即召见儒学院的院长林信笃并要求其每月三次入城教授新儒学课程。1682年新年，一批大名和幕府官员被聚集起来听讲《大学》。这一仪式随后成为每年新年第一天的幕府惯例。在这之后，纲吉对儒家经典的热爱有增无减。1690年，纲吉亲自为幕府老中和其他官员讲授《大学》。随后，他每个月都会向大名、旗本、佛教僧侣、神社的神职人员，甚至从京都朝廷来访江户的人讲授四书。1692~1700年，据其宠臣柳泽吉保的记录，纲吉每月授课6次，总共讲学244次。

除此以外，纲吉每次前往家臣的府邸时，都会先发言，然后听家臣或仆从论道。纲吉最喜欢的儒学经典是《大学》和《孝经》。

纲吉推崇学习经典并不是一时兴起，他本人一直对文学和艺术很感兴趣。纲吉曾聘用著名诗人北村季吟（1618~1705年）为师，而北村季吟是当时注解宫廷经典文学的权威。纲吉还大力支持京都画派的画家。画家英一蝶（1652~1724年）曾因一幅讽刺画冒犯了纲吉，后被判流放罪。

人们通常认为，纲吉的行为受到他的宠臣柳泽吉保的影响，实际上能够支持这一观点的论据极少。吉保的父亲是一名幕府小官。1680 年纲吉继任将军后，吉保凭借自身才能被选中入城服侍纲吉。很快，吉保便被提拔，成为领取 1 万石俸禄的侧用人。他与纲吉和桂昌院的关系甚为亲近，纲吉和桂昌院甚至经常拜访吉保。他的官位不断升高，所得的荣誉和俸禄也增加了。

后人多指控吉保用美女美男以及能剧演员蛊惑将军，而这确实有可能是真的。吉保一直是纲吉亲密的伙伴，但他并未向纲吉提供任何政策建议，而纲吉也不是听取下级进言之人。纲吉对吉保的宠爱是他癫狂作风的体现，但吉保也不是只会阿谀奉承之人。吉保的文学品位的确与纲吉类似，也与纲吉一样热衷学习经典，甚至与纲吉有同样的宗教信仰。

执政初期，纲吉可以说是很乐观的。1682 年，他命令地方长官和监察人员采取措施（除司法手段外）提高民众的道德水平。纲吉推荐的措施是限制奢侈，其中包括严禁接触娼妓和不得在茶坊雇佣侍女等政策。次年，纲吉命令长崎长官禁止进口奢侈品，并对金线刺绣等稀有贵重的布料限价。但是，历史上并无证据证明这些禁运措施是有效的，反倒可能刺激偷渡的发生。

从整体上看，纲吉提出的各种政策的初衷都是好的，但是有些时候他的政策过于残酷或感情用事，这证明他是一个精神上不稳定的人。纲吉的母亲桂昌院对宗教十分狂热，受母亲的影响，纲吉本人也花费巨资修建或扩建佛教真言宗的寺院神殿，以博取母亲和她信任的灵魂导师的欢心。纲吉对学问的热情年年递增。他努力践行佛教和儒学圣人推崇的道德原则，并且对他人提出同样的要求。在他采取的诸多慈善行动中，最值得一提的是他曾下令要求保护被遗弃的孩童以及生病的旅人。

一名真言宗僧侣曾向纲吉指出，他之所以没有男嗣，是因为他前世曾行杀生之事。纲吉（或他的母亲）于是决定，从今往后他将全心全意保护各种生灵。纲吉生于狗年，这位僧侣便建议纲吉尤其关注狗的幸福和健康。听取了这一建议后，1687 年，纲吉日复一日地颁布法令，要求保护各类动物，尤其是狗。这让市井百姓十分沮丧。饿着肚子的流浪狗在街上四处流窜捣乱，而人们迫不及待地想要处置了它们。但是，学徒只因伤到了狗便被处斩，这就算不是荒谬之举也是过度惩罚了。更愚蠢可笑的是，人们还要对狗使用尊称（"狗大人"）。城市政府十分无奈。1695 年，在没有其他办法解决这一问题的情况下，他们最终决定将狗移出城市，并在郊区建起了收容所。（据说）在这之后的两年中，至少有五万条狗被养在那里，吃着用纳税人的税金买来的米和鱼干。

纲吉的诸多不足让江户的市民吃了不少苦头，但是从全国范围来看，他无常古怪的行为并没有对日本造成太大影响。虽然多次干涉幕政，纲吉最主要的兴趣爱好还是文学艺术。他喜欢在城内创作能剧并且亲自扮演其中的重要角色。在执政后期，纲吉多已不问政事。这或许是因为幕府官员都能够称职且不张扬地完成工作。唯一令世人震惊的政治事件是赤穗四十七浪士事件，而幕府对这一事件的处理也很得当。

在财政方面，幕府最重要的举措是 1695 年变造金银货币。①

---

① 1709 年，新井白石曾试图改造货币以减少财政支出。他曾在回忆录中写道，1695 年的货币变造为幕府创造了五百万两收入，参见《折焚柴记》第二卷第一章。

这一举措让幕府财政获益颇丰，而且似乎未对经济造成任何负面影响。元禄年间，不论是城市还是乡村经济都繁荣发展，这也从侧面证明了纲吉的失政并没有对国家产生严重危害。德川最初的三代将军积攒的财富还未被耗尽，商业日渐繁荣，大量的资金被投入农地开垦和其他产业当中。

日本的经济总量还在不断增长，尽管其增长速度已经有所减缓。幕府的财政状况不太理想，但在1703年之前不断得到改善。1703年，江户发生了大地震。这次地震严重影响了江户的很大一部分地区，并导致了重大的人员伤亡。在农村地区，东海道沿岸的巨浪同样造成了大量的伤亡，各地损失严重。几天之后，江户四谷区的水户藩邸发生火灾。大火借着飓风蔓延开来，对江户造成了进一步的破坏。

在这期间，日本尤其是东日本各藩是不幸的。1707年底，东日本发生了很多次地震和火灾；富士山火山喷发的数天内，周边地区都被火山灰覆盖。火山喷发几乎没有造成人员伤亡，但摧毁了许多农地，将这些农地恢复到可耕种的状态既费时也费力。幕府支出了总共40万两用于农地除灰。在这一连串的灾害过后不久，京都又发生了火灾，城市中很大一片区域都被烧毁，但不幸还未结束。1708年4月，风暴和洪水摧毁了畿内肥沃的土地上正在生长的农作物。

纲吉此时已经不问政事，将幕政都交给柳泽吉保处理。1708年夏天，纲吉宣布他将让位于下任将军家宣。家宣由水户藩德川光圀推荐为纲吉的继任。他原是甲府藩藩主，也是纲吉的侄子。在这之后不久，纲吉就去世了。在家宣作为将军代理出席新年宴会时，纲吉已经得病，并在几天之后离世。

1691~1692年，按每年惯例，长崎出岛的荷兰使节团访问江户，其中一员是德国博物学家肯普法。肯普法记录了自己一路上的见闻，这也为我们提供了了解纲吉治下的日本的机会。

肯普法十分善于观察。在从长崎途经大阪、京都并沿东海道北上至江户的路上，他详细地描述了使节团经过的城镇和乡村的情况。他们先经陆路到达小仓，后乘坐小船跨过海峡到达下关。在那里，他们再换乘一艘货船。若风向合适，这艘船可以在八天之内到达大阪。乘船出行多少是有些危险的。由于幕府实行锁国政策，用于海运的大型船只都不能修造。但经过数次停泊，使节团最终安全到达大阪。从大阪开始，使节团再次经陆路旅行。他们先经过京都，后沿东海道北上。

据肯普法的描述，沿干道北上的旅行是颇为愉快的。东海道沿途的村民将干道维护得很好，干道的道路宽阔，排水通畅。使节团一行或是骑马或是坐轿。在东海道沿途的村落居住的人不多，但沿途的城镇里，店铺林立、商品众多，这让肯普法大吃一惊。关于农民的生活，肯普法是这样描述的："农民家中可置办的商品不多，但是他们普遍都有很多孩子，生活十分贫困。尽管如此，只要有一些粮米、蔬菜和根茎，他们就很满足开心了。"肯普法还注意到，在每个城镇和村庄的交叉路口都有一块公示板，用来张贴幕府或当地藩主的诏令和法规。

每天路上旅人的数量给肯普法留下了极深的印象。据肯普法观察，人流最为密集的主干道东海道"有时候会比欧洲人口最多的城市的道路还要拥挤"。当然，大名经东海道前往或离开江户时都由成百上千的队列护卫。但除了他们之外，东海道也挤满了普通民众。他们中的大多数是商人，但也有不少是在特定时节前往伊势等地朝圣同时也不忘享受旅行乐趣的旅人。肯普法留下了很多有关沿途旅店和餐馆的记述，并且详细描述了为旅人提供服务的"众多的年轻女子"。在他的笔下，日本是个生机勃勃的繁荣之地。肯普法的描述也得到了日本当时有关17世纪末期的记述的佐证。纲吉仍旧在任的那几年，商业贸易仍在发展，生产总量也在增加。

肯普法对于纲吉招待荷兰使节团的描述十分有趣，也让我们对于当时的上流社会有了初步了解。1691年，使节团一行于3月11日到达小田原。这是一个很漂亮的城市，有一座宏伟的城堡。除了一些冲着陌生人叫喊的小孩子以外，城市居民都衣着讲究，举止得体。他们继续沿着东海道北上，并路过了品川的刑场（肯普法描述那是"一片令人震惊的光景"）。3月13日下午，他们骑马进入江户，一路上遇到了公家的队列和数名衣着华丽的妇人。街道两旁都是商人开设的装修精良的各类店铺。在这样一座已经习惯了各种大排场的城市里，使节团的队列一点也不起眼。

在等候将军接见时，他们受到幕府热情的招待。使节团还目睹了一场烧毁了六百间房屋的大火，经历了一次轻微的地震。接见使节团的时间定在了1691年3月29日，负责安排接见的官员是丰后守牧野成贞。他曾是教导纲吉礼仪的导师，也是纲吉后来的宠臣之一。在穿过数道房门时，使节团成员从众多守卫身边经过。这些守卫明显是作为摆设被安排在那里，而非真的承担护卫职责。使节团成员随后被带到内殿，他们登上台阶，进入一个宽敞的等候室。在幕府将军接见使节团首领的同时，使节团的其他成员就在等候室内等待。

接见很快就结束了。肯普法有些沮丧，因为他还没来得及仔细观察周围。但在1692年的第二次出使过程中，荷兰使节团一行看到了更多细节。在荷兰使节向将军行礼后，使节团所有成员进入了一个宽敞的会客厅。在那里，纲吉和几位城中女眷坐在帘后，透过缝隙能清楚地看到荷兰人，老中和侧用人也在场。

在觐见将军之后，牧野成贞以将军的名义对使节团的到来表示欢迎。牧野请使节团的成员起身歌舞和交谈，以展示西方人的行为习惯。肯普法起身又唱又跳，让几位女眷很是开心。她们还撑开竹帘的缝隙，想看得更清楚些。幕府官方对此的记录甚是枯燥乏味，只列出了荷兰人带来的礼物的清单，并写道："荷兰人唱歌又跳舞，还用他们自己的语言写下了一些单词给将军看。"从同一记录中我们得知，一两天过后，纲吉在城中表演了能剧，在《八岛》等剧目中跳舞扮演了一些角色。

很显然，此时纲吉的身体状况还没有明显恶化，毕竟喜爱表演胜过政事可不是生病的迹象。但在1698年前后，纲吉似乎已经有些疲惫。柳泽吉保的地位已等同于大老，纲吉本人也渐渐不理政事，而是专注于研究学问和能剧表演。纲吉被传沉迷酒色，但实际上可以证明这一点的证据不足。最为简单合理的推测是，纲吉在其生命的最后十年中，心智和身体状况逐渐恶化。纲吉六十四岁去世，因此很难说他是精力消耗过度伤身而亡。

一些学者认为，纲吉在任时期，幕府是软弱无能的。但实际上，没有多少证据可以支持这一论点。的确，幕府将军已经不再是像家光一样的军事独裁者，但是纲吉统治的幕府仍旧通过各种铁腕手段让各藩大名不敢作乱。尽管自然灾害造成了一定的损失，但幕府的财政政策总体来说还是成功的。面对大阪和江户的豪商，幕府也丝毫没有手软，还支持各地建设重要的水利工程，改善旅客和货物的交通运输条件。在纲吉的主导下，幕府和朝廷的关系明显改善。他恢复并增加了用于皇室典礼等各种庆祝活动的资金。这些庆祝活动曾停办了一个世纪甚至更久。其中，贺茂神社的年祭历史悠久，几乎和京都的历史一样长，与皇室也颇有渊源。

从当时留下的历史文献中，我们可以清楚地看到纲吉的治理手段让人们产生了恐惧感。家臣即便只是犯下小错也会被重罚。因为害怕出错而葬送自己的前程，幕府官员都尽力避免被委派新的工作任务。纲吉手下的秘密警察还会随时监视拜访老中和大名的人员动向。纲吉最主要的政治成就是强化了幕府权威，一些历史学家也因此将纲吉在任前期的幕府治理称为天和（1681~1684年）和贞享（1684~1688年）之治。

2　德川家宣（1709~1713年）

纲吉的继任是前甲府藩藩主德川家宣。他在任时间很短，其间日本也没有发生什么大事。但是在家宣治下，纲吉在任时期的诸多政令法度都被废止了。家宣的任务是完成幕府自家纲在任时开始的从武治向文治的转型。关原之战已过去百年有余，战场的厮杀之声已经远去，儒家政治思想也对包括幕府官员和各藩大名在内的统治阶级有着相当大的影响。

家宣很有学问，品德高尚，并且努力做到治国有方，但是治理一藩的经验还不足以让他游刃有余地治国理政。有时他需要咨询学识渊博且为人忠诚的幕臣，而这位幕臣就是新井白石。新井白石曾是家宣的老师，后被家宣聘用为顾问。人们一直对于新井白石在幕府政策制定过程中扮演的角色持有不同意见，但可以确定的是，由于新井白石在家宣成为将军之前就效力于他，即便没有影响幕政，新井白石也一直能够关注事态的发展。他的回忆录是能够帮助我们了解官场生态的珍贵史料，也向世人展示了在他年少时武士阶层成员的理想抱负。①

新井白石（1656~1725 年）曾被迫成为一名浪人武士。他的父亲是一个地位一般的武士，但在不大的藩国内名声很好。新井白石年幼时即是神童，学习刻苦。成长为年轻武士后，他也凭借自身敏锐的判断力和必要时敢于拔刀战斗的觉悟得到了同伴们的尊重。白石的早期生活十分艰苦（参见本章第五节）。直到1694 年，他的才能才最终受到关注。他成为当时甲府藩藩主家宣的老师。家宣出身德川家族，之后成为幕府第六代将军。

家宣十分好学，也应该很有毅力。据新井白石回忆，家宣在十九年间耐心地听完了1299 节有关汉学经典的课。白石得到这一宝贵职位的方式并不寻常。当时他在江户靠讲学谋生，收入并不稳定。得益于哲学家木下顺庵（木下也曾聘用过白石）的推荐，白石被召至江户的甲府藩大名藩邸。一两天后，三十七岁的白石便已经给家宣讲授《大学》了。他因此获得了相当优厚的俸禄，并有了声望。而在不久之前，他和妻子还只有三十文现钱和几夸脱粮米，以及一对不愿离开他们的男女仆从。

家宣会定期听新井白石授课。每堂课两小时，但家宣和其他在场的人都会纹丝不动地坐着听讲。除了授课以外，白石还会为自己的学生撰写历史类专著。他的第一部著作是《藩翰谱》，内容为岁入过万石的各藩在1600~1680 年的历史。

在1709 年继任幕府将军后不久，家宣即开始进行改革，更改纲吉在任时期的种种错误指令不是难事。纲吉颁布的荒唐的政

---

① 这些回忆录被集结成《折焚柴记》出版。G. W. Knox 的译本虽然有一些错误，但是整体内容可信，参见 *Transactions of the Asiatic Society of Japan*, Vol. **XXX**；如果可以阅读原文，应该会惊异于其简洁明了的文风。

令被撤销，作恶的宠臣们也被撤职。纲吉也有不少明智之举，如推动自家纲时期开始实施的文治。家宣亦毫不迟疑地延续了这一政策。1710年，家宣再次宣布修改《武家诸法度》，增加了新的内容，并改进了文风。新内容涉及反对受贿和腐败，目的在于剔除侧用人的私人影响。还有内容规定民众应被允许表达情绪，而各级官员不得阻碍民众向相关机构表达不满。

家宣还对司法系统进行了改革，废除了一些酷刑，提高了审判机构的工作效率，并要求审判必须正当合理。在这些问题上，新井白石几乎都曾上书家宣献言献策，也能够并乐意按照新儒学思想向家宣反复教授治国之道。毫无疑问，白石的观点对幕府官员的政策制定产生了影响，但其本人并非政策制定者。

各项政策的主要内容都是由将军的侧用人决定的，间部诠房（曾为猿乐表演者）在其中起到了关键作用。间部诠房能力出众又经验丰富，在家宣掌管甲府藩时即已担任要职。新井白石与诠房关系很不错，也十分注意避免与诠房产生争论。白石只一心研究某些特定问题，并为这些问题的解决提供建议。

新井白石对经济改革的实施做出了贡献，这也是白石最早被要求提供政策建议的领域之一。当时，社会对于不断升高的物价感到不安。白石认为，金属货币质量的下降和数量的增加导致了物价的攀升。在一份呈送给幕府的备忘录中，白石敦促幕府立即采取措施修正这一问题。幕府随后重新铸造金币，并将流通量减半。为平衡进口收支，日本的白银被大量地从长崎运出国外。针对这一情况，白石建议通过限制进口总量来防止白银外流。当然，更为合理的建议应该是增加其他货物的出口量，但这有悖于汉学中独立自主的原则。

新井白石还被委派了其他任务，如重新撰写《武家诸法

》。更重要的是，他还被安排与从京都来到江户的前任关白近卫基熙会面讨论，并就朝廷和幕府的关系达成协议。纲吉在任时，朝幕关系就已有所改善。白石对这次会谈的记载让人觉得他握有主动权，但这也许是他有些自负的表现。他真正的职责并不是与近卫基熙争论，而是听取并向将军汇报基熙的意见。按照幕府与朝廷达成的协议，天皇的幼子可以成家（而非必须出家），皇女也可以成亲。皇女与将军的幼子订立婚约，标志着这一朝幕协定的达成。皇室获得了将军提供的大量资助。通过这些举措，幕府希望能够被尊为至高无上的文治政府，而非军事独裁的总部。

人们或许会问，在诸多政治和财政问题亟须解决的情况下，为什么一个职位一般的顾问官员要关注这些问题。的确，新井白石的职责并不是制定政策，因为那是幕府高官的工作。但是，在出现问题时，白石需要在幕府允许的范围内，就这些问题的应对措施提供建议。他的工作类似于当今的公务员，负责起草有关时事问题的文件，以供上级官员参考。白石正是通过这种方式应对货币改革等问题的。

新井白石是一个杰出的人。他坚强，学识渊博，有崇高的道德品质，但是他否认自己有任何想替上级做决定的企图。在回忆录的结尾，白石明确地写道："现在人们似乎都认为所有的政策决定都是间部诠房一人做出的，甚至觉得整个幕府都是由我一人掌管的。但是，我并没有任何权限。六代将军的家臣诠房也只是将军和老中的中间人。在六代将军去世后，诠房（遵照家宣将军的遗嘱）和老中们共同商议国是。①诠房也会遵照先代将军的遗

---

① 此时第七代将军还是一个孩子。

嘱来咨询我的意见。如果对此有任何不满，老中们完全可以罢免诠房终止此事。"

单从形式上讲，新井白石的表述的确是事实，但实际情况还是值得考证的。纲吉曾经越过老中，偏向于起用侧用人做事。在这种情况下，老中已无法完全施展自己的权力了。纲吉的侧用人柳泽吉保曾是有实无名的大老。纲吉去世后，吉保也被免职了。尽管如此，老中的权威并未得到恢复。[1] 在家宣即位后，这一情况也没有发生变化。从甲府藩来到江户城时，家宣也把自己最信任的家臣带在了身边，其中就包括间部诠房。

很明显，新井白石更多的时候是在理论而非实践上对幕府做出了贡献。不论从心性还是学识角度讲，白石都是一位儒学家。他主张引入汉学的思想原则，并明确表示一个国家需要"礼乐"之风的熏陶。白石如此大胆直白的主张一时让人难以接受。但是白石将"礼"解释为一种行为准则，"乐"则代表着音乐（或更广泛意义上的各类艺术）对人们的升华，这与武治所倡导的冰冷的现实主义形成了鲜明对比。为了追求这一理想的治国方式，白石十分关注礼制仪式，如接待朝鲜使节团的恰当程序等。

家宣十分尊重并且厚待新井白石。他支付给白石的俸禄有1000石，并在1713年将白石升为旗本。那时，五十七岁的白石已经在幕府工作四年了。在家继接替家宣成为新任将军后，他仍继续为幕府效力，直到1716年家继去世。白石为幕府效力仅有八年，也不是位高权重之人，却是幕府中受人信任的顾问和让人敬仰的学者。白石的历史观应该对家宣产生了一定的影响。白石还曾指出幕府需要警惕权力的滥用，并通过类似的方式为幕府决

---

[1]　新井白石曾说："（当时）老中的工作只是负责传达柳泽吉保的指令。"

策做出了贡献。从对幕府官史《德川实记》的研究中可以看出，从家纲到纲吉，幕府的机构设置已存在诸多弊端，亟须肃清——白石毫不犹豫地道出了这一事实。

3 德川家继（1713~1716 年）

在继承将军之位时，家继还是一个婴孩，他的一生也极为短暂。在他担任将军期间，幕府进行了一次所谓的货币改革，并数次尝试改进在长崎进行对外贸易的相关规章。除此以外，并无重大事件发生。

货币政策的问题是很难解决的，幕府最终也没有找到令人满意的解决方案。下文将对货币政策这一不断困扰幕府的问题进行介绍。

4 货币改革

从新井白石对幕府财政问题的介绍中，我们可以看出幕府中负责财政的官员既能力不足，又有欺瞒行为。面对数额巨大的财政赤字，将军决定任命特别审核员进行调查。调查结果显示，幕府负责财政的官员，尤其是主管财政的勘定奉行荻原重秀曾大量侵吞公款。[①]通过与建筑商达成秘密协议，荻原重秀获利颇丰。据说通过让银币贬值，重秀从中获利超过 25 万两。重秀侵吞公款长达三十年，但在新井白石提笔上书指控重秀犯下这些无可辩驳的罪行之前，他的罪行从未被

---

① 荻原重秀的日文罗马字拼读应为 "Ogiwara Shigehide"，原文中的 "Hagiwara" 有误。——译者注

揭发。①

从幕府早期不断演变发展的货币问题当中，我们可以对 17 世纪末期官员的道德败坏情况有所了解。在庆长年间（约 1615 年），一枚小判金币约含 85.69% 的纯金和 14.25% 的纯银，一枚庆长银币的含银量也在 80% 以上。到了 1695 年（元禄八年），一枚小判金币仅含有 56.4% 的纯金和 43.19% 的纯银，银币的含银量也仅有 64.35%。

上述货币贬值反映了幕府财政政策的接连失误。在家康和秀忠时期，幕府从税赋、外贸收入、开矿甚至俭省的行政管理当中积攒了大量财产。

到了家光时期，上述财产的一半左右已被花光。第四代将军（家纲）在任时期，幕府的财政收支已经失衡。明历大火造成的损失极为严重，而救灾重建工作所需的金额巨大，给幕府的财政造成了极大的困难和压力。尽管如此，从家光时期开始流行的奢侈之风毫无减弱之势，幕府的花销也逐年增加。纲吉在任时幕府的支出增加尤为显著。原本可以减免的财政支出未得减免，银矿的产出量又不断减少。在此基础之上，日本又发生了接连不断的自然灾害，作风不正的官员也在徇私舞弊，这些要素最终导致了幕府财政的崩溃。1695 年，为了应对这一情况，幕府首次采取紧急措施，决定变造货币。这一政策出台的直接原因是幕府急需金钱为病重的将军家纲修建豪华的神社并举办葬礼。荻原重秀正是向纲吉提出这一建议的幕臣。

据新井白石计算，通过变造货币，幕府从中获益超过五百万

---

① 据译者所查阅的最新研究资料，重秀侵吞公款 25 万两的指控来自新井白石。而在幕府公开的官方档案中，并不存在能够证明这一罪行的任何记录。参见村井淳志《勘定奉行荻原重秀的一生》（集英社，2007 年出版）。——译者注

两。与此同时，幕府还在 1695 年试图召回所有旧金银币，但此举并不成功。在接下来的数年中（1696 年和 1702 年），幕府数次发布同样的命令，但收效甚微。白石认为，超过一半的旧货币被秘密地藏起来了。当然，这只是白石推测的数字。但是从中可以看出，公众并不信任幕府的货币政策。在 1695 年后的数年间，伪造货币的案件超过 500 起。伪造货币的行为反映了人们对于幕府的不信任。

1713 年，物价再次上涨。幕府收到了各种政策建议，其中就包括重秀有关再次改造货币的建议。幕府拒绝了这些提议，并将重秀革职。在家宣去世之前，幕府都没有采取任何对策。1713 年底，幕府决定进行货币改革，撤回元禄货币（1695 年）并发行新币。

主张改革者指出，人们已经不再信任幕府的政策。这是因为幕府对于金银纯度的要求逐渐降低，并改变了金银价值的比例。他们主张新发行的货币应按照原有的庆长年间的标准铸造，以恢复人们对政府的信心并平抑物价。1714 年，幕府铸造并发行了与庆长年间货币等质的新货币，此举可谓立竿见影。1695~1710 年，按银币计算的米价相对稳定，但 1710~1713 年，米价却大幅攀升。在新货币开始流通后，1718 年米价大跌到底，甚至比 1695 年的价格还要低。

日本的货币问题和其有关对外贸易的规定密切相关。在出现入超时，出口贵金属所得收入会被用来平衡收支。在幕府宣布闭关锁国后，私下进行的对外贸易会被禁止。所有公开的对外贸易都需要经由平户和长崎进行，并且仅能与中国和荷兰（或者更严格地说，荷兰商船）进行货物交易。

数十年来，这一贸易并未受到限制。1683~1684 年，还有数百艘中国货船来到长崎，而长崎也成了中国人的聚集地。然而在 1685 年，幕府对日本的对外贸易规定了限额。清政府一改明朝限制海运通商的政策，导致大量的中国商船进入日本海域。幕府对此十分警觉，并做出上述规定，但是中国商人并没有理睬幕府的这一限令。1688 年，幕府进一步就对外贸易做出规定，要求每年来日的中国商船的数量不得超过 73 艘，并仅允许少数商人上岸经商。然而，这些规定也没有解决任何问题，反倒助长了走私偷渡等非法行为。

家宣统治之下的幕府希望改善上述状况。与此同时，长崎长官上书表示贸易量的减少已经给当地日本人的生活带来了不少困难。他们请求幕府放宽对外贸的限制，提供大量的铜以供出口并改变入超的现状。

得益于历史学家最近对现存于长崎的历史档案的仔细解读，我们能够更加详细地了解正德初年日本的贸易状况。[①] 这些研究提供了货物清单，但在这里我们只对收支情况做简单的总结。1711 年，长崎的贸易收支情况如下：进口总额为 4193 贯银，出口总额为 2918 贯银，入超总额为 1275 贯银。日本必须抑制进口或出口银铜，以维持进出口收支的平衡。

由于国内银铜矿产量减少，而货币铸造又需要更多的贵金属，人们对于增加银铜出口的反对声很高。在经过多番讨论并排除各种不可行的方案后，幕府颁布新的法令来从各个方面解决这一问题。新法令内容复杂，其中最重要的内容可以总结如下：

---

① 这些档案也意外地证明了新井白石提供的数据不可信，可见即便是伟大之人也无法做到每时每刻都是正确的。参见山胁悌二郎的文章，《东方学》1959 年第 19 号。

　　幕府将任命两位负责对外贸易的专员，每年在江户和长崎交替任职。

　　幕府每年允许 30 艘中国商船和 2 艘荷兰商船进港通商。

　　每年中国商船承载货物的总额不得超过 6000 贯银。

　　每年荷兰商船承载货物的总额不得超过 3000 贯银。

　　同时，幕府允许每年向中国和荷兰分别出口 300 万斤和 150 万斤铜（1711 年，日本对外出口的铜总重量约合 1000 吨）。

　　从数量上看，贸易对日本来说并不重要，似乎也不值得国家和地方政府费此周折。幕府在 1640 年前后对贸易的限制属于锁国政策的一部分，但在 1688 年，纲吉制定的限制贸易的政策就更多的是出于经济上的考虑；其目的在于监测奢侈品的进口情况，并减少金银的流失。这在当时似乎是为了弥补国内财政不足的特殊措施。对日本经济来说，进口并不十分重要。日本进口的商品主要是丝绸和其他布料、毛皮、糖、药品、书籍和颜料，而在这些商品中，只有最后三种可算作必需品。毫无疑问的是，如果幕府致力于扩大出口，他们是能够成功的。但在当时，幕府仍对通商自由怀有偏见。1715 年出台的法令背后既有幕府试图减少支出的考虑，也有孤立主义思想的存在。这种观念在中国有着悠久的历史，并且影响了日本的经济思想。

　　新井白石没有试图通过增加出口来平衡日本的进出口收支。他认为一个国家若将国内产品销出国外，就会变得贫穷。至于购买外国商品一事，白石认为只有药品和书籍是可以批准的。家宣遂接受了他的建议。

5 新井白石

新井白石的自传《折焚柴记》值得我们给予特别关注。此书不仅记载了白石作为学者的成就，也向读者清楚地展示了当时最优秀的武士的行为准则。到 17 世纪中叶，受城市生活和失业现状的影响，许多下级武士品行低下。但是，在远离城市的乡村，传统且严格的标准被保留了下来。在有关父母以及自己年轻时的部分，白石对这些标准做了细致的描述。

新井白石的父亲出生于 1602 年。在战争过后的日本社会中，年轻时的他曾有些迷失。在三十岁之前，他一直是浪人，后成为上总国地区岁入 2.1 万石的大名土屋氏的家臣。① 因行为端正、行事果敢，白石的父亲得以晋升官位，在土屋氏家臣团中有相当的地位。在《折焚柴记》中，白石描述了自己年轻时对父亲的印象：

> 父亲一生都严格坚持着雷打不动的生活习惯。他每天四点起床，洗冷水澡后会自己梳起发髻。在天气寒冷的时候，母亲总希望他能用热水洗澡，但父亲不愿给仆人添麻烦。当他年过七旬时，晚上家里会生火用来暖脚。他那时才为了母亲用热水，因为热水可以很快就热起来。
>
> 父亲和母亲都信佛，并且会在沐浴更衣后祷告。如果在天亮之前就醒了，他们会坐在床上安静地等待天明。

/ *147*

新井白石还写了父亲跟自己讲过的"切菜刀"的故事："一个名叫加藤的重臣有一个十六岁的儿子。他的儿子在楼上与在庭

---

① 更具体地说，白石的父亲侍奉的土屋氏为土屋利直，是上总国久留里藩藩主。——译者注

院中剖鱼的年轻武士起了争执。我的房间也在同一楼层。看到加藤冲下楼，我也带着刀下楼去查看。加藤刺伤了那位年轻的武士，但是武士伤得不重，并手持剖鱼刀转向了加藤。于是我拔刀从他的肩膀处砍下，刀穿过了他的身体，把鱼也一切为二了。在他倒下后，我擦干了刀身上的血并收了起来；我对加藤说'了结了他'，然后回到了房间。当其他人冲来查看时，他们把加藤的刀称为'切菜刀'！我的刀曾经属于一个名叫后藤的人，后藤从他兄弟那里得到了这把刀。据说这把刀曾经把一个人的头切成两半。后藤把那块头盖骨留作了纪念。"

新井白石形容父亲的语言十分简单："在我的印象中，父亲不高，骨骼粗大，身体强壮。他喜怒不形于色，既不会放声大笑，也不会厉声斥责。他寡言少语，行为端庄。我从未见过他吃惊或失控的样子……不需要工作的时候，父亲会清扫自己的房间，挂起一幅旧画，插几枝花，然后安静地坐上一天，或者用水墨作画……在家里，他只穿仔细清洗过的衣服。出门时，他会穿做工好的新衣服，但他的衣着从不会过于奢华或有僭越之感。当父亲年过七旬时，他只会携带一把长度不超一英尺的刀出门，而把长刀交给仆人携带。他认为一个人不应该携带自己应付不来的武器。父亲一生都一直将短刀带在身边，直到剃发之后才收了起来。"

在父亲去世几年之后，一位僧侣告诉新井白石，在他的父亲年过八十岁的某天，曾有一个醉汉来到寺院内舞刀弄剑。僧侣十分害怕，但是白石的父亲从内院走出来，抓住了醉汉的胳膊，把他绊倒，然后把他的刀扔进了水井。

新井白石年少时就很有天分。据说，他三岁时就能熟练地书写汉字，十岁时便可以替父亲写书信，十一岁时学习刀法并且胜过其他男孩。白石曾在土屋氏藩邸见习，并在一位友好的学者的帮助下继续学习，研读了一些汉学经典。在履行年轻武士的职责的同时，白石坚持自学。他很受同伴的欢迎，会跟同伴一起参与各种冒险，并愿在必要时拔刀以示忠诚之意。

在书中，新井白石讲了一个自己年少时的小故事。从中我们可以看出当时武士对下层民众的态度。因为犯了小错，白石被关押了起来。但是为了能够参加两派年轻武士的武斗，白石计划逃跑。他将锁子甲穿在普通外衣里，等候同伴的召唤。最终，他的同伴告诉白石事情已经解决了，并询问他原本打算如何冲出关押地。白石回答说，监牢只有两个看守——一个女人和一个老头，如果这两人拒绝开门，他就会砍下他们的头，并夺走钥匙。白石认为这算不上重罪，因为受害人都是下等人。

土屋氏的继任藩主对新井白石和白石的父亲态度轻蔑，两人被迫离开了家臣团。白石的父母得到了一位亲戚的帮助，但白石本人却不知所措。尽管生活清贫，白石仍旧不愿找工作，而是坚持继续学习。新井家的一位旧友曾建议白石迎娶一位富商的女儿。这位商人很有抱负，也愿意给女儿添置不少嫁妆，但是白石拒绝了这一建议以及类似的邀请。他（此时已丧偶）告诉父亲，自己不能背叛先祖，放弃武士家业。

1682 年，二十六岁的新井白石前往江户找工作，并开始效力于大老堀田正俊。1684 年，在堀田正俊被谋杀后，白石留在江户继续寻找新的职位。他仍在坚持研习学问，却无法找到合适的工作，和妻儿过着贫苦的生活。幸运的是，白石吸引了木下顺庵的注意力。木下顺庵是一位不属于林家学派的著名儒学学者，并在江户有官职。白石成为木下的首席弟子，木下于是推荐白石担任年轻的甲府藩藩主家宣的老师。甲府藩是德川宗族统领的重要藩地，而家宣之后成为幕府将军。前文已经就白石在家宣和家继在任时的工作进行了介绍。1716 年之后，他不再担任官职，而是专心走上了学者、诗人、哲学家以及历史学家的道路，并在历史学领域展示了真正的才华。

6　作为历史学家的新井白石

尽管对一些细节的描述不尽准确，新井白石却有着对历史的敏锐洞察和较强的分析能力，这使他成为日本最伟大的历史学家之一。

除了编写内容详尽的《藩翰谱》，白石还撰写了他一生中最重要的历史专著《古史通》（1716 年），以及《读史余论》。后者是他 1712 年给家宣授课的讲义。

《古史通》是对 8 世纪《古事记》和《日本纪》等早期历史资料的批判性研究。在前言中，新井白石尤其关注语言学问题，并指出在研读古代史料时关注古语的重要性。《古史通》对日本神话时代的历史进行了梳理，但更为宝贵的是，此书很好地向读者展示了白石的研究方法。在一定程度上，白石承袭了学僧慈圆（1155~1225 年）的历史观。慈圆曾在《愚管抄》中表示，他相信历史的延续性。作为儒学家的白石的历史观则更偏现实主义，而不是具有宗教性。毫无疑问，他为后世开创了一种全新且具有进步性的历史研究方法。

相较于《藩翰谱》和《古史通》，《读史余论》更有趣。《读史余论》记述了日本 9~17 世纪的历史。在此书中，白石按照自己对历史发展的理解梳理了各种事件的发展过程。他将从天皇统治到武士崛起的历史分为九段，将武士逐渐当权并在德川幕府治下达到权力顶峰的历史分为五段。白石在此书中的论述大意是支持封建政府的领袖，尽管会批判某些人。他认为，从藤原时代到征夷大将军的出现，因为天皇统治的无能，皇权逐渐旁落是不可避免的历史趋势。在此书中，白石的褒贬之词都很绝对；但他的观点是否正确并不重要，重要的是他对历史研究的态度。[1] 他不再遵循中国断代史的传统将历史视为一系列独立事件的集合，而认为其具有连续性。人们也可以理性地分析历史，并通过平白的语言对其进行描述。

在这里我们还有必要提及新井白石与其他历史学家的关系。白石对他们的态度并不友好，而且有些嫉妒。虽然与林信笃关系紧张，但不影响白石随意引用林家学派的理论观点，所以他的研究也受益于林家学派。晚年的白石与水户的历史学家关系不错，会与安积澹泊和三宅观澜互通书信（参见宫崎道生发表于《日本历史》第 148、158 号的文章）。

当然，新井白石作为历史学家的成功源于他对历史强烈的好奇心，以及对未来的推测。白石从各种渠道学习了一些西方国家的历史地理知识，以及相关的科学知识。这些信息的主要来源是出岛的荷兰人以及一个名叫西多契的西西里传教士，西多契曾因秘密进入日本而被判违法入狱（1711 年）。西方的非宗教类知识给白石留下了深刻的印象，但在白石的眼中，西方的基督教信仰是一派胡言乱语，不足以被视为国家的威胁。因此，白石认为日本可以稍稍放宽锁国的政策，或许他是幕臣当中第一个认识到日本必须接触外部世界的人。白石的求知心胜过了他原本顽固不化的思想。

---

① 此处读者可以做一个有趣的尝试，将白石对足利尊氏的描述和《梅松论》中的描述对比来读。

第十二章　元禄风情

严格来讲，"元禄"是一个年号，其持续时间是 1688~1704 年，但"元禄"通常被用来形容那个时期人们的生活状态。都市社会达到了物质繁荣的顶峰，市民也得以享受百花齐放的艺术成果。

我们从前文可以得知，17 世纪日本的国内生产总值大幅增加，国民经济也有了显著发展。在所有城镇，尤其是大阪和江户，富裕的中产阶层的实力逐步凸显。他们出手很是大方，以至于幕府都出面叱责他们生活奢侈，并专门颁布了诏令，提倡节俭。但是这些市民并非无度放纵享乐，他们对文学与艺术都有很高的要求。以往，人们更欣赏高雅的宫廷绘画和古典浪漫文学，这些通常是佛教僧侣的作品。在元禄时期，流行文学与绘画的作者们则一改传统，坚持创作有关当下都市生活而非往昔之事的作品。

这些艺术家被称为"浮世绘"画家和"浮世草子"。他们笔下的主人公是"浮世"之中的人物，如演员、舞者、歌者和身着潮流服饰的美人。在元禄年间，以"浮世"为描绘对象的代表艺术家包括著名的歌舞伎作者近松门左卫门（1653~1724 年），才能出众的小说家井原西鹤（逝于 1693 年），浮世绘画派开创者之一菱川师宣（逝于 1714 年）。游走江湖的俳句大师松尾芭蕉（1644~1694 年）也可以算作其中一人，俳句是由十七音组成的短诗歌。

这些艺术家并非都来自商人阶层。井原西鹤是大阪一名商人的儿子，而近松在京都长大，是地方上一名平凡武士的儿子。一些最成功的画家都来自狩野画派，如久隅守景和英一蝶都曾是著名画师狩野探幽的学生，但因背离了宫廷画师的创作准则，以不合派规之名被逐出了狩野派。

人们或许会问：谁是这些画家和作家的顾客呢？答案是除了最贫穷的人以外的所有人。普通大众不论男女都能够接触到这些小说家、画家和歌舞伎作者的作品。剧场中挤满了平民百姓，他们会花几枚小钱买下演员的画像或者是绘有可爱女人的画作。现今收藏喜多川歌麿等彩绘大师的作品的人对此一定不会感到陌生。

在以往连最下级武士都不曾关注的社会阶层中出现了众多文学艺术的消费者，这一现象在日本社会史上是十分引人注目的。这并不代表武士阶层的衰落，反倒证明了居住在城市的武士的视野更加开阔了。当然从经济层面来说，这也体现了武士阶层的贫困，以及他们受到的压力。他们必须找到合适的工作，并且精打细算地靠俸禄过日子。

1700 年前后，京都和江户的人口都有将近 50 万人，大阪也有约 35 万人。这些数字还未将武士阶层的人口包括在内。这三座大城市的市民生活都相对富裕，也逐渐形成了对绘画、小说和歌舞伎等作品的固定品位。他们的行为受到严格的限制，而其行为过失则成了各类悲剧作品的灵感来源。上演这些剧目的剧场也是门庭若市，人们每天要遵循儒家的道德准则，而日常生活中又充斥着情感与责任的冲突。这一现象多少是有些不同寻常的。

在规模不大的地方，上述对市民生活的种种限制是很常见的，幕府必须时刻关注城市居民的动向。毕竟在封建社会，为了确保军事专制政府的存续，幕府必须削减或限制金钱的力量，尤其是富人的实力。但在实际生活中，实施种种限制并非易事。幕府颁布的规则很难被落实。在一些广为人知的事件上，统治者处理时都态度强硬。举例来说，幕府曾没收大阪富商淀屋的财产，以儆效尤。但在元禄年间，市民越发富裕，实力也逐渐增强；武士的收入则不断减少，但他们仍旧维护自身高人一等的社会地位。市民和武士之间的冲突也因此增多。

在江户，武士想维持自傲的姿态并不是难事。但是在大阪甚至京都，人们已经不会发自内心地尊重武士阶层了。随着全国经济的发展，武士阶层的力量不可避免地减弱了。在经济发展的过程中，农民和商人变得更为富有，而生活成本也普遍上升。这对于领取固定俸禄的武士来说是十分不利甚至令人沮丧的。

元禄年间，日本发生了几件大事：京都大火（1692 年），货币变造（1695 年），江户大火（1698 年），导致 15 万人丧生的关东大地震（1703 年）和近松门左卫门的著名悲剧《曾根崎心中》的首演（1703 年）。

现在来看，元禄年间最吸引人的莫过于当时色彩明快、款式多样的服装饰品了，这些色彩纹样很好地反映了当时的市井情态。随着富裕的店家和手工业者的兴起，艺术创作也进入了活跃期。这在日本社会史上无疑是一个十分有趣的现象。元禄过后多年，或许会有年长的日本绅士怀念起当时的"甜蜜生活"①。

---

① 原文为"la douceur de vivre"（法语）。——译者注

第十三章　吉宗新政

1　吉宗其人

1716 年，德川吉宗成为幕府将军。他曾是纪伊藩藩主，而纪伊藩是德川御三家掌管的富饶的藩国之一。在管理岁入超过 50 万石的纪伊藩的过程中，吉宗在解决各种难题的同时也学到了许多治国方略。纪伊藩背负着幕府债务，火灾后的重建也花销巨大，还要斥资讨将军的欢心。1707 年，纪伊国南岸遭受巨浪冲击，损失严重。这一连串灾祸导致了纪伊藩的财政困难。

德川吉宗处理这些问题的经验是十分宝贵的。因为当三十五岁的吉宗继任幕府将军来到江户后，他发现自己面临着类似的问题需要解决，且规模更加庞大。身心强健的吉宗为解决这些问题做好了准备。与家宣不同，吉宗自小在艰苦的农村长大，对政府也有自己的见解。吉宗坚信改革是必需的，但他不相信儒学学者能够解决任何实际问题。在继任将军后，吉宗很快就终止了新井白石向家宣建议的大部分改革，并任命室鸠巢取代白石担任新的儒学顾问。室鸠巢一直以理智和注重实践的品格而为人熟知，并且是幕府体制的坚定支持者。

政界也自然而然地出现了反对新井白石制定的规则的现象。不拘小节的德川吉宗对白石拘泥于形式的做法很反感。与白石针锋相对的林信笃也重新确立了林氏儒学学堂的正统地位。尽管如此，吉宗并没有表现出任何偏向，也没有废除白石建议的各种财政措施。1714 年新币发行的措施显然是有利的，吉宗也明智地决定对此不做任何更改。但是，吉宗废止了白石向家宣建议的大多数"改革"。因此不出意外，旧幕府的成员对吉宗都有着复杂的看法。在江户城中，吉宗对家宣的遗孀礼遇有加。在写给身在京都的父亲近卫基熙（摄政）的书信中，家宣的遗孀提到了此事。但同时她还提到了江户发生了让人担心的大火和骚动，并就江户的政治局势进行了不实的描述，指责吉宗失职。在家宣担任将军期间，基熙访问江户时就与新井白石关系亲近。毫无疑问，他是站在白石这边的。在基熙的日记当中，基于女儿的书信和其他情报写下的内容作为闲谈尚可一读；但是从中也可以看出，朝廷对于关东发生的事情以及新任将军的性格特点并不十分了解。

2　财政问题

德川吉宗很快就注意到幕府不断恶化的财政状况。尽管危机到1721年才出现，吉宗却早已意识到幕府需要节约开支了。他紧缩幕府财政的政策之一是削减旗本武士的数量。随着时间的推移和家族规模的扩大，旗本武士的人数也不断增加。吉宗拒绝承认旗本身份的继承权，尤其是被过继的武士。幕府也开始以同样的方式限制新的谱代大名的出现，新晋升的谱代大名不可将身份传给下一代。御家人的数量也十分庞大并需要被削减。

在上述削减规模的案例中，德川吉宗并不只是出于财政上的考虑才做出决定。从政治角度来看，吉宗也希望能够得到一批被选中的忠心能干的家臣的支持。他将自己信任的家臣从纪伊藩带到了江户，但是没有给予他们特权。与他的前任不同，吉宗没有宠臣需要维护。他最得力的一名家臣曾在未告知幕阁的情况下就做出决定并将其公示。这位家臣后被幕阁成员传唤并训斥，而不得不为自己的错误道歉。从头到尾，吉宗都没有出面干涉。吉宗受到身份为谱代的幕府官员的欢迎。在吉宗就任之前，这些官员都受到侧用人和其他将军宠臣的压制。各种迹象表明，吉宗试图直接管理国政。他没有任命新的官员来填补空缺的老中职位，其他官员的候选人也都由他亲自过目。让下属感到吃惊的是，吉宗还鼓励他的幕臣直接上奏，并为此设立了可以投交诉状的"目安箱"。

通过这一系列措施，德川吉宗强化了个人权威，并试图成为唯一的统治者。通过解读当时的政治局势，吉宗认为局势恶化主要是传统社会秩序的崩坏引起的。武士阶层不敌新兴的富商和地主阶层，对社会的控制逐渐弱化。他也很快意识到，审查和改善幕府财政已刻不容缓。对变革的迫切需求和吉宗自身的政策倾向促使他下定决心，采取措施让幕府恢复家康统治时的状态。吉宗的部分改革措施被付诸实践。这一试图恢复幕府早期成功的治理模式的改革发生于享保年间（1716~1736年），因此被称为"享保改革"。吉宗不喜欢之前幕府制定的具有儒家色彩的政策，希望重新确立幕府政权建立之初的治国原则。据说，吉宗经常表示希望"所有事项都应按权现大人的法度来处理"，但是没有文献或者其他公示能够证明这一说法。"权现大人"是家康去世后的称呼。

德川吉宗采取的具体措施包括削减自己以及幕府的开支。和许多早于他的东方国家的统治者一样，他认为有必要降低平均生活水平。

1722年，德川吉宗召见主要的幕府官员，并向他们言明幕府财政枯竭的状况。1720~1721年的歉收导致了税金的减少，而大井川河堤的修缮工程又花销巨大。鉴于这一情况，幕府有必要要求旗本和御家人接受削减俸禄的安排，所有官员必须在

徳川吉宗

各个岗位全力以赴地工作。另外，吉宗还将任命一名特别财政
调查官。

在这次会议之后，幕府向所有大名发布了命令。这一命令表
示，幕府决定"不顾耻辱地"要求大名将每1万石岁入中的100
石上交给幕府。作为交换，大名在江户居住的时间可以减半，以
节省他们的开支。上交的米又被称为"上米"，其总量达到了
175万石之多。这大约相当于需要支付给旗本和御家人的俸禄总
数的一半，因此也解了幕府的燃眉之急。幕府还采取其他措施来
确保收支平衡。吉宗尤其关心幕臣的收入，并希望能够激励他们
认真工作。

德川吉宗用来增加幕府收入的计划是相当有远见的。由
于幕府税收的主要来源是农税，耕地面积就必须扩大。幕府也
必须着手推动农地开垦。它向全国发布命令，要求不论幕府直
领还是各藩的农民和有能力的官员必须合力开垦新农地。由于
这一计划需要有相当的资金用于修建灌溉系统，在幕府的政令
生效后，许多城市的富商都被邀请出资。在幕府直领地，幕府
的代理官员被告知，他们可以获得新开垦土地须缴纳税金的
1/10。①

德川吉宗在任时，由幕府批准或推动的农地开垦活动如下：

1722年——下总国的某地区，产量5万石。

1723年——多摩川盆地的一大片地区，包括三鹰、小金井
和国分寺，现属于东京都。

---

① 需要注意，默多克（Murdoch）对日本米产量的估算过高，6000万石绝不是
一个小数字。每个成年人每年平均消费1石米，而当时的人口总数约为3000
万。加上需要储存的米量，日本当时每年米产量不太可能超过3000万石。吉
宗去世后，更多的耕地被开垦出来，但并不都用于稻米种植。

1727 年——多摩川和荒川盆地的农地，在实现联合灌溉之后，成为能够生产 15 万石的稻田。

1735 年之后，幕府农税收入的增加几乎都得益于幕府直领地范围内新农地的开垦。

吉宗并不是唯一推动农地开垦的人。大多数大名也都支持任何能够增加当地农作物产出的开垦计划。在这一时期，没有具体文献记录新开垦土地的情况。在太阁检地之后，日本仅在元禄年间（约 1700 年）进行过一次全国范围的检地，而且记录不完善也不可信。尽管这次检地未给出各藩耕地的相关细节信息，但还是反映出日本总耕地面积有所增加。灌溉工程的不断改进和扩张也从侧面证明了这一情况的存在。在有的藩国，灌溉工程专家还参与了当地的工作。

村落也在各自建设灌溉工程。他们尤其侧重开渠引水和开池蓄水，以保证新农田有灌溉水源。他们有时可以避开检地，或者蒙骗前来检地的官员。根据账本中各类商品被大量购买的记录可知，许多地位达到名主的农民都过着十分舒适的生活。

在这里，我们有必要就检地的准确程度进行一定的分析。凡在日本的农村地区旅行过的人都会吃惊地发现，日本的水田和旱田大小不一且形状各异。检地的官员被要求丈量每块农地的长度和宽度，但是长方形的农地极少。旱田经常在斜坡上，沿着等高线分布，而且许多不能被标杆测量，只能猜测面积的大小。水田的形状通常是不规则的，因为水田的形状不仅需要配合灌溉情况，也和所有权不同的田地之间的边界划分直接相关。因此，我们通常可以认为，在丈量这些形状不规则的农地时，存在误差的可能性是极高的。村民在向检地官员提供信息时也利用了这一情况。在上文提及的元禄年间的检地过程中，检地官员并没有认真地进行勘测。对产量的估测也是通过目测丰收时被选为样本的一块田地的收成状况来完成的。因此，官方提供的以石为单位衡量的农地价值只能被视为大概的数值，并不能准确地描述农地的情况。

德川吉宗统治方式的突出特点之一是他愿意听取他人控诉不平。从中世时期到 18 世纪早期，直接向将军上诉喊冤（日语称"直诉"）在法律上都被视为最严重的罪行，上诉人会被判处死刑。1716 年，幕府宣称重臣们收到了大量的上诉和建议，但是经过考量后，发现这些建议都没有用处。的确，如果幕府接受了这些建议，可能会出现不受欢迎的结果。因而，此后在政府并未征求建议的情况下提出建议的人会受到惩罚。

但实际上，幕府出台这一看似保守的政策是另有原因的。商人和其他人被发现有组织地贿赂官员，说服他们将自己的建议提交给老中。[①] 幕府对此的反应是很极端的。不论具体情况如何，所有上诉和建议都被禁止。老中的传统观念也对这一政策产生了影响。他们坚持认为，幕府政策的制定不应该基于舆论观点。但是在 1719 年，继任幕府将军的德川吉宗修改了 1716 年的政策。幕府将会研究各种上诉和建议，即便这些申诉不完善，提出意见的人也不会受到惩罚。

德川吉宗命令三位年轻的老中采纳那些总体来说对人民有用的建议，如增加粮食产量的方法、合理使用收入的建议，或者成为模范臣民的方法。吉宗并不害怕民众直接上诉。在庆祝 1718 年新年时，吉宗拜访完上野的德川氏宗祠，在回城的路上遇到了市民请愿。警卫抓住了这位市民并将他绑了起来，正准备交给上级官员治罪，却被吉宗拦了下来。吉宗要求警卫今后不许再逮捕

[①]　甚至连朴素的新井白石都至少被贿赂过一次。

类似上诉之人，并要保证他们的申诉能够得到城市管理者的受理。这些虽然都是小事，但可以表明在吉宗统治之下，幕府对社会问题的态度发生了转变。

为了解决困扰幕府许久的财政短缺问题，德川吉宗采取了各种方法。这些方法值得我们详细地解读，因为它们揭示了吉宗努力试图改革的幕府政治体系中存在的诸多弱点。失误并不是吉宗造成的，而是将其政策付诸实践的常设幕府官员造成的。

德川吉宗最为关注的问题之一是武士的生计。不断升高的物价使他们生活困难。为了满足吉宗的心愿，公务人员立即采取了传统的发布政令的办法。这些政令被称为节俭令，试图厉行节俭来减少支出。从中世时期源氏幕府甚至更早起，政府就曾屡次颁布类似的政令，但是毫无成效。有时，类似的政令是为了督促武士选择合乎自己身份的生活方式。但是，这些政令的目的在于限制支出。城市生活日渐繁荣，但是对于只有固定收入的家庭来说，生活却变得更为艰辛了。

1721 年，德川吉宗命令所有幕府官员缩减机构开支。吉宗还表示，官员如果认为一些工作会造成过度支出，就可以提出反对意见。1722 年，在全面修改幕府财政政策的同时，吉宗也向大名和旗本表明了政府的立场，并号召他们生活节俭。1724 年，幕府下令限制用于举办各种仪式、购置衣物和装潢等的开支。在之后的二十年中，幕府几乎每年都会发布相同的命令。

幕府的政令合集中详细地记载了这些政令。这些发布于1640~1743 年的政令收录在"俭约令"部分，十分值得仔细研读。在大城市以及较为繁华的城下町，一个新兴的中产阶级正在崛起。这些政令可以帮助我们更好地了解在当时的日本随着中产阶级的崛起而出现的社会变化。

在作为官方档案的《御触书集成》中，"俭约令"部分收录了幕府在 1640 年后颁布的不少政令。其中，由德川吉宗颁布的政令被记载得十分详细。例如，他于 1724 年颁布的政令大致内容如下。

将军已经数次下令，要求一切事务从俭，不论是礼物的交换还是用来庆祝婚礼的娱乐活动。从今以后，任何人都必须严格遵守下列规定：

近年，妇女的服饰越发奢华张扬。从今往后，即便是大名的妻子，也只能穿绣有少量金线的外衣，不可穿昂贵的布料制成的衣物。女仆也须着装朴素，合乎身份。每个城镇都应公示这些商品的固定价格。

所有人不得购买昂贵的漆器，即便是大名也不例外。家中的箱柜、椅凳以及大名妻妾的针线盒都只能上纯黑色漆，并且至多绘一枚家徽作为装饰。

睡衣、床罩、床垫等物不得使用精致的绣花面料。

婚礼中使用的轿子数量不得超过十个。

这些细节让我们了解到当时的流行趋势，以及幕府未能成功执行俭约令的事实。

除了公示这些政令以外，幕府还以口头方式命令岁入过万石的大名削减开支。1729 年，幕府继续公开表示要求人们遵守俭约令，并承认由于米价下跌，领取米俸禄的人生活困难。因此，如果他们需要偿还债务而且借债合同是在 1702 年之后缔结的，那他们需要支付的利息不可高于借款的 5%。与此同时，幕府继续强调在衣食社交上坚持节俭的必要性。

毫无疑问，人们都没有遵守这些政令。贫穷的武士买不起奢侈的商品，富裕的城里人和农民也不愿意在告别贫苦生活之后放弃现有的好生活，重新过俭朴的生活。1743 年之前，幕府每年都会颁布俭约令，但是一直没有成效。这些政令都是由只会迫不及待地提笔滥写的办事员起草的。但即便是幕府高官亲自写成并颁布政令，结果依旧是失败的，因为幕府无法仅凭命令来控制产业和市场价格。

　　由于我们已经就货币政策问题进行了讨论，接下来我们将讨论德川吉宗试图重塑经济的其他政策。① 到目前为止，吉宗实行的都是紧缩政策，但是结果不理想。到 1722 年，当吉宗的货币改革开始有成功的迹象时，总体经济状况却不断恶化。1721 年夏天，风暴破坏了大量农田，而幕府错误的应对措施导致了经济状况的恶化。1721 年晚秋，幕府被迫延迟发放给旗本和御家人的俸禄。幕府的财政机构本可以凑齐发放给这些最贫穷的德川家臣的俸禄。但就在此时，他们还未能偿还各种供应商提供的借贷。在德川纲吉和其后继者在任时，他们为了置办江户城内的各样物品而拖欠了付款。商人们希望尽快得到幕府的付款，并同意将需要支付的数额减少 1/3。幕府支出的这一部分资金刚好能够给面临生活困难的所有家臣支付一整年的俸禄。另外，幕府还为修筑大井川河堤以及其他工事支出了大量资金。这些支出几乎压垮了幕府的财政体系。

　　在这一情况下，德川吉宗亲自出马。他废除了老中每月轮换职责的制度，并任命水野忠之为财政专员，负责制定幕府的

---

① 在这里我们有必要回顾一下日本的货币变造历史。1615 年，"庆长"："小判"金币。1695 年，"元禄"：货币的金银含量降低。1714 年，新币：回到庆长年间的标准，又被称为"正德"新币（新井白石的方案）。1718 年，吉宗按照"正德"新币的标准发行了新的金银币。

财政政策。通过这一措施，吉宗创设了有效的财政部门（"勘定方"），其下设有预算、会计、审计以及其他管控机构。财政部门的工作人员越来越多，财政部门也在1735年成为幕府中规模最大的政府机构。

幕府的财政管理机构就此设立，但是其具体工作情况还有待细查。前文已经提到，岁入过万石的大名须将每万石中的100石作为"上米"交给幕府。这缓解了幕府1722年半年的财政紧张状况。下一步就是要找到能够更长久地增加幕府收入的办法。

幕府无法马上从直领地的新农田获得收入，因此若想增加收入，幕府就需要提高既有农田的征税税额，或采取更有效的收税措施。[1] 幕府选择了后者：提高了审定税金的标准，并一件一件地重新审查了检地结果。幕府很容易地发现，一些地区的耕地面积增加了，产量也有很大提升，因此可以征收更多税款。此时，吉宗做出明智的决定，允许当地征收税款的官员在天灾导致收成欠佳或者农民遭受其他不幸时，发放一定数额的补贴。但是到了1727年，幕府感到有必要将税率从40%升到50%，这算是很重的赋税了。但与此同时，在幕府直领地的代官被要求根据当地的实际情况征收税金。

/ 163

除了提高稻米产量，德川吉宗统治下的幕府还采取措施鼓励生产棉纺织品、菜籽油等主要的城市消费品。生产这些产品本身不会创造多少财富，但是能够促进整体经济繁荣，并且增加了出口量。除了向中国出口铜以外，还出口了海蛤蜊和鱼翅等美味食材，以及漆器等日本工艺品。但需要指出的是，在这个时期最昂

---

[1] Thomas C.Smith 在 *The Agrarian Origins of Modern Japan* (Stanford, Calif, 1959) 一书中对各种测量地租和税金的方法进行了介绍，其中既有按作物种类测量的办法（"毛见"），也有定时定量的办法（"助免"）。

贵的出口产品还是铜，在长崎的荷兰商人十分希望能够将大量的铜装船出口。但是，1714 年，幕府在接到新井白石有关对外贸易的报告之后决定限制每年铜的供应量。日本的正统意识形态也反对进口，并将进口商品限制为药品、书籍、糖等必需品以及极少数奢侈品。但是我们不能过分信任官方提供的长崎进口贸易数据，因为定期的大规模走私是一直存在的现象。

还不到 1730 年，减少幕府财政赤字的措施就已初见成效。1730 年，十二万两黄金被存入江户城的金库。1728 年，德川吉宗再次前往家康的陵寝日光东照宫社参。将军前往日光社参是耗资巨大的尽孝行为，自 65 年前就因为资金短缺而中断。这足以证明此时幕府已经有相当的资产可以用于支出了。其后不久，幕府就解除了各大名上交"上米"的义务。

幕府稳定的财政状况并未维持很久。新的困难开始出现，并且不是通过发布规章就可以解决的问题。1730~1731 年，堂岛交易所的米价大跌。日本主要粮食作物的生产大都需要依靠良好的气候条件，国家本身又是一个封闭的市场。在这样的背景下，米价的频繁起落也是可以预想的。18 世纪早期，价值浮动的金属货币、松垮的财政管理、频发的农业歉收导致了米价的不断攀升。这一情况一直持续到 1720~1722 年。当时每石米的价格达到了 70~80 钱白银之高。但是从 1723 年之后，连续的丰收使米价降至每石 40 钱，到 1730~1731 年降到最低价每石 22 钱。此时，银币的价值也没有贬值。

对消费者个人来说，米价的大幅下跌是好消息。但由于粮米本身是交易的中介，或者至少是交易标准，米价的下跌造成了国内经济的动荡。首先受到影响的是领取粮米作为俸禄的武士，他

松平定信（1758~1829 年），该画像属于松平家

平贺源内（1827~1879 年）

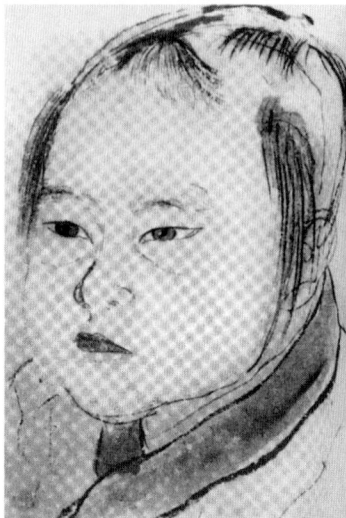

渡边华山（1793~1841年）画作，
《渡边如山肖像画》，渡边如山为华山
最小的弟弟，此时5岁

三联画（绘于18世纪40年代），该照片由檀香山艺术学院提供

《沐浴的少女》，画作现存于热海博物馆

鸟居清长画作，《美南见十二候，七月夜色》（绘于1813年），鸟居清长来自绘画世家，该照片由檀香山艺术学院提供

们通常会通过被称为"札差"的交易商将米卖出换取现金。农民的生活也受到了影响，因为（除粮米以外）他们需要通过卖出多余的粮米获得收入，以满足日常花销。

1732年夏天，日本西部大面积的还未收割的庄稼遭受虫灾，这次虫灾导致超过两百万人受灾。尽管幕府迅速地将储存的粮米送往受灾地区，最终还是有超过一万人死于饥饿。米价迅速攀升，以致幕府都感到不知所措。1733年初，在包括江户在内的一些城市，市民发现一些投机商试图囤米。他们的愤怒引发了多起严重的暴乱。在日文中，这种暴动被称为"打坏"。在这之后，这种暴动频繁发生，且涉及的地理范围也更广。类似暴乱在日本其他地区也有发生。直到1733年秋天，稻米丰收，大量价格合理的粮米涌入市场，暴乱才逐渐停息。

但是这一改变并未让幕府感到轻松。米价下跌到每石40钱左右。对于那些需要通过出售粮米来换取现金，以维系行政管理和履行每年（花销巨大的）参觐交代义务的大名以及其他武士来说，米价下跌带来的冲击是巨大的。

大阪的米仓里堆满了粮米，但是经纪商和他们的投机商客户坚持不买入粮米，米价也就一直处在低位。[①]最终，1735年11月，幕府不得不出面干涉并定价。幕府要求江户的商人每买入1.4石粮米，付款不可低于1两白银；大阪商人买入米的价格也不可低于每石44钱。如果买家支付的价格低于幕府的标准，那么他们将要承担每石10钱的罚金。由于粮米的实际质量和种类不同，

---

① 1731年底，粮米交易所曾向幕府抱怨，通常新米入库时，旧米的余量基本不会超过15万俵；但是在1730年，旧米余量已经达到了60万俵，而1731年则有130万俵。大名们匆忙地将他们的粮米投入市场，甚至不惜亏损米换取现金，以满足当下的需要。

这些规定也变得复杂且难以操作。

因此，1735~1745 年，米价的波动幅度很大，幕府也不得不尽力规范米价。对于担任将军的德川吉宗来说，他的主要任务就是找到有效的办法应对波动的米价带来的各种问题。幕府极为关注这一问题，以至于人们戏称吉宗为"米公方"或"米将军"。

也许读者会认为本书对幕府的财政政策进行了不必要的详细描述，但其实不然。这些措施证明了当时日本国内的经济发展是由粮米决定的，因为粮米既是主食，也是主要的交易媒介。正因如此，气候、灾害和疾病决定了统治者在应对重大政治和社会问题时所采取的行动。粮米对经济有着极强的支配力，以致其短缺可以导致通货紧缩。缺乏稳定的财政系统的国家是难以有效统治的，德川吉宗需要解决的大部分问题的根源也是财政问题。而在当时的日本社会体系中，这些问题是无解的。

根据前文数据可以看出，在 1730 年（幕府收支达到平衡）之后的十年中，德川吉宗试图维系幕府财政的稳定，但最终却失败了。失败的原因是幕府对货币的操控。1714 年，金币价值仍是可靠的。1736 年，幕府再次变造货币使其贬值，抑制了米价的下跌，缓解了当时的危机，但是问题仍然没有得到解决。武士们一如既往地领取粮米俸禄并低价出售，同时又需要购买其他高价商品，无法摆脱贫困的生活。

为了更好地了解其后日本政治和经济发展的历史，我们需要牢记：一个国家的稳定需要有强势的货币、平衡的收支和充足的食物供应。但是，一个易受台风侵害、没有进口供应、各地分权而治、中央政府只有有限控制力的国家，很难具备这些条件。

为了努力增加幕府收入，德川吉宗将政策重点放在了增加耕地课税上，并任命了两位官员，负责采取严苛的征税措施以确保税收的增加。其中一位是老中神尾春央，以其苛刻的敛税手段而广为人知。[1] 据说，他曾表示："农民就如同芝麻一样，越是压榨，得到的油就越多。"

1726~1736 年，由于受到农民的反对，幕府征得的农税逐渐减少。但是，到 1744 年，由于神尾春央和他的同僚采取的高压措施，幕府征收的税额从 132 万石增加到 180 万石。幕府直领地内的农业产量（石高）估值达到了 460 万石，为德川幕府时期的最高值。[2] 但是这部分新增的收入并不稳定，幕府不能一直维持如此高的征税额。到 1745 年时，米市的崩盘、米价的下跌、风暴灾害以及饥荒削弱了幕府的财政实力。到 1770 年前后，幕府每年的征税额仅为 110 万 ~120 万石。

3　乡村社会

幕府逐渐衰落的原因是多重的，但毫无疑问的是，乡村社会性质的改变是其中的一个原因。在 18 世纪早期，乡村社会开始逐渐失去其建立在家族谱系上的紧密的组织模式，分化为相互之间联系松垮的几个要素。有时人们会认为，由于封建统治者统治不力，不少村落陷入无望的贫困之中。但是，这一观点基本上是没有依据的。由于自然灾害，农村有时候会发生饥荒，但是没有任何证据（除了一些异常的损失）表明农业总产量在减少。在

---

① 据译者考证，神尾春央并非吉宗任期内的老中，而是曾任勘定奉行，相当于财政部的负责人。——译者注

② 德川吉宗在任的最初 20 年中，幕府直领地内的稻米产量较为稳定，约为 700 万石。其中，约有 250 万石要被扣除，作为俸禄支付给旗本。因此，1716~1736 年，幕府每年有 450 万石左右的余米。这些米都产自"藏入地"。

城市生活日渐繁荣、城市文化不断发展的同时，农业产量却在下降。这种现象是无法让人相信的。

真实情况是，农村经济的发展方式开始发生变化。货币经济，或者更简单地说，金钱交易类型的增加和数额的增长促成了这一改变。能够证明这些变化的证据有很多，并且是由农民自己记录下来的。例如，在保存良好的账本中，我们可以清楚地看到农业产量的增加而非减少，以及（值得一提的）教育的普及。

生活富裕的"名主"们对汉学典籍有一定的了解。其中许多人熟悉日本的诗歌，并且经常在家中组织俳句会。大多数村民都知道著名诗人松尾芭蕉的词句。在 17 世纪末芭蕉进行朝圣时，一些村民还记得他曾从当地经过。

从村落社会结构的变化当中，我们也可以看到农村经济特点的改变。"本百姓"（独立农家）和他的雇工之间的家族关系开始崩裂。从前合作耕种农地的组群现在则分裂成几个小的家庭单位，他们不需要完全依靠本百姓生活，而是通过干农活、在城里给商人和手工业者打工、出售用农场的材料做的手工艺品维持生计。雇工和本百姓之间不再是亲族成员与家族首领的关系，而变成了佃农与地主的关系。这些佃农生活贫困，不得不通过打零工和在家做手工来补贴家用。村庄开始由几户富农和大量的贫农构成，而后者在自然灾害中所受的苦难最多，也最容易成为流民和政府的麻烦。

农业产量的增加反倒造成了贫困，这样的问题很难通过简单地发布政令来解决。幕府和大名对农村的控制是存在缺陷的。虽然武士阶层的成员收入来自农田，但是他们已经不再居住在农村，也与农民脱离了联系。他们深受封建传统思想的影响，并且执着于产量的估值和税收。随着稻米和其他农作物产量的增加，地主的收入也逐渐增加。但是，家境富裕的农民通过各种欺瞒行为阻止武士对自己的进一步压榨。只有最贫困的农民发现自己难以抵抗这样的压榨时，才不得不进行暴力报复。

往日安宁的村落现在常会发生争斗。尤其在征税问题上，富农与贫农之间彼此对立。因为税额分配不均，实力最弱的一方负担最重。家境富裕的农户宣称自己在关系着整个村落的问题上有决定权，但通常这会引发争吵，最后甚至会发展为暴力冲突。这些发生在村落内部的争斗被称为"小前骚动"，意为"小户农家的反抗"，更为严重的是"大前"也即"大户农家"的起义。这些起义由数个村庄里主要的农民组织发动，又被称为"百姓一揆"。贫农和富农都会参与，其目的是反对幕府官员或大名采取压榨性的财政措施。在一些起义过程中，贫农表现出巨大的勇气。类似起义是十分严重的问题，也证明了农业系统中的确存在基本的错误。但是，这些事件并不能说明当时的农业生产十分低效。即便在发生"一揆"期间，农业总产量也仍然在增长，人们的基本生活水平也在上升。存在失误的是坚持保守作风的幕府和大名。他们坚持在农业生产上课重税，以支付不断增长的债务。

德川吉宗同样关心城市的发展，并致力于改善江户的行政管理。火灾一直都是江户的梦魇，江户的居民甚至讽刺地称火灾为"江户之花"。吉宗在江户制定了很多防止火灾蔓延的措施，还任命有才之人担任江户的官职，选派品德高尚的人担任奉行。在《大冈政谈》中，吉宗选贤任能一事得到赞美。《大冈政谈》的主人公就是由吉宗任命的断案英明的江户奉行。

4 吉宗对科学的兴趣

现在，让我们把目光转向德川吉宗统治时期的其他方面。尽管吉宗不是学者，但他的兴趣十分广泛。他十分喜欢参加野外活动，热衷于带领他的将领们在关东平原或富士山山坡开展让人疲惫的军事演习或狩猎活动。此外，吉宗还十分关注国外的动向。1720年，吉宗放宽了禁止从中国进口书籍的政策。而在几乎一个世纪之前，出于对基督教的惧怕，早期的幕府将军颁布了这一禁令。幕府对进口书籍的管制十分严格。1695年，幕府下令要求长崎的官员销毁一本多卷本的中文书籍，原因是这套介绍北京的书籍中提到了著名传教士利玛窦的坟墓。在中国，利玛窦直到1610年去世时都在担任天文学顾问。对于进口书籍的禁令并不适用于西文书籍，因为幕府很清楚哪些专家能够阅读这些书籍。但是中文书籍有可能包含传教性质的内容，因此是很危险的。1720年，对科学很感兴趣的吉宗下达指令，允许不包含传教内容的书籍输入日本并在市面上流通。

德川吉宗尤其希望能够在日本推行一套新的可靠的历法，他本身就对此很好奇；同时，受中国传统文化的影响，日本的统治者同样认为他们需要确保自己以及政府官员能够顺时而动。和罗马人一样，中国人相信天体的力量，而占星术对于统治者及其臣民的活动有重要的影响。吉宗询问了幕府中负责天文观测的官员的一名助手，并从他那里得知京都的一位银匠中根元圭（丈右卫门）能够为制定准确的历法提供建议。吉宗于是将中根元圭召至江户，并对元圭的言论和行为十分满意。吉宗让元圭阅读一本中文书籍，元圭读后发现这本书只是对西方原版著作的中文版的摘录。于是，他向吉宗提议，如果只是因为一些中文书籍提及了与基督教或基督徒相关的内容，就愚蠢地禁止引进西文书籍的中译本，那么日本是没办法进步的。

正是基于这一原因，德川吉宗决定撤销对进口书籍的禁令。

吉宗当时对自然科学的兴趣是不同寻常的。他因此开始关注外国，并且和新井白石一样，也感觉到日本必须与外界进行交流。从当时的一些著作当中我们也可以看到，在18世纪初期，日本的不少学者已经不再满足于从偶尔到访的外国人那里了解欧洲国家的人文和科学知识了。这些外国人有的是来自出岛的荷兰商人，有的是跟随荷兰使节团来到江户的学者。

1719年，德川吉宗曾邀请一位名叫西川如见的翻译从长崎来江户。西川如见也是一位天文学学者。在纪伊的一位老练的技师的帮助下，吉宗制作了一个地球仪，他还曾用从荷兰进口的望远镜观察星空。按照吉宗的命令，一些官员被派往长崎，向当地的荷兰居民提出有关日食、潮汐、天体运动等内容的问题，但是这些荷兰人给出的答案未能让他满意。二十多年之后（1744年），吉宗下令在江户建设了一座天文台。

/ 170

通过利用类似的仪器，德川吉宗手下的专家们发现了现存历法中的错误，并开始对其进行改革。改革是在吉宗去世之后才完成的，并于1754年投入使用。当时的年号为"宝历"，意为"宝贵的年历"①。

德川吉宗乐于钻研，这促使他试图找到能够在天灾导致歉收时避免各种灾祸发生的办法。他意识到，找到一些替代食品或副食品是很有必要的。按照佛教教义，肉食是被禁止食用的，因而日本的肉类消费量很小。新鲜的鱼类则是奢侈的食材，几乎无人可以消费得起。因此，日本必须种植一些有营养的蔬菜。甘薯于

---

① 原著在这里似乎暗示"宝历"的年号与历法改革有关。但据译者考证，这一观点并无史实支撑。一说此次年号更改发生在樱町上皇和德川吉宗去世之后，同时是在一次地震之后，是为了避灾驱害。——译者注

是成为人们的选择。1732~1733 年的饥荒发生之后不久，一位名叫青木昆阳的儒学学者建议大面积种植甘薯。甘薯产自日本南部，最先自琉球传入日本。青木昆阳也因此被称为甘薯先生。就如同巧合一般，推动农业多元化的行动几乎同时出现在英格兰。一位被后世称为"芜菁·汤森"的贵族坚持要求农民们种植根茎类作物。但实际上，这两种情况只是表面相似罢了。英格兰人口少（750 万人），并有海外贸易支撑。而日本则有 3000 万人，并且实行闭关政策。当英格兰发生农业歉收时，从波罗的海附近进口的谷物可以缓解国内的压力，但这对于日本来说是不可能的。18 世纪早期的苏格兰可能和日本的情况更为相似，若借用婉转的表达，苏格兰就是"吃不饱肚子的蜘蛛捕食吃不饱肚子的飞蝇"的地方。

青木昆阳（1698~1769 年）是依德川吉宗之令学习荷兰语的几位学者之一。这一行动可谓意义非凡，因为其表明了至少在学术层面上，幕府是支持突破闭关锁国政策的，但兰学真正繁荣起来是很久之后的事情了。1741 年，吉宗下令要求昆阳学习荷兰语。昆阳直到 1758 年才完成了一部词典的编著，而此时吉宗已经去世了。这部词典虽不完善，但预示着日本对西方知识观点的兴趣将日渐浓厚，并最终在全国范围内兴起。

5　吉宗与大名

德川吉宗并不满足于对幕府进行改革，而是希望自己的改革也能够对强大的大名们产生影响。但是，在这件事情上，他遭到了意想不到的反对。德川御三家之一的尾张藩藩主德川宗春对吉宗消极保守和俭省的幕府统治表示反对，号召实行更为开放自由的治理。名古屋城下町的生活十分热闹自由。很显然，人们认为尾张比纪伊年资更高，而且吉宗的统治也过于专横。1732 年，吉宗训斥宗春不服从幕府命令，但是训斥没有任何效果。吉宗于是采取了更强硬的措施，下令软禁了宗春。1733 年，吉宗同样训斥了接任纪伊藩藩主的德川宗直，因为宗直治藩不善，致使藩内财政困难并出现了起义。

采取这些措施似乎是出于对自己的长子以及继承人德川家重的能力的担心。为了能够将将军之位传给自己的直系后代，吉宗又新创了两派德川家。一派被命名为田安家（源于江户城门之一），首任家主为吉宗的次子宗武[①]。一派被命名为一桥家（源于另一城门），首任家主为吉宗的四子宗尹。两人都在江户城内居住。

田安家、一桥家以及之后清水家的建立都是为了确保德川家对幕府将军一职的继承，以稳固并强化德川幕府的根基。新的三派德川家（御三卿）也起到了制衡御三家势力的作用，因为在当时，御三家有脱离幕府将军统领的倾向，有时甚至会公然反对幕府将军。御三卿所得的封赐比御三家要少，但是由于御三卿与将军家关系亲密，在这之后若将军无直系后嗣，其继承人通常出自御三卿而非御三家。例如，第十一代将军就出身于一桥家。[②]

1745 年，在担任幕府将军三十年之后，德川吉宗退任。直到 1751 年，他都继续居住在江户城内，担任其子家重的监护人。吉宗于 1751 年去世，享年六十八岁。

---

① 原文对德川宗武的罗马字拼写有误，应为 Munetake，而非 Munetaka。——译者注
② 在这里，译者对原文进行了更正。著者在原文中称第十一代将军德川家齐出身于田安家，但事实并非如此。——译者注

毫无疑问，德川吉宗是继家康之后最伟大的幕府将军。他被人们形容为保守甚至反动，而他也的确试图恢复德川幕府早期的统治模式。但是，在应对各种难题时，吉宗做到了理性而不偏颇，也没有受到封建统治传统的禁锢。他应对财政困难的手段是合理且积极的。即便吉宗最终失败了，那也是因为日本经济存在根本性缺陷。吉宗十分敏锐地意识到开垦农田和增加农业产量的重要性。我们也可以看到，他鼓励学术研究，并认识到某些知识的重要性，这些知识只能通过学习西方成果才能获得。吉宗也为此率先打破了闭关锁国的传统。

德川吉宗算不上受人欢迎，因为他推行的改革势必会让某一个阶级不满。他因为一些灾祸的发生而受到指责，但这些灾祸都是由不受幕府将军控制的自然因素造成的。经济危机给吉宗的晚年生活蒙上了一层阴影，在继任将军时受到民众欢迎的吉宗最终变成了坊间讽刺诗文的主角。

6　法制改革

德川吉宗在任早期，权威性的法令是不存在的。案件都是根据江户町奉行以往判案的决定来审定的。但是在1717年，一位名为大冈忠相的官员建议对法律的释义进行汇编。在忠相的坚持以及著名学者室鸠巢的建议之下，德川吉宗认同起草法律条文的观点，并在1720年下令编法。

按照此命令汇编的法令完成于1742年，名为《御定书百个条》，后经德川家齐修订成为《宽政刑典》。相较于之前的法令，《宽政刑典》中规定的刑罚更轻，并限制了酷刑的使用。该法典现存诸多版本，但有些是假的。在《德川禁令考》中，我们可以找到《宽政刑典》现存最好的文本。该刑典最初是在德川家康时期的法令基础上编成的，后来又包括二代和三代将军修订的内容。与其说是一部刑典，倒不如说它是反映幕府应对政治和社会问题的原则性文件。

第十四章　颓势渐起

1　吉宗的后继者

在德川吉宗之后，幕府先后迎来了两位软弱无能的将军。1745 年，三十五岁的德川家重继承其父吉宗的职位，成为第九代幕府将军。在家重去世后，最受吉宗宠爱的孙子德川家治继任。家治于 1760~1786 年担任第十代幕府将军，于 1786 年去世，享年六十岁。

德川家重年幼时体弱多病，在成年后被称为"小便公方"，比他体弱多病更严重的是他幼稚的行为。家重有严重的口吃，以致别人都无法听明白他的讲话。家重的话需要通过一位常伴其左右的年轻武士来翻译。这位武士名叫大冈忠光，自幼与家重一同长大。忠光成为不可或缺之人，并因此多次受到提拔。在 1751 年吉宗去世之后，忠光成为年俸两万石的侧用人，这个职位十分重要。由于家重行动生活多有不便，在他近旁服侍的侧用人就成了他的传话筒和手握重权的代理人。

尽管在身体上多有不便，德川家重的心智却是健全的，他曾撰写过一篇有关棋艺的文章。家重生性闲散浪荡，性格乖僻，因此不适合统领幕府。老中们需要依靠大冈忠光传达将军的意愿，但是这一尴尬的情况并未让他们放弃履行应有的职责。在吉宗（于 1745 年）退任后，谱代大名（包括堀田正亮和松平武元在内）在名义上代替将军统治幕府。通过巧妙地对家重施加影响，大冈忠光实际上掌握着统治者的权力。家重的无能导致大权旁落于高年资的侧用人，这一情况一直持续了数年。

1760 年，德川家重和他的侧用人去世。家重之子家治继任幕府将军。当时，家治已有四十岁。

德川家治在年少时最受吉宗喜爱。在吉宗退任后，他甚至有机会成为新任幕府将军。但是，由于吉宗不愿破坏德川将军家的继承顺序，此事也就未成。家治身体强健，但是性格优点不足。他十分聪明，却不知如何在工作中发挥聪明才智，甚至无法听为他提供建议的官员多说分秒。家治为人不修边幅，懒惰而邋遢。统治者如此无能所造成的后果远比偶尔的统治失策要严重得多。这为不择手段的野心家创造了可乘之机，而这些人也都是自私自利之徒。在家重和家治统治时期，不少事件的发生充分地说明了这一点。

吉宗去世后，幕府的统治大权落入了侧用人手中。他们负责将各种命令传达给执行机构。这些侧用人包括大冈忠光，以及广为人知的田沼意次。在纲吉任幕府将军时，柳泽吉保手握重权，侧用人的政治地位得到大幅提升。在家宣和家继在位时，间部诠房等侧用人向幕府将军提供政策建议，进而影响到幕政。因此，大冈忠光手握重权的现象并不奇怪，甚至在幕府将军多病无能的情况下是很有必要的。直到 1760 年去世，忠光都承担着若年寄的职责，并未滥用职权。①

田沼意次的情况和大冈忠光类似，但是他更有能力，意志也更为坚定。忠光终其一生都未担任要职。但是在晚年，他通过极端狡猾或非常规手段，全盘掌控了当时的政治局势。通过对忠光事业的细究，我们可以发现，吉宗去世之后，幕府统治的能力下降了，正直诚实的治国之德也败坏了。

---

① 大冈忠光一直担任若年寄到 1760 年是有待查证的。一说其在 1756 年后就已晋升为侧用人，或许已不再承担若年寄的职责。——译者注

2　田沼时代（1767~1786年）

　　田沼意次的父亲是一名效力于纪州德川家的足轻（即步兵）。当吉宗接任幕府将军并移居到江户时，意次的父亲也在一同前往江户的旗本武士当中，并受到提拔，俸禄达到了600石。意次跟随父亲到了江户。在十六岁时，意次成为德川家重的侍从。次年，意次的父亲去世，他也因此成为田沼家族的家主。1751年，吉宗去世。意次晋升为当时新任幕府将军家重的"御侧御用取次"。① 对于像意次这样出身平平的人来说，这算得上是巨大的成功了。到1760年，他已经成为继任将军家治的宠臣，并由此一路高升。他的才能得到了认可，并在晋升后的数年内成为年俸万石的大名。到1767年，意次被升为侧用人，并成为拥有居城相良城的相良藩藩主，年俸两万石。很快，他的年俸就超过5万石。

　　田沼意次升职的步伐并未停止，他希望成为权力仅次于将军的首席老中。当时，德川家出身的重臣松平武元担任此职，其地位和正派的作风一直让竞争对手们却步。但是，武元于1779年去世，这也为意次独揽大权创造了机会。

　　老中们大都无力也不愿反抗田沼意次的权威。意次很快取代松平武元成为首席老中。在接下来的十年里，意次拥有丝毫不受约束的权力。他对权力可谓贪得无厌。在由底层不断向权力顶峰攀爬的过程中，意次研究了他的上司和同僚的弱点，并从经验中学到了如何巧妙地利用他们。凭着这些本领，意次得以不断满足自己对金钱和权力的欲求。意次的侧室与家治的一位侧室是亲

---

① 　在服侍将军的职位当中，该职位仅次于"侧用人"。——译者注

戚。通过家中女眷，意次得以对将军的后宫女子施加影响。意次明白，若政策决定是在将军私房之内进行的，那么这些垂帘之后的女子也拥有决策的权力。意次小心仔细地与她们成为熟人，甚至与有些人关系亲密。他还努力让自己的情妇成为家治宠爱的侧室的朋友，并通过她贿赂了大多数侍女和地位较低的妾室。

《浚明院殿御实记》曾对田沼意次与将军德川家治的关系进行了有趣的评价。[①] 该史书认为，家治并没有完全受到意次的蛊惑，而意次也在一定程度上尊重家治的判断。但是，意次的目的并非直接对将军施加影响。他十分认同金钱的力量，并希望通过敛财来获取权力。意次的一部分财产来自收受贿赂，但主要还是通过投资高收益的产业获得的。他对自己认同贿赂一事毫不隐瞒。的确，即便在意次掌权之前，贿赂也早已是官场上司空见惯的事了。意次与其前辈们的唯一区别在于，他收受贿赂极多，而且明目张胆地行此不正之事。据说，意次甚至明言："金银是比生命更贵重的珍宝。一个极欲奉公的人甚至愿意为求职而行贿，足见他的忠心……我每天去城内工作，为国事鞠躬尽瘁，不得一刻停歇。只有当我回到家中发现厅廊内堆满了各家送来的礼物时，我才放松下来。"他的附庸们聚集在廊道上，匍匐在他的面前，给他奉上礼物。但在意次的家中，有一样重要的东西是缺失的。一位访客曾说，意次肯定已坐拥各种珍宝。但是，另一位旁观者观察到，意次家中没有任何武器或是一套沾满鲜血的盔甲。

在行贿田沼意次的人当中，既有想求得大老之职的彦根藩藩主井伊直幸（后如愿成为大老），也有想获得朝廷官衔的仙台

① 此处译者对原著进行了修正。原著认为《浚明院殿御实记》是某一位贵族的日记，但实际上浚明院是德川家治的谥号，《浚明院殿御实记》记录的是德川家治统治的历史，后被编入江户幕府的官史《德川实记》。——译者注

妇女发型与头饰（约 1760 年）

藩藩主伊达重村，甚至连行事严谨的松平定信都为了求得朝廷的四品官衔而为意次提供了一笔钱财。其他重要性略低的官职也都被明码标价。例如，两千两可以买到长崎奉行一职，一千两可以买到目付一职。在各种礼物当中，有一样尤其吸引了意次的注意力。这件礼物被装在一个大盒子里，据说是真人大小的玩偶，而打开之后其实是一位衣着华丽的年轻貌美的女子。

田沼意次并不是幕府当中唯一收受贿赂的官员，财政长官等重要官员同样是人们行贿的对象。读者或许会问，意次担任首席老中的幕府究竟是何种光景？历史记载总是侧重描述意次的种种罪行，并认为意次在世时，幕府的种种失误是由他的恶行导致的。但其实早在德川吉宗统治时期，腐败现象就开始增多。吉宗试图消灭这一恶习但未成功。因此，意次并不是幕府失误的原因，而是其具体体现。实际上意次并没有侵吞公款，反而采取积极的措施保护幕府的资金储备，并在削减幕府开支的同时，采取建设性措施增加幕府收入。在意次掌权时期，他曾鼓励开展各类重要的修缮工事，并于 1785 年派官员前往虾夷（北海道）和桦太（库页岛）考察当地的发展状况。意次还反对新井白石的建议，主张大力发展经由长崎的对外贸易，并为此鼓励国内产铜以用于出口。

田沼意次和他的家族在各个方面都十分活跃。现今的日本历史学家不再坚持传统的观点，认为意次只是一个贪得无厌的恶棍。意次掌权时间不长，他于 1767 年成为侧用人，1772 年成为老中。在家治去世后，他也在 1786 年被撤职，可谓骤然得势也骤然失势。1784 年，意次的儿子意知被佐野善左卫门（政言）刺杀。由此可见，针对意次的敌意越发强烈了。1786 年，在被撤职的同月，意次被剥夺了价值两万石的领地，并被要求在三天之内放弃自己的居所和在大阪的仓库。意次被迫隐退，并将剩余的家财传给自己的孙子。

上文对德川家重和家治统治时期（1745~1786年）的政治局势进行了介绍。接下来，我们将就民众对幕府的态度展开论述，以论证幕府威望的逐步削弱。为此，我们将对这一时期主要的政治和社会事件进行考察。

3　反幕情绪

毫无疑问，在田沼意次掌权的时代，作为行政机构的幕府已经极为低效和混乱。不少人悲叹幕府软弱，对幕府统治的稳定性提出疑问。尽管还未计划推翻幕府，有些人的确认为，恢复天皇统治的时机已经成熟，其中几位甚至为此行动起来。显然，幕府代表的武士精神正在衰落。

但需要承认的是，实施中央集权的德川幕府所拥有的权威和其压制最为独立反叛的大名的能力并没有因行政能力欠佳而减弱。尽管在处理一些次要问题时行动软弱，幕府在全国范围内还是拥有相当的实力和自我调节能力。在家康、秀忠和家光时期完成的对各大名领地的战略部署创建了一个权力制衡体系，并一直为幕府强有力的统治提供支持。大名都不敢违背来自江户的命令。若他们违背了幕府的旨意，则面临着失去藩国甚至人身自由的风险。对幕府来说，对付顽固对抗幕府的大名比镇压农民起义要容易得多。尽管存在缺陷，幕府仍旧是利维坦。需要指出的是，不论幕府的指导方针如何，许多较大的藩国被治理得井井有条。因此，尽管并非出于本意，这些藩国都为德川幕府的统治做出了贡献。

在此基础上，我们就 18 世纪人们表达反幕情绪的一些积极的方式进行论述。

在德川吉宗去世后不久，日本发生了几次反对幕府的运动。这些运动似乎是源于人们对吉宗严厉的统治方式的不满，其中最著名的是由竹内式部推崇的思想运动。竹内式部的父亲是一位乡村医师，因此严格来说，式部并不是武士阶层的成员。在离开家乡之后，式部前往京都，成为公卿德大寺公城的家臣。① 在那里，式部学习了垂加神道，同时也学习了军事学课程。很快，他开始反对幕府的统治，并主张"尊王论"。这一思想理论在 19 世纪造成了日本国内的分裂。式部坚持认为，如果朝廷认真地计划收回统治主权，那么全国上下都会支持这一行动。他的讲学吸引了不少公卿贵族，消息也传到了桃园天皇耳中，并在朝廷引起认真的讨论。但是，重要的公卿贵族都不主张与幕府发生冲突，并将式部的事情告知了京都所司代。式部很快就被逮捕了，并在 1759 年被逐出京都。

此后不久，一位名叫山县大二的军事学家被指控要推翻幕府的统治。大二的父亲是甲府的一名劳工。大二后来成为大冈忠光的家臣，工作上尽职尽责。忠光去世后，大二前往江户，并在 1760 年开始教授军事学课程。② 对于依靠武力对国家实行绝对统治的幕府来说，大二的讲学内容是很不友好的，尽管大二认同武士道精神，也支持"王道"，即天皇的统治。小幡藩大名的家老吉田玄蕃受到大二思想的吸引，并与他讨论改革藩政的必要性。

---

① 在这里，原著对德大寺公城的罗马字拼写有误，应为 Tokudaiji Kinmura，而非 Tokudaiji Kinshiro。——译者注
② 此处原著或有错误。因据译者考证，山县大二是在江户成为大冈忠光的家臣，并在忠光去世后继续留在江户。——译者注

这引起了玄蕃一些同僚的不满，他们指控玄蕃和大二意图谋反。这也引起了江户町奉行的注意。江户町奉行还听闻大二的一名弟子藤井右门曾口出狂言，公开谴责幕府行事专横霸道。在经过调查之后，他们未发现任何谋反的证据，但大二还是被判处死刑，右门被判收监。小幡藩的织田家也被削减俸禄，玄蕃和与其相关之人都受到了惩罚。竹内式部也受到审问，但是并无证据证明他与此事有关。因其未按要求离开京都，式部被流放到八丈岛。

这些事件可以表明，幕府的统治者一直都态度坚决地镇压任何支持天皇统治的行动。幕府应对这些问题的政策也反复无常，从中足见他们对此事的谨慎态度。有时幕府的处罚极重，在有必要维持国内稳定时，幕府的处罚则轻到让人难以置信。幕府并未真正认识到他们所面临的实际问题。在幕府强制要求江户到日光（家康陵墓所在地）沿途的农民服苦役之后，日本开始出现越来越多的暴乱。

4　农民起义

从江户到日光的距离约为一百英里，通常往返于两地之间的官员和朝圣者的数量都是一定的。作为"助乡"劳役制度规定的一部分，从江户到日光沿途村落的村民需要负责为官员提供马匹，并担任勤杂工。但在这次前往日光拜谒家康陵墓的计划中，幕府安排了大规模的参拜队列，包括德川家族的所有成员、公卿贵族、重要大名和他们的随从。沿途的农民被要求为经过的队列人员提供勤杂工、马匹和奢华的住所。如果不能提供马匹，农民则必须提供高昂的资金。

住所距离通往日光的道路甚远的农民也被要求服劳役。到

1764 年底，如此繁重的劳役引发了上野和武藏地区的大规模农民起义。据说，有二十万农民参与了起义，其规模与1637~1638年的岛原起义相当。从起义爆发的原因和规模可以看出，幕府丝毫不了解国内民众的情绪，也没有能力处理他们的无知所造成的局面。幕府安抚起义者的措施短时间内有一定的成效，但到了1764 年底，成千上万的农民参与的起义席卷了农村地区。农民们袭击了熊谷的粮仓，捣毁了存货。关东地区一直是德川家族的要塞和权力根基的所在地。但是为了镇压此处的暴乱，幕府几乎花了一整个月的时间。

随后，日本其他地区也发生了农民起义，这给幕府带来了很大的压力。幕府的镇压政策收效甚微，并通过设置奖金，鼓励人们揭发农民起义或大规模潜逃计划。与此同时，幕府允许起义发生地的大名向周边藩国求助，但禁止使用火器枪支。有时，一藩会向幕府隐瞒当地发生起义的情况，当地大名或其代理官员也会努力安抚农民。但这些温和的措施导致了农民的进一步反抗，大名也不得不采取暴力措施镇压起义者。一些藩国仅有有限的军事设施，因此不得不向最近的德川氏的代官求助。

1770 年，幕府发布命令，谴责农民的行为，并许诺奖励任何揭发农民起义计划之人（包括将其升为武士阶层一员）。这体现了幕府的无能和其政策的不稳定。很显然，幕府需要变革，以便将统治大权重新集中到强者手中。

第十五章 经济与科学

1 田沼改制

　　一些历史学家执着于描述田沼意次贪得无厌地收受贿赂，而忽略了他和德川吉宗一样，对日本经济做出了积极的贡献。意次的措施并非由他原创，而是在吉宗的政策基础之上有了进一步发展。在理解意次采取的行动时，我们有必要了解吉宗时期即已出现的财政形势。享保改革的特点之一即为幕府不断征用商业资产。另外，通过任命勘定方作为专管财政的幕府官员，吉宗确立了公务人员对国家财政的管控机制。

　　让人感慨的是，在都城江户，将军近侍的骄纵腐败行为十分普遍。但是在高官的社交圈之外，受到意次的鼓励，贸易和生产活动十分活跃。一种新的思想动向出现了：一些深谋远虑的人开始对封建制度的闭塞感到不满，并通过不同的方式表达了他们的看法。在鼓励工业生产的同时，意次还为新地开垦提供了资金支持，并延续了吉宗支持建设水利工程的政策，以增加灌溉土地面积。1783 年，浅间火山发生了大规模喷发。受此影响，利根川的河床抬升，大规模的防护工事成为必须完成的工作。来自江户和大阪的两位百万富翁将资助完成这一工程。在工程完工后，他们也将分到利根川沿岸大片新开垦的耕地。在意次离职后，这一工程因一系列灾祸的发生而被搁置。但是，意次最大胆的举措莫过于开拓北海道和库页岛并推动与沙俄通商一事。

　　向田沼意次提出上述政策建议的人名叫工藤平助。平助是仙台藩的一名医师，曾学习荷兰语，并对外国很感兴趣。在这一时期，沙俄的版图不断东扩，已跨越西伯利亚和堪察加半岛，延伸到千岛群岛（库里尔群岛）海岸附近。在得到大名许可的情况下，一些松前藩（北海道）的商人已经秘密地在国后岛与俄国人通商。平助从松前藩的一名浪人那里得知了这一情况，并在1783年向老中上书，描述了"赤虾夷"也即北方列岛的俄国人的情况。平助还写道，沙俄在北方的势力范围正不断扩大。与沙俄进行的非法贸易必须禁止，但是当地应谨慎地与沙俄公开进行贸易，并将所得利润用于当地开发。

田沼意次采纳了工藤平助的建议，并于1785年派财政官员带队前往当地考察。其中一队前往千岛群岛地区，另一队则负责库页岛的考察。1786年初，调查团负责人向幕府提交了一份开发整个北方地区的计划书。在这份计划书当中，调查团的负责人建议在主要岛屿上开垦1/10的土地用于农业生产。这个岛屿就是后来的北海道。

总体来说，田沼意次对经济发展做出了重要贡献。在既有的经纪商协会之外，他还新设了由江户、大阪等经济中心的新晋商人组成的行会。意次给予这些商人特权，但也对他们课以重税。随着国内生产总量的增长，这些税收是幕府的一大笔财政收入。1766年，铜矿的专卖机构在大阪成立。随后，幕府赋予铁矿、黄铜、石灰以及其他大宗生产商品的交易商（株仲间）专卖特权。幕府还向油类、棉籽和硫黄等重要商品的特别批发商（问屋）发放许可。这些批发商须向幕府缴纳税款，作为交换，他们可以保留获得的利润。类似机构数量增长的趋势十分强劲。到1785年前后，据说单在大阪就有超过一百个株仲间。

由株仲间等机构缴纳的税款被称为"运上"或"冥加"，名义上是商人自愿上缴的。如果个人接受了幕府给予的某一特权，则会向幕府提供"冥加金"，以对政府的恩赐表示感谢。"运上金"则是直接交给幕府的税金，其金额也由幕府决定。"运上金"的课税对象不仅包括商品，还包括设备设施和各类经营活动，如水车、渡船、码头和妓院，甚至连没有营业许可的妓女等秘密从业者的收入也要被课税。

幕府专门设置了征收这类税金的机构。不难想象，在一个满是作风不正的投机商和捐客的社会中，商人的特权大部分是通过行贿得来的。

2 农业疲敝

以田沼意次为代表的幕府和大阪及江户的富商之间的密切联系对幕府是有利的。商人利用私有财产，对工业生产进行投资，其所得利润的很大一部分被收入国库。在商人的投资涉及农业生产领域时，幕府并未出手干预。但是这一行为对于幕府来说并不安全，因为商人购买农产品的方式极受各个村落的厌恶。他们将收购价格定得极低，以至于大部分农民发现，他们生产的农产品越多，现金收入反而越少。这无疑是对支撑起封建社会的农民阶级的一大打击。在 18 世纪的日本，农民迅速地予以回应，反抗统治阶级给他们的不公正待遇。在德川幕府统治早期，农民起义也有发生。但到了 1704 年，农民起义已经成为农村地区的普遍现象；自 1704 年起，起义发生的频率也越来越高。18 世纪早期的一些农民起义规模很大。例如，在 1739 年，磐城的八万四千名农民发动起义，反对繁重的税赋。他们摧毁了建筑，并直逼大名居城。这些农民提出的要求得到了满足，但其他的农民起义大都失败了，参加起义的农民受到了残酷的惩罚。

另外一个有趣的案例是出羽国的上山藩发生的农民起义。连续两年的农业歉收造成了 1747 年的糟糕局面。农民的诉求得到了满足，并收到了粮米，但事情没有就此结束。在农民散去之后，起义首领很快就被施以酷刑。农民起义的情况被上报至江户后，幕府下令处死领导起义的农民。

在接下来的数十年中，类似的农民起义反复出现，并几乎都是由饥荒和疫病导致的。约有五万农民参与了久留米藩的起义，反对课税不公。起义首领受到了惩罚，一些人被处死。但是起义过后，农民反对的税赋也被取消了。前文（第四部分）也已提及，1764~1765 年的农民起义造成了武藏和上野地区的混乱。1773 年，飞弹国发生了严重的骚乱，幕府下令派遣军队并使用武器镇压。被指控为起义首领的农民受到严酷刑罚，告密的密探则受到嘉奖，被允许拥有姓氏和携带刀剑。

/ 184

1781 年，一些商人制定了丝绵的质量标准，并在武藏和上野设立了交易站，用于检测丝绵质量。在支付相当数量的银两后，丝绵的生产者可以获得一份质量证书。夏末，丝绵上市，但是以往的买家——越后屋和白木屋等主要的百货店——拒绝购入这批产品。他们不愿意以附加检测费用的价格购买丝绸，并表示将出售店里的存货。

这一决定让依靠出售生丝维持生计的农民十分愤怒。在几位首领的带领下，三千多位农民向设立检查站的商人发动攻击。农民们冲入商人的房屋并放火烧毁，之后冲向高崎城，向城主大名松平辉高请愿，要求免除检测费用。一些农民因受到城内士兵的弓箭和火器攻击而负伤，但是没有被击退。农民们派出六位年长的代表进入高崎城，并要求名声尚好的幕府代官伊能忠敬对此事做出判定。

幕府代官考虑了农民的要求，并撤除了检测站。这是农民的巨大胜利，也足以证明幕府牺牲农民的利益帮助商人的行为将会受到强有力的反抗。但不幸的是，农民面临着比商人的贪婪更大的危险。1770~1779年，接连不断的自然灾害让日本上下难以招架。1770~1771年，几乎所有藩国都连受旱灾。1772年，江户再次发生火灾，其破坏力仅次于明历大火（1657年）。同年，农田也遭受了洪灾。①

1773年，日本发生瘟疫，据说造成了将近二十万人死亡。疫情传播到日本北部的藩国，仅在仙台藩，就有三十万人病死或饿死。灾祸没有就此终结。1778年，京都和九州部分地区发生了洪灾，伊豆大岛发生火山喷发。1779年，鹿儿岛的樱岛火山也开始喷发。1783年（天明年间），日本出现饥荒。次年，雨季从春天一直持续到秋收时节。其间，浅间火山发生喷发，造成了极大的破坏。天明大饥荒几乎席卷了日本全国，并一直持续到1786~1787年。

许多人把这些灾祸的发生归罪于田沼意次和他的儿子治理无方。这些灾祸当然是由自然灾害而非政策失误引起的，但是幕府没有尽力控制粮食的价格也的确是事实。更为严重的问题是，幕府未能给予灾情严重地区以援助。即便知道在不远处有农民正在饿死，坚持实施封闭政策的大名也不允许将本藩的食物运往邻近的藩国。

一位住在下野国的武士曾这样描述当时的情况："尽管粮食短缺的程度不足以引发一场大饥荒，在日本北部地区因饥饿而丧命的人却是多得可怕。人们没有别的可以吃，只能吃马肉；马肉没有了，就只能吃猫狗。连这些也被吃光之后，大量的人被活活

---

① 按旧历，1772年为明和九年（Meiwa kunen），市民们也颇有幽默感地称此年为"迷惑"（Meiwaku）之年，意思是"愕然"之年。（但据译者查证，"迷惑"在日语中应为"令人不快或烦恼之事"，与原著的"愕然"或"吃惊"释义相去甚远）

饿死。在一些有四五十户农家的村庄，没有一个人活下来。尸体没有被掩埋，而是被野兽和鸟吃掉了，以至于没有人知道谁在什么时间死去。"

这一时期甚至还存在让人难以置信的有关人吃人的历史记录。由于日本北部藩国的农地都被充分利用到极致，气候也更为恶劣，当地经常发生饥荒。1783 年发生的饥荒持续了约五年，也是江户时期三次大饥荒之一。另外两次分别为享保大饥荒（1732~1733 年）和天保大饥馑（1832~1836 年）。

像前文提到的自私的政策使饥荒发生得更为频繁，在气候恶劣、农业收成不稳定的地区尤其如此。若饥荒波及范围广，就会造成悲剧性后果。但是由于政府不会在全国范围内应对粮食问题，即便是小规模的粮食短缺也会倾向于发展成为大问题。天明大饥荒（1783 年）就是极有说服力的例证。尽管前一年形势已十分严峻，津轻藩却仍将四十万袋粮米运往江户和大阪的米市贩卖，同时要求农民将粮米作为税赋上缴。这一冷酷无情的行为导致了藩内主要粮食的短缺。大名的家老十分警惕，并向幕府借了一万两，试图从临藩购买粮米。但是这个计划失败了，农民们手里有钱却不得不挨饿。

封建政权统治之下的农业系统未能达成其主要目的，并引发了民众的不满。早在 1733 年，江户就曾出现食物短缺引起的骚乱。但是在天明大饥荒期间，米价暴涨，江户、甲府、骏河、京都、奈良、伏见、堺市甚至连九州的城市也发生了暴乱。江户的暴乱持续了三天，使城市处于无政府状态。米商的房屋和仓库都被烧毁。人们对米商满怀怨恨，因为他们在田沼意次的庇护下，在饥荒期间买光了粮米。毫无疑问，在农业社会，（除了暴风骤雨和疫病之外）受到田沼意次支持的商业经济的快速发展给农民带来了极大的负担。①

这一时期的人口数据也可以证明上述情况。尽管这些数据并不详尽，但也足以表明在 1720 年之前的一个世纪内，人口不断增长，但在其后的一个世纪当中，人口几乎没有增长，这一现象并不容易理解。农村经济长期疲敝，其间人们有意的堕胎和杀婴行为能够在一定程度上对人口增长停滞的现象做出解释。频发于 18 世纪的饥荒和疫病则是造成这一结果的原因。

一些历史学家认为，这些灾祸的发生存在社会根源。他们认为，随着商业经济侵入乡村生活而不断变大的贫富差距和残酷的封建统治是造成这些灾祸的原因。这些观点也有道理。但是没有哪个政府能够阻止自然灾害的发生，而这些灾害正是造成农村疲敝的直接原因。

在考察 18 世纪日本人口变动情况时，需要着重指出的是，现存的统计记录都是基于不完整的数据得来的。武士阶层的人口没有被记录在内，移民或者新迁入某地的居民等大量未登记在册的人口也没有记录在案。每个藩国会统计并上报其人口数量，但是每个藩国的统计方法不同，有时也会将儿童排除在统计范围之外。受这些因素的影响，下列数据应该算是对当时日本人口变动较为合理的推算。这些数据源于 1721 年后幕府每六年进行一次的人口普查。

---

① Hugh Borton 博士在 *Transactions of the Asiatic Society of Japan* (1938 年 5 月出版) 一书中对江户时期发生的农民起义做了详尽的论述。据他估计，在这一时期的日本共发生了一千余次农民起义。新的历史证据表明，农民起义的总数或有超过 1600 次，且大多数发生于 1730 年之后。

18世纪日本人口变动情况

时间	人口（百万）	时间	人口（百万）
1721年	26.06	1768年	26.25
1726年	26.54	1774年	25.99
1732年	26.92	1780年	26.01
1744年	26.15	1786年	25.08
1750年	25.91	1792年	24.89
1756年	26.07	1798年	25.47
1762年	25.92		

在 1798 年之前，人口数量的上下波动与气候变化的同步率极高。1798 年之后，日本出现了三十年的人口稳定增长期。需要注意的是，日本的人口数量从 1780 年的 2600 万人降至 1786 年的 2500 万人，又于 1792 年降至不足 2500 万人。从这一数据变化中可以看出，在不到十年的时间内，至少有 100 万人因饥荒或疫病丧生。

3 武士生活

任何将武士阶层整体作为讨论对象的论点都是有误导性的，因为武士阶层当中既有薪金一般的普通士兵，也有俸禄优渥的将军家臣（旗本武士）。在和平年代，这些武士没有工作，从而给幕府带来了一定的社会问题。在提及 1651 年的浪人谋反计划的章节（第三章和第六章）当中，本书已经就武士失业带来的困难进行了描述。到了 18 世纪，武士阶层中的大量有识之士成为在江户或其他大名居城所在地工作的政府官员。其他武士或是在城镇里定居，依靠少量的俸禄维持生计，或是适应城市生活，开始从事与商贸相关的工作，如制作雨伞和木屐或抄写文书账本。为了获得钱财，一些武士甚至通过领养城镇平民的儿子来换取现金，而被领养的男子也可以获得武士身份。类似的交易达到了相当的规模，二十两左右可以成为一名足轻，超过一千两则可以买到更高的身份。

这一时期的文学作品，尤其是小说和戏剧，自然对那些安静地过着清贫日子的武士不感兴趣。而对放荡和喧闹之事更感兴趣，并乐于描述像田村大吉一样不守规矩个性鲜明的人物。大吉是一名旗本武士，拥有一处赌场，在那里常常发生流血事件。在被町奉行逮捕后，大吉逃出了监狱。他扮作僧人逃到了一处僻远的村庄，但还是被抓到了，并在江户被处死。还有一位武士对酒馆的侍从拔刀，却被侍从拿着铁棍击退。这位武士被判流放，不是因为其动武，而是因为其胆小懦弱。

这些故事让人觉得武士已经没有什么特权，武士阶层的权威正在衰退，但这未必是真实情况。不少真正的武士都有学者性情，作为统治阶层的一员，他们对政治也很感兴趣。这些武士继承了新儒学思想家的传统，但是在他们生活的年代，全国各地有学识的武士对现存制度的不满越发强烈。在某些学者看来，闭关锁国的政策阻碍了必要的变革。正如前文提到的，连新井白石这样保守的学者都意识到日本不能与外部世界失去联系。

另外，将甘薯引入日本的学者青木昆阳曾大力提倡学习荷兰语，这为日本进一步学习西方知识奠定了基础。在获得幕府的支持后，昆阳写过数篇有关荷兰语的文章。他将这些文章和自己对财政和时事问题的看法一并上报给将军德川吉宗，并得到了吉宗的支持。尽管他并非出身于武士阶层，只是江户一名鱼贩的儿子，但是却努力试图改善旗本武士的生活状况。遗憾的是，在这些建议被付诸实践之前，吉宗就去世了。但在这之后，他仍坚持强调这些事项的重要性，并主张应在荷兰商船每年从长崎商站到访江户时，询问其船长关于外界的情况。昆阳于 1769 年去世，享年七十二岁。

4　兰学兴起

青木昆阳推广兰学的行为受到了幕府的支持，他本人也被晋升为幕府的图书馆馆长（"书物奉行"）。但相较于他的著作，昆阳推广兰学更大的成功之处在于他对门下弟子的影响。前野良泽是中津藩的一位医师，也是昆阳弟子中的代表人物。[①] 在《兰学阶梯》一书中，大规玄泽曾高度赞扬良泽对兰学的贡献。

前野良泽受其藩大名之命前往长崎，并咨询了当地的翻译。由于翻译者无多大帮助，良泽收获不大。但是作为兰学的先驱，他对兰学的贡献是十分重要的。受中津藩大名的指示，良泽两次前往长崎。他学到了几百个荷兰词语，但是不能得心应手地应用。然而，他从长崎的译者那里获得了一些书籍，并在可获得的帮助下艰难地阅读了这些书籍。良泽写了几篇有关荷兰语以及勘测学、地理学和天文学的文章，他的朋友杉田玄白在《兰学事始》一书中曾对他的工作进行了描述。1803 年，良泽逝世，享年八十岁。

在前野良泽和杉田玄白之后，一些学者吸取了这些前辈的经验，成为更成功的兰学推广者。其中之一在前文已有提及，乃出身医学家庭的大规玄泽。平贺源内也是其中之一，甚至可以说是

---

① 译者对原著进行了修改。原著认为前野良泽是"奥平藩"的医师，但实际应为中津藩，奥平氏是中津藩的藩主。——译者注

最著名的兰学学者。曾有人这样描述这些学者生活的年代："荷兰之风吹遍岛国大地。""兰癖"一词在当时也颇为常用。兰学之风气也影响到主张实用主义的田沼意次。意次鼓励兰学的发展，与其说这是幕府的政策，倒不如说是意次的好奇心和收藏罕见之物的兴趣导致的结果。但不可否认的是，意次是一个有知识有远见的人，总是在寻求机会促进国家经济的多元化发展。

大多数受兰学吸引的人是对医学、天文学或某一学术领域感兴趣的专家。但是其中有一位学者学识渊博，涉猎广泛，他就是平贺源内。源内的影响力涉及不少领域，因此值得我们单独介绍。

5　平贺源内（1728~1779年）

平贺源内是一名足轻的儿子。作为草药学家，源内跟随父亲效忠于赞歧国高松藩的藩主松平赖恭。① 源内毫无疑问是当时最多才多艺的人，或者可以说是当时最具有才华的人。1752年，二十四岁的源内按照藩主赖恭的指示，前往长崎学习荷兰语和自然科学。赖恭收集了鱼类、鸟类、贝类、植物和珍奇石材等各种各样的标本，并将它们一一归类，注明中文、日文和荷兰文名称，附上文字描述和图画。在长崎学习期间，源内会收集各类对赖恭有用的知识信息。

平贺源内在长崎待了一年，看似漫无目地学习了一些知识，并在1753年前往江户，在田村元雄（蓝水）门下学习。源

---

① 此处译者对原著进行了修正。高松藩藩主的姓名为松平赖恭（Matsudaira Yoritaka）而非原文标注的松平赖安（Matsudaira Yoriyasu），后者为幕末至昭和初期的历史人物。——译者注

内专攻本草学，但是他和元雄都对系统研究农工业商品生产更感兴趣。对这类学问（"物产学"）的探讨有利于我们了解 18 世纪日本的社会经济观念。首先，我们有必要继续对源内的一生进行介绍。尽管只持续了短暂的时间，但日本对来自欧洲的知识和观念产生过狂热的兴趣，而源内站在了日本"近代"知识界的顶端。

平贺源内在江户从事研究等工作的同时，也收取高松藩支付的俸禄。但是，源内不想再承担家臣的职责。他向藩主赖恭申请了无限期的休假，并获得了准许。但是赖恭仍旧给予源内繁重的任务，这让他十分不满。他于是辞去原职，成为一名浪人。从这之后，他变得愤世嫉俗，并将自己的大部分才能用于创作一些具有讽刺和粗鄙意味的文学作品，或者（用化名）写作一些戏剧作品。但是源内仍旧在认真地从事研究。如在 1763 年，他出版了《物类品骘》一书；1764 年，还完成了一篇有关制作石棉布的文章。

平贺源内兴趣极为广泛。除了不断学习科学知识，他还试图用西方的方法绘画，在画作中展现光与影的对比，这在传统线条绘画中是无法实现的。源内曾向司马江汉教授油画。在此之前，江汉学习的是中国画派的画法，而在这之后，他成为享有极高声誉的西洋画法的代表画家。

1770 年，源内再次前往长崎，并在那里学会了电器组装。①在看到九州地区生产的陶器后，他向幕府建议专门生产这类陶器并用于出口。1773 年，他受大名所托写了一篇有关仙台藩铁矿

---

① 此处原著并不准确。平贺源内在长崎时购入了一台破损的静电起电机（elektriciteit），后将其带回江户，在几位工人的帮助下成功地制作了一台仿制机器。——译者注

的文章。①1774 年，源内写成《放屁论》。在这篇短文中，他表达了对当时社会的藐视，并对人们荒谬的处世方式做了评论。此时的源内已经成为一个爱发牢骚悲观厌世的人。1779 年，或是出于误解，或是出于一时狂怒，源内攻击并杀死了他的随从。随后他被捕入狱，并在数周之后死在了狱中，享年五十一岁。

由于源内去世时是戴罪之身，幕府不允许他的朋友杉田玄白为他收尸。但是玄白被允许取回源内穿过的衣物，由此为源内在浅草立了衣冠冢，并在其墓碑上刻了铭文，称源内是特别之人，喜爱特别之事，并以特别之方式终其特别之一生。但是，幕府下令毁掉了这处墓碑。

18 世纪，工农业产量有了显著增长。这样的增长有的符合自然趋势，有的则是计划所得。但是，平贺源内和其他物产学者感兴趣的是有计划地实现物产的全面增产。

在当时的日本，大多数从荷兰学到的科学知识被应用于医学研究，这尤其刺激了本草学的发展。源内等物产学者正是出于类似的考虑而鼓励增加各类产品的产量。他们认为，正如医学需要依靠药草，科学也需要依靠各类物产。这一观点是自发形成的，因为他们并不熟悉各类科学理论。在源内等物产学者的眼中，增加各类有用物产的产量是促进经济增长最好的办法。

平贺源内的同行田村元雄曾在日本各地旅行，并调查各地的副食品和药草。②1757 年，元雄在江户举办了一场重要物产

---

① 经译者查证，原著在这里提及的内容或应为平贺源内受秋田藩大名佐竹义敦所托，前往当地指导铁矿山开发一事。——译者注

② 如前文所述，田村元雄曾教授平贺源内草本学，因而也是源内的老师。——译者注

的展示会。这是日本最早的一次展览会，其成功离不开源内的大力支持。1762 年，源内自己也举办了一次展览会，展品主要是药品。在 18 世纪 60 年代，类似的展览会上陈列的物品来自三十个藩国，数量多达两千件。在 1763 年出版的《物类品骘》一书中，源内就一些最重要的展品进行了描述，并附上了注释和图画。

从这些展会和源内的论述中，我们可以看出，物产学的特殊意义在于，其预见了一种有计划的增产现象，而不是不受指导的生产。需要指出的是，支持国内工农业增产的田沼意次也支持源内研究欧洲的学问。

平贺源内主张归类万物的观点可能是受到了朱子学的启发。朱子学坚持格物致知的观点在西方引导人们走向了科学，但在东方，却需要对抗顿悟或者神意这样的宗教概念。①

---

① 参见 L. Carrington Goodrich, *A Short History of the Chinese People*（纽约，1959 年出版），第 155 页。

第十六章　宽政改革

1　松平定信（1758~1829 年）

　　一些历史学者用"改革"一词来描述 18 世纪末期德川幕府的统治，但这样用词是有误导性的。它会让人认为，一种改进后的全新的政府统治模式出现了。但实际上，这些"改革"只是重新确立了之前成功的统治模式，这一模式即为德川吉宗在享保年间（1716~1736 年）推行的幕府统治模式，但在之后因为经济原因逐渐衰败了。

　　在这之后，幕府于 1787 年进行了所谓的"宽政改革"。当年，在多次镇压市民和农民起义失败之后，幕府亟须采取更有建设性的解决措施。武力镇压在一定地域范围和时间内偶尔能够成功。但是，武士阶层中的有识之士明白，起义的发生是因为人们已经无法忍受现状，幕府必须通过和平的方式查明其中缘由，并解决问题。

　　接连不断的农业歉收导致人们已无法忍受艰难的生活现状，并直接刺激幕府在 1787 年末开始推行改革。1787 年夏初，米价暴涨到以往平均价格的 5~6 倍，饥饿的穷人愤怒地发动了起义。前面的章节（第十五章第二节）已经提及，大阪和一些小城市出现了打砸暴行。在暴乱平息之后，老中们开始考虑未来的应对策略。当年（田沼意次失势后次年），陆奥国白河藩的年轻藩主被任命为首席老中。这位大名就是松平定信。

　　松平定信是德川吉宗的孙子，也曾是田安德川家的家主。之后，定信被过继给松平家，并继承了岁入 11 万石的白河藩。受新儒学思想的影响，定信致力于改进藩政，并尤其关注振兴因接连不断的灾祸而疲敝的农村。1783 年的天明大饥荒对日本北部地区造成的灾祸尤其严重。但是，在饥荒最严重的时候，定信及时为白河藩带来了大量的粮米，白河藩也无一人因饥荒而丧命。

在1786年德川家治去世后，松平定信还在选定将军继承人一事上起到了重要作用。田沼意次和一些试图继承将军之位的德川家成员勾结起来反对定信，但是他们之间也存在分歧。在定信的支持下，一桥德川家的家齐继承了家治之位，于1787年成为第十一代幕府将军。出生于1773年的家齐此时还只是一名少年，并一直受监护到1793年。在田沼意次失宠被撤职后，定信表示希望成为老中，并上书陈述自己希望改革幕府的愿望。定信的计划得到了御三家的肯定，但是受到了大奥当中一些被意次蛊惑的年长女眷和支持意次的老中的阻挠。直到1787年夏天发生的暴乱使改革成为当务之急，这些人才同意了定信的计划。

松平定信成为首席老中，并采取了一系列补救措施，内容涉及财政管控、官员选拔和晋升，以及遏制田沼意次当政时期的行贿受贿等不正之风。年方三十岁的定信还被任命为将军辅佐，并实际上代表将军行使权力。

犯罪的官员没有被撤职，但是被要求改正自己的行为。田沼意次和他的同党很快感受到改革的威力，并受到了应有的惩罚。前任勘定奉行因玩忽职守而被罚以重金，并被降职；其他犯盗窃、腐败、挪用公款等罪行的下级官员则被流放或处死。与这些官员暗中勾结的商人也受到了类似的处罚，甚至连小商小贩和米商也被追究了责任。级别最高的幕府官员，如大老井伊直幸和老中阿部正允、水野忠友，也因为与田沼意次的关联而被免职。

在介绍完松平定信如何着手进行改革之后，接下来再介绍一下他的性格，这有助于解释他在当政时期的行为。定信十分尊崇孝道，并经常向祖先祈祷，希望家康的庇佑能够助他完成繁重

萨摩藩的舞者（约1830年）

"备前陶器"（产自美浓池田氏
治下的备前冈山藩）

行进队伍中的琉球乐师（约1830年）

佩里肖像画，由高川文筌于1854年所绘。[1]日本其他的佩里肖像画似乎均参考此画所作。该照片由东京大学史料编纂所提供

水野忠邦，于1841年成为幕府首席老中[2]

---

① 原文中所提供的画家姓名有误，应为 Takagawa Bunsen。——译者注
② 据译者考证，水野忠邦实际于1839年成为首席老中。——译者注

的幕府工作。他口齿伶俐，甚至可以说是能言善辩。他试图仿照祖父吉宗推行的改革，重塑幕府统治的基础。1788年1月，定信前往灵感岛的吉祥院祈福，表示愿意牺牲自己的寿命换取当年粮米廉价充裕，人民免受苦难。在治理白河藩时，定信已经展示出非同寻常的治理能力。此外，他十分博学，发表过数篇有关政治、经济和艺术的论文。在其中一篇论及政府本质的文章中，定信表达了平等主义的观点。例如，他认为"在烈日之下的田地中耕作的农民同样为人，绝不比生活安逸衣食无忧的大名低下"。他还认为，由大名治理的藩国不是他们的私有财产，而是属于国家。若某地出现危难，即便民众有苦不敢言，统治者也应该对他们的生活状况负责。

松平定信很有文学天赋，且笔耕不辍。为了教导后人，定信写成回忆录《宇下人言》。幸运的是，这本书被保存了下来。《宇下人言》对定信的从政生涯和个人观点进行了有趣的介绍。从书中我们可以看出，他做人坚持原则，并试图教导在自己统治之下的民众。在接下来的部分我们将会看到，定信是一个没有幽默感和想象力的人。他的反对者曾上书将军批评定信，称其虽有才华但是心胸狭隘，意图虽好却终成祸端。

2　定信之治

松平定信有着十分稳固的地位。定信的出身和公认的才能使他成为担任将军家齐的顾问的合适人选，其地位就如同辅佐将军家纲的保科正之一样。尽管定信努力做到不独断专行，并且尽力与其他老中和重要人物进行协商，但他实际上相当于代理将军。他面临着诸多问题需要解决，其中首要也是最困难的任务是通过平衡收支而非操纵货币来整顿幕府财政。

1787 年，幕府面临着国库亏空，1788 年的财政赤字看上去已经难以避免。1722~1780 年，平均财政盈余从每年二十五万两跌到了零，国库中也不再存有金银。但是在 1770 年，幕府国库内还存有三百万两金银。当了解到这一情况后，之前并不了解财政状况的老中们既惊讶又紧张。为了填补财政亏空，除了向富商借钱之外，只有一个办法可行——缩减幕府开支。在这一政策被付诸实施后，到 1793 年，幕府的财政收入已略微超过其支出。但是，幕府仍旧支出了不少巨款，用于重修在京都的大火中烧毁的皇居等。在日本，火灾每年都会造成巨额的财产损失。

为了满足这些需求，幕府于 1789 年恢复了吉宗的"上米"制度，对其内容进行了更严格的规定，并借此增加了收入。总体来说，松平定信的财政措施是消极的。他倾向于管控和节制支出，而非扩充经济总量。举例来说，幕府制定了更多严格反对开展商业活动和贷款的政策，按幕府规定须受惩处的经济行为也迅速增多。

松平定信试图杜绝奢侈的政策最直接地反映在他对中介商（"札差"）的应对办法上。札差收购武士的俸米，并向他们支付现金。札差们赚取高额的利润，是江户各类奢华场所出了名的常客。在当时挥霍金钱的人当中，他们人数最多，也最挥霍无度。在札差当中，最富有的是那些与旗本和御家人做交易的中介。他们极善讨价还价。幕府调查过这些札差，而定信的措施更是严重影响了他们的利益。他要求札差降低发放贷款的利息，并警告他们若是违背指令将会受到严惩。旗本借着这次机会，于 1795 年发起暴动，对札差施以暴行。町奉行不得不每天派人到旗本作乱的区域巡逻。这让幕府陷入了尴尬的境地，因为他们不得不惩罚这些为德川幕府效力且理应维护社会和平的武士。

松平定信无法弥补封建社会的缺陷，他需要关注的是眼前的大量问题。定信必须规范物价，以救济生活贫苦的人，也必须整顿受损的幕府财政，缓解人们的焦虑情绪。从总体上来看，定信的措施是偏保守的，他试图发挥既有机构设置的最大效用。在处理财政问题时，定信的主要目的在于减少支出，节制过去数年内疯狂的谋利行为，限制曾处于优势地位的货币经济的发展，并以土地经济取而代之。为了推行紧缩政策，定信在就职后立即下令削减未来三年的幕府财政支出，并计划在五年之内实现幕府财政收支平衡。如前文所述，在 1770 年，幕府的国库尚有三百万两黄金白银。1787 年，国库几近亏空；而到了 1790 年，幕府的国库又逐渐充盈起来。

松平定信的经济措施取得了阶段性成功。他决定推行简单的货币改革，并似乎取得了一定的成效。从 1787 年到 18 世纪末，定信在任期间，日本没有发生粮食短缺造成的社会动乱，农业丰收持续了十多年。通过监督大阪的主要米商并在必要时对他们进行严惩，定信也十分成功地应对了投机买卖的问题。在一段时间里，定信的这些政策是有效的。他同时努力平抑物价。为了应对饥荒，他还下令要求所有大名储备粮米。按定信的要求，在五年的时间内，在各藩每年收获的粮米当中，每万石中就有 50 石被储存起来。

松平定信认为，造成高物价的根本原因是生产与消费之间的失衡，而为了解决这一问题，幕府应限制商贸活动，同时通过开渠、灌溉、造林等手段鼓励农业生产。他还减免了农民须服的劳役，这些都是合理且有益的措施。与此同时，定信也犯了一个严重的错误——试图阻止农村人口向城市移动和农村人口的减少，甚至试图抑制农民生产烟草、靛蓝等农副产品。定信所推行的农业措施的成效是值得怀疑的。尽管他宣布实施种种利好措施，收税的官员在课税时却仍旧毫不留情。① 定信之治的一个特点是其试图推行的仁善政策几乎都没有被付诸实践。

1790 年，松平定信下令要求农民回到乡村。其目的在于减少江户的人口，同时增加农村人口。这一保守的政策很难说有任何成效，而且与时势背道而驰，其唯一的作用或许是让我们更清楚地了解了定信作为政治家的资质。尽管他志存高远且工作努力，但他的政策大都是纸上谈兵。他试图将日本带回家康和吉宗的年代，但在变革已不可避免的当时，他的行为实际上是倒行逆施。人们所说的"宽政改革"的确是出于幕府推行善治的意图。但从本质上来说，这段历史时期与前期的不同只是其间没有发生饥荒和灾祸而已，而幕府的良好治理得益于适宜的环境而非政策。

松平定信十分关注金融经济的动向，但很显然他没有意识到发展其他经济领域的重要性。他未采取措施鼓励工业生产或商贸活动，并似乎认为这些经济活动会导致国内物价升高，而这是他最希望避免的情况。定信还写过一篇《物价论》。幕府通过操纵用于铸币的金银来平抑物价，但是这一复杂的政策收效甚微，反倒是规范作为国家经济基础的粮米市场一事更有成效。通过制定严格的惩罚措施，幕府严禁任何试图囤积粮米的行为。

松平定信致力于推行持久有效的改革，但其制定的政策并不成功。1784~1794 年，他的政策取得了一定的成效，但很快就被淹没在历史长河中了。从直接效果来看，定信的改革是失败的。但不可否认的是，定信之治开启了幕府统治的一个新阶段，标志着人们对幕府职能的理解与以往不同了。

---

① 参见《日本经济大典》第 26 卷中柴野栗山的论述。

3 幕府与朝廷

在 17 世纪，幕府与朝廷的关系是友好的。在吉宗任将军时期，尽管吉宗对天皇谦恭有礼，却没有十分关注天皇朝廷的动向。1760 年前后，日本出现了强势的尊皇运动，这让幕府感到十分不安。1766 年，一些意图谋反之人受到了幕府的惩处。但是，秘密的尊皇活动仍在继续，其目的并非复兴天皇统治，而多是确保天皇和公卿贵族能获得合理的收入。1774 年，一些幕府官员和管事因诓骗朝廷而受到严惩。1778 年，松平定信亲自揭露了类似的侵吞公款的行为。1778 年初，一场大火烧毁了京都的大部分地区。定信随后前往京都，与朝廷商讨重建皇居之事。在日记中，定信详细记载了他在京都逗留的经历，包括他与朝廷公卿的讨论，以及他受到天皇亲切接见一事。

幕府与朝廷的关系看似友好，但在后桃园天皇退位后，就因一次有关天皇权力的纷争而迅速恶化了。1789 年，光格天皇即位后，向幕府申请为自己的生父敕封尊号。① 幕府按理说不应反对天皇如此尽孝的行为，但是松平定信明确表示他不会批准此事。朝廷与幕府之间出现了争执，此事最后也不了了之。尽管如此，朝廷对幕府的态度仍很不友好。这使定信有理由认为，一种反对江户幕府的情绪正在支配着京都。一位来自上野国的青年 ② 的尊皇热情更是助长了这种情绪。这位青年名叫高山彦九郎（正

---

① 此处译者对原著进行了修正。原著中称光格天皇为已退位的天皇申请尊号，但实际情况是，光格天皇被收为后桃园天皇的养子并继承皇位，后向幕府申请敕封自己的生父典仁亲王为上皇。——译者注

② 此处译者对原著进行了修正。原著中称高山彦九郎来自江户，但他实际上来自上野国（今群马县）。——译者注

之），他曾在三条大桥上面朝皇居遥拜天皇。

这些事在当时并不起眼，却是之后尊王派运动的重要前兆。不足百年，尊王运动就推翻了幕府，恢复了天皇的统治。

4　学界动向

松平定信坚持认为，认真求学能够提高人们的道德修养。他认为，在儒学思想的实践中，人们能够找到真正可以一扫时弊的办法。定信热衷于追求真知，并笃信儒学，因而选择儒学伦理作为其推崇的文化政策的基础。

松平定信的文化政策最重要的内容就是修缮儒学学堂（昌平坂学问所），同时取缔未得幕府批准的所有教学机构。当时，昌平学问所内部存在异见分歧，缺乏强有力的领导力量。这让定信感到十分不安。他决定改变这一混乱的局面，并首先肃清了学堂内部田沼意次的势力，任命了新的讲师。这些讲师都是当时颇有名望的朱子学学者，并赞同当时的改革学说。定信还任命林述斋为新任学堂主。林述斋出身于松平家，后被过继给林家为养子。

/ 200

学术自由在松平定信的计划当中几乎是不存在的。1790 年，幕府下令取缔除定信推崇的朱子学以外的一切学问。朱子学思想迅速传播开来，但其代价是其他学术思想的颓弊。幕府官学给其他学说带来了巨大的压力，并指控它们是异端邪说。著名哲学家荻生徂徕就是这一指控的受害者。① 从定信的这些政策当中，我

---

① 此处译者保留原文，但认为内容欠妥。荻生徂徕早在 1728 年就已去世，不可能直接受到学术迫害。但是，其对朱子学的质疑和解释促使后世学者不断对幕府的统治和封建制度提出疑问。因此，其学术思想在此时的确受到了幕府官学的压制。——译者注

们可以看出，他十分惧怕非正统的学术思想。

但松平定信并不是蒙昧主义者，也没有抱有偏见地推崇朱子学。定信的确出于政治目的试图管控和统一人们的思想，也没有理会其他学派学者的抗议。但是，他并未处罚异见者。尽管如此，在 1790 年，幕府还是下令审查部分出版物，如淫秽画作和书籍，以及讽刺幕府的作品。次年，知名喜剧作家山东京传因其作品违反了幕府规定而被处罚。更令人惊讶的是，1791 年，学者林子平因其论述海防的著作《海国兵谈》而受到幕府的惩罚。这一课题在当时具有相当重要的意义，因为日本既没有海军也没有商船舰队来支撑国家的海防。但是，《海国兵谈》的出版可谓正合时宜。在林子平被捕数月之后，来自俄国的使节团到访虾夷（今北海道）的根室。

松平定信知道林子平被捕的真相，但不认可他的观点。引发民众恐慌的行为是不明智的。颇具讽刺意味的是，在日本历史上，每当统治者为这些小事感到焦虑时，比这些异见书籍更具威胁性的对外关系问题就会出现。在北方地区，幕府亟须应对沙俄来航问题，而居住在国后岛（即离虾夷最近的千岛群岛）的阿伊努人又不停地发动叛乱。外国船只出现在日本海域的消息让幕府真正紧张起来，这已不是学术争论的时候了。有识之士的智慧应用于思考国家重大问题：幕府应当如何应对这种针对锁国政策的威胁？在定信看来，这样的现实状况已经取代改革，成为幕府首先要解决的问题。

1792 年夏天，一名俄国海军军官乘船来到根室，率正式使节团将漂流到俄国的日本人送还日本，并向江户进发，以求与日本建立外交通商关系。根室为日本领土，是虾夷的一个海港，因此按照日本法律，俄国船只无权进港停靠。松平定信下令做好岸上防御的准备，并在 1793 年视察了伊势和相模湾海岸地区。次年，定信辞去将军辅佐一职。这并不是因为定信认为自己的政策失败了，而是由于他的批评者认为日本面临的困境是由定信造成的。定信受到将军家齐的憎恶和嫉妒。家齐迫切地希望掌管幕府，并一直统治幕府到 1837 年，在任长达五十年。

德川家齐几乎未对国家的繁荣做出任何贡献。松平定信出于维护国家利益制定的种种政策都因家齐的大多数行为而失败了。在定信辞去将军辅佐一职后，家齐仍感到不满意，并将定信逐出老中的行列。这一卑劣的行为受到了定信在幕府中的竞争对手或者敌人的鼓励。

普通民众也不同情松平定信。他们厌倦了受定信任意摆布的生活，也不喜欢定信对改革的狂热态度。当时的讽刺文、歌曲和诗词借用"田沼"和"白川"两词来表达民情，称人们更喜欢泥泞的池沼（田沼，代指田沼意次），而不是清流（白川，代指松平定信）。其他言辞不至如此粗鄙的人则批评定信自负又不称职。但毫无疑问的是，定信的举措总体上结束了田沼意次造成的混乱局面，并防止或者至少推迟了幕府的衰落。定信的确是一个保守的人，不主张推行激进的变革。但是在一些日本学者看来，在田沼意次倒台后，正是得益于定信和他信任的同僚松平信明（后取代定信成为首席老中）的共同努力，幕府的统治才得以多延续了三十年。①

---

① 此处译者对原著进行了修正。原著称松平信明取代定信成为老中，但实际上，信明早已就任老中；在定信被迫辞去老中一职后，信明就代替他成为首席老中。——译者注

5 俄国的接近

俄国向亚洲东扩的历史久远，但是俄国的地理学家似乎直到 17 世纪末才对日本有了更多的了解。从荷兰的资料以及被派往堪察加半岛的探险家阿特拉索夫提供的一些描述中，俄国的地理学家获得了一部分有关日本的信息。阿特拉索夫曾向莫斯科汇报了有关千岛群岛及与其临近的日本的情况，他对日本的了解大都来自日本的漂流民传兵卫。在一次风暴导致的海难中，传兵卫和其他幸存者漂流到堪察加半岛，幸运的是，传兵卫受到了阿特拉索夫的照顾，并被他带到了莫斯科，于 1702 年觐见彼得大帝。彼得大帝对传兵卫描述的日本十分感兴趣，并于同年下令准备与日本进行接触。从那之后，俄国越发频繁地从堪察加半岛派出船队试图航行到日本。与此同时，在莫斯科，俄国人开始学习日语。

在俄国以日本为目的地的早期出航行动中，曾有一队科学家于 1721 年从鄂霍次克海出发，试图找到经千岛群岛到达日本的航路。类似的探险航行断断续续地持续到 1792 年。这一年，中尉亚当·拉克斯曼受叶卡捷琳娜二世之命，作为出访日本的使节，乘坐"叶卡捷琳娜号"由鄂霍次克海南下，经过千岛群岛到达日本，拉克斯曼的父亲是伊尔库斯克的一位自然科学教授。正是俄国人的这次到访引起了江户的警觉，并导致定信被迫匆匆辞职。

在等待江户幕府的回信时，拉克斯曼在根室受到了日本人的亲切招待。毕竟几十年来，在虾夷和临近的岛屿，日本人和俄国人早有接触且关系友好。拉克斯曼将书信送往江户，并在其中表示自己受俄国女皇之命，前往日本协商通商和居留等事项。他还将几名日本漂流民送还日本，其中一位就是著名的（大黑屋）光太夫。光太夫曾在伊尔库斯克教授日语，并得到一位教授的保护，这位教授就是拉克斯曼中尉的父亲——埃里克·拉克斯曼。

拉克斯曼的到来让松平定信感到左右为难。定信决定采用政治家最熟悉的拖延的办法来应对这一问题。拉克斯曼被告知，如果他希望从长崎入境，就必须和其他外国人一样前往长崎并申请入港。长崎是当时唯一可以停靠外国船只的港口。拉克斯曼对这一回复并不满意，于是返回了俄国。俄国对日本的兴趣还没有强烈到促使政府直接向日本施压的程度，但是俄国也没有放弃与日本建立联系的打算。几年之后，另外一艘俄国船只驶入日本海域。1804 年 10 月，沙皇派遣的使节乘坐"纳德日达号"军舰到达长崎。尼古拉·彼德罗维奇·列扎诺夫受到礼貌的招待，但是他同样遇到了数月的拖延和妨碍，未能与幕府达成任何协议。1805 年 3 月，列扎诺夫被告知江户已做出决定，要求他立即离开长崎。列扎诺夫只好照办。

/ 203

此时，江户的政局是颇为混乱的。虽然辞去了官职，松平定信作为数名重要的幕府遗老之一，仍有一定的影响力。这几位遗老当中也包括松平信明。在一段时间内，他们仍能够控制尚不熟悉幕政的将军家齐。但是到了 18 世纪，他们就失去了权威。在政局发生上述变动的同时，幕府对列扎诺夫的态度导致了日俄关系的紧张，并对幕府造成了相当的冲击。① 但是，除拒绝了俄国的要求之外，幕府采取的措施完全是消极无为的。

---

① 在注意到加利福尼亚的前景之后，列扎诺夫失去了对日本的兴趣。他希望将加利福尼亚收为俄国的领土，甚至有可能取得成功，因为西班牙殖民者只会进行无力的反抗。但是，列扎诺夫的身体状况逐渐恶化，并于 1807 年去世了。

此时的幕府已完全丧失了十年前积极能动的治理风格，这（而非荷兰方面施加的压力）是造成幕府如此消极应对俄国来航一事的原因。

在列扎诺夫之后，俄国再未试图与日本本土建立联系。但是，列扎诺夫在长崎受到的屈辱刺激了俄国人的报复心理。受到列扎诺夫的鼓励，俄国人频繁地入侵虾夷和千岛群岛。列扎诺夫到达阿拉斯加和旧金山，并准备前往萨哈林岛探险。他招募了两名俄国海军军官（赫甫斯托夫和达维多夫）为自己服务。1807年，这两名军官袭击了日本人在萨哈林岛和虾夷的居留地，并带着战利品驶向鄂霍次克海。他们留下书信表示，若日俄不能达成协议，他们还会再来袭击日本人的居留地。当然，他们无权做此声明，因为远在圣彼得堡的沙皇政府对此事毫不知情。

/ 204

如此明目张胆的袭击势必让幕府起了报复之心，人们对如何合理应对此事各执一词。日本人并不知道这两位军官无权发动攻击，并决定采取武力方式对抗俄国。日本人意识到他们必须强化边防。幕府派遣了军队驻扎在虾夷的战略要地，增援择捉岛，并强化了本州岛北部的海岸防御工事。两位俄国军官留下书信表示他们将为获得日本的回应而回到萨哈林岛和择捉岛，幕府也起草了回信，表示日本不会屈服；若俄国继续派遣船只入侵日本领土，日本将会反击。

除了这些言辞上的冲突之外，幕府的政策与之前并无大异。1811年夏天，俄国舰艇"黛安娜号"为实测船位而驶近择捉岛。船长瓦西里·戈洛夫宁无意与日本起冲突，他派一位旗手与自己一同上岸，并发现旗手与日本士兵进行了交谈。但是，戈洛夫宁并无恶意的到访让当地的日本官员起了疑心。他们很快来到海岸，询问了有关赫甫斯托夫和达维多夫的问题。在这之后不久，戈洛夫宁将船只驶向国后岛的一处港口，并在一处重兵把守的城堡附近停泊。他和几位军官上岸后与几位日本人进行了交谈，但不久之后日本一方便卸下了伪装。戈洛夫宁和他的随行人员被绑了起来，并被带到岛上的另外一个地方。他们在函馆受到了残酷的对待，并最终被监禁。他们被监禁了两年，之后幕府允许驶入函馆的"黛安娜号"将他们带走。俄国官员表示赫甫斯托夫和达维多夫违背了政府的命令，这让幕府改变了态度。俄国人还提议交换收押的俘虏。

戈洛夫宁受到了看守的尊重和喜爱。当他离开时，俄国人和日本人还在当地举办了一场节日般的欢送活动，可谓其乐融融。日本人围在曾是囚犯的戈洛夫宁身边，给他送上祝福和礼物，有的人甚至为离别流下了眼泪。当"黛安娜号"被拖引着驶出日本港口时，人群发出了巨大的欢呼声。在日本人和俄国人的接触中，像这样喜爱与恐惧之情并存的情况很常见。戈洛夫宁的到访是俄国最后一次尝试与日本在千岛群岛附近建立友好关系的努力。这次接触就如同爱情故事一般，既有争吵也有拥抱。这一事件十分重要，因为它让日本人意识到自己国家的弱势与不足，并打开了封闭的国门。

1808 年，在"黛安娜号"从王冠城启航后一年，一艘装有大炮的英国帆船驶入长崎，试图抢掠荷兰船只。当时的荷兰由法国国王统治，是英国的敌对国。这艘著名的船只是"辉腾号"，曾是"海峡无敌四舰"之一，曾在拿破仑战争中立下战功。"辉腾号"的船长见无荷兰船只可掠，便决定离开。但是在离开之前，他要求日本提供食物，否则就炮轰长崎港。长崎奉行原本打算抵抗，却发现长崎的防卫薄弱，守兵不足且无能，于是决定给"辉腾号"提供物资。入侵的船只顺着和风启航，长崎奉行却在当天晚上自尽了。

这一事件明显表明，长崎的防卫薄弱，负责守卫长崎的大名和士兵也缺乏斗志。在"辉腾号"事件后，幕府才强化了长崎港的防御。

在幕府颁布锁国令后，"黛安娜号"和"辉腾号"绝不是最早驶入日本港口的外国船只（除荷兰和中国船只）。1797~1803年，美国商船"伊莉莎号"每年都会驶入长崎。由于荷兰当时无船可用，"伊莉莎号"负责替荷兰运输货物。

在这一历史时期，欧洲的海上强国都鼓励探险家在各个大洋进行探险活动。英国海军尤其对地图绘制感兴趣，并为此目的派遣合适的船只进行和平的探测活动。布劳顿在北太平洋的航行就是出于类似目的，且毫无敌意，但是日本并不了解这一情况。1795年，幕府收到报告称布劳顿将在萨哈林岛停留一年甚至更久。他们对此十分警觉，并派官员前往萨哈林劝布劳顿离开。

在这之后，更多的英国商船出现在日本港口，进一步对幕府的锁国政策造成了冲击。1817~1818年，英国船只出现在浦贺。1824年，又有英国船只出现在常陆国的大津滨和临近萨摩藩的宝岛。在宝岛，英国水手还和岛民发生了冲突。宝岛事件后，幕府于1825年颁布了"无二念打拂令"，表示幕府在打击来袭外国船只一事上"绝无二念"。在此之前，到访日本的外国船只若只是寻求水源和燃料补给则不会受到武力驱逐。但在此之后，各地官员必须按幕府的命令驱逐一切靠近海岸的外国船只，并逮捕或斩杀任何已经上岸的船员。如此突然的政策转变实际上暴露了幕府缺乏决断力的事实。幕府早已无法制定强有力的主动性政策，而变得一味寻求安逸；甚至放弃了直接管辖虾夷的权力，并将此任务交还给了松前藩的大名。

6　禁奢之令

在日本历史上的大多数时期，人们会发现种种以推动经济发展为目的的禁奢令都必然会失败，而松平定信掌管的幕府颁布了这类法令中最愚蠢的部分。我们不知道定信是否亲自制定了这些法令，但是他为人严肃又缺乏想象力，也许的确批准了这些法令。可以肯定的是，定信习惯于干涉人们的日常生活。正因如此，到了任职后期，他失去了原本拥有的人气。

他一直试图通过常用的办法来规范和减少市民的消费。他禁止人们找理发师理发，下令逮捕市内的妓女并将她们送往吉原（江户的红灯区）滞留数年；要求市内的澡堂将男女的休息场所隔开。这些政策使市民们失去了他们喜爱的社交娱乐场所——理发店和澡堂。定信还禁止赌博，这让赌徒们失去了维持生计的办法，（据说这）让他们不得不干起了抢劫的生意。

比这些针对简单的娱乐活动的攻击更恶劣的是，统治者试图依靠特务系统来确保民众对幕府的服从。这些特务潜伏在顾客当中，并指责他们言辞不当。有的特务会收受贿赂，因此幕府必须招募更多的特务监视他们的同僚。事实上，江户和大阪各处都有特务。他们在妓院里当侍从，同时窃听各类消息。在澡堂里，特务们一丝不挂地伪装成客人，和其他普通客人一起泡澡，并会逮捕任何一个批评幕府的人。

书籍审查比吉宗时期更为严格。如前文所述，林子平因为写了一本论述海防必要性的书而被捕入狱，小说家山东京传因一本不合规的著作而受到了惩罚，浮世绘画家喜多川歌麿也因绘制"春宫画"而受到了惩罚。

　　这些在琐碎小事上压迫民众的政策或许是由幕府里好事的中层官员指定的。但是总体来看，幕府对待民众的态度还算温和。毫无疑问，统治者仍然对 1787 年发生在江户和大阪的严重暴乱记忆犹新。

第十七章 幕府衰退

1 家齐一派

在松平定信和松平信明仍有一定影响力时，幕府的决断也还算廉明。但是在1817年信明去世后，幕府内再无有权威的重臣可以制衡将军家齐和他声名狼藉的同党了。①

在这些幕臣当中，为首的是水野忠成。忠成负责制定国策，将军家齐不感兴趣的国事也都交予他处理。忠成的养父水野忠友曾是田沼意次一派之人。通过奉承将军家齐和一桥治济，以及赢得大奥女眷的欢心，忠成组建了一个实力强大的幕臣集团，并通过行贿受贿来治理幕府，其腐败程度毫不亚于田沼意次。在忠成一手遮天之时，田沼意次的儿子意正也加入了忠成一派，于1822年成为若年寄，后又担任侧用人。意正退任后，回到了远江国，继承了父亲的相良藩城。

正是在田沼意正这样的幕臣的帮助下，水野忠成才得以对将军家齐施加影响。若是他们的办法不起作用，忠成则转向依靠大奥达成自己的目的。忠成是家齐最喜爱的侧室梅的侄子。忠成的同党大都与大奥有着类似联系，有时候是因为他们将自己的女儿或侄女嫁给家齐做侧室。

大奥中女眷的数量或许可以帮助我们了解当时大奥的规模之大，以及其对公事的影响之深。据说在将军家齐的大奥中，住有四十位"侧室"和九百位"女中"（即女侍）。据说家齐有一位正妻和二十位妾室，共有五十五个孩子。将军家的公主们出嫁成

---

① 此处译者对原著进行了修正。松平信明逝世于1817年，而非原著所说的1812年。——译者注

了难事，她们的婚礼必须办得奢华无比，大名们也不得不频繁地向将军家献上丰厚的贺礼。

从当时江户市井百姓对水野忠成的嘲讽中可以得知，在普通民众看来，忠成在犯与田沼意次一样的错误。但是，将军家齐依赖忠成，忠成也就没有被撤职的危险。家齐贪恋酒色，在所有的德川幕府将军甚至所有的武士政权的统治者中最为荒淫无度。但是，他却屡受朝廷敕封，他的生父（一桥治济）还被赐予了臣民当中的最高头衔。

可以想象，许多大名效仿将军家齐，过着奢侈的生活。他们会举办花销巨大的娱乐活动，花费重金行贿和送礼，并斥巨资修建新的建筑。大名们奢侈豪华的生活作风自然而然地促进了城市中商业贸易的发展，市民的生活水平也达到了前所未有的高度。娱乐场所人山人海，戏院餐馆也挤满了顾客。城市里"恶所"①的数量暴增，甚至出现了男妓（日文称"阴间"）。据说在江户有不下四十处非法营业的娱乐场所。幕府不断发布命令取缔这些场所，但是毫无成效。

其他一些无伤大雅的娱乐活动在普通民众当中也极受欢迎。在江户，每天都有超过一万人前往戏院，这让一些儒学道德主义者感到震惊。在人口超过百万的城市里，像这样去戏院的人并不算多。但是在统治阶级看来，看戏是放纵的行为，甚至可以说是不道德的，因为这是违反禁奢令的行为，而且一些戏剧作品是对武士阶层生活的嘲弄。

尽管道德主义者提出了反对意见，普通市民却没有停下寻乐的脚步。我们很难解释为何人们的花销会突然增加，但可以肯

---

① "恶所"是指江户时期城市中的戏院等游乐场所聚集之地。——译者注

定的是，新币铸造和存款释放导致大量资金流入市场。1798 年，幕府的紧急储备金银有超过一百万两，但到了 1830 年，国库里只剩下六十五万两。这说明幕府的花销异常巨大，已到了普通收入无法支撑的程度。1822~1831 年，与之前的十年不同，幕府的财政收入略高于支出。这是通过操纵货币达成的，不可避免地造成了通货膨胀和物价上涨。此时的日本经济看似繁荣，基础却不牢固。其之所以能够持续数年，是因为当时并未出现风暴或者疫病等灾祸致使农业减产。因此，粮米和其他商品的价格虽有升高却也稳定。城市和乡村毫无发生暴乱的迹象，因此市场也未受到干扰。前景一片光明，整个国家出现了一股消费狂潮。①

/ 209

一位日本历史学家曾将这一时期人们沉溺于作乐的行为比作"在火山上狂舞"。如此轻狂的举动的确有其缘由。当时的日本无灾无祸，物价也没有大起大落，这毫无疑问地增强了人们的自信心，此时的日本可谓风调雨顺。市井生活一片安宁，农民请愿也极少发生，许多农民在货币经济的扩张过程中获得了收益。

但是，如此舒适的生活未能持续下去。历史学家口中的"火山"终于还是爆发了。在家齐统治末期（1832~1837 年），不幸的灾祸接连发生。农民起义和城市暴乱发生后，又出现了饥荒和疫病。幕府统治岌岌可危。

2　各藩情势

单是关注幕府的构成并不足以让读者了解德川幕府政治体系

---

① 在日本的历史著作中，1804~1830 年的繁荣时期被称为"文化"和"文政"时期。（"文化"和"文政"为当时的日本年号，这一时期盛行于市井之间的文化形态又被称为"化政文化"。——译者注）

琉球的男妓茶房（"阴间茶房"）

的全貌，这一体系是幕府将军与各藩共同构成的有机整体。得益于德川氏对权力的巧妙运用，这一体系得以在两百多年间运转良好，并未受到严重的挑战。

江户时期的日本共有约二百六十个藩，其中约两百个藩的规模较小，岁入不到十万石。而在这些小藩当中，一半是岁入不及三万石的实力弱小的藩，难以维持独立甚至几乎破产。只有几个藩通过精细认真的治理，做到了充分利用本藩的资源。但是从总体上看，小藩都免不了背负债务且实力薄弱，这成为孕育民怨的温床，并且经常会导致暴乱的发生。

大藩也并非没有这些问题。这些大藩背负的债务多少与其规模大小成比例，而且几乎所有的藩都要借债才能开发本藩的资源。幕府对谱代大名的政策尤其缺乏考虑，并常以政治战略需要为由将他们调往别藩。这样的调动相当耗费财力。举例来说，在幕府进行了一系列的重新安排之后，原本在日本北部白河藩任藩主的松平明矩于1741年被调离家乡，前往姬路藩担任藩主。1742年，早已负债累累的明矩试图在离开白河藩之前为移居筹措资金，但是遭到了藩内居民的反对，以致他无法离开。几年之后，藩内农业歉收，民众发起暴动，三千人直逼他的居城。①

其他被更换藩主的藩也存在类似的问题。有时起义者声势浩大，以至藩主不得不请大阪的町奉行帮忙派兵镇压，但是暴乱早已造成了巨大的破坏。外样大名的藩内则少有这些麻烦，因为幕府十分小心地避免与他们为敌。

不管藩主是谱代大名还是外样大名，规模大的藩通常经济

---

① 一说松平明矩于1741年移至姬路藩，后被第九代幕府将军家重安排接待朝鲜通信使。由于缺乏资金，他临时要求藩内民众缴税，从而导致了起义的爆发。——译者注

状况更好。这些藩能够大规模地开发藩内的资源，并在藩领范围内促进农业以及其他产业的发展。这些藩实际上可以做到自给自足，或者至少做到避免藩内出现通货膨胀。这些强藩包括萨摩、长州、加贺和尾张。

外样大名的藩国及其岁入[1]

藩国	岁入（石）
加贺藩（前田氏）	1022700
萨摩藩（岛津氏）	770000
仙台藩（伊达氏）	625600
肥后藩（细川氏）[2]	540000
筑前番（黑田氏）	520000
安芸藩（浅野氏）	426000
长州藩（毛利氏）	369000
肥前藩（锅岛氏）	357000
因幡藩（池田氏）	325000
津藩（藤岛氏）[3]	323000
备前藩（池田氏）[4]	315000

尽管小藩的谱代大名实力比不上强藩大名，这些大名以及他们的家臣为幕府提供了能够承担要职的官员人选，并且通常可以

---

[1]　各藩的岁入实际上比这些官方数据（日文称"表高"）更高。
[2]　通称熊本藩。——译者注
[3]　此处译者对原著进行了修正。藤岛氏统领的藩为津藩，包括伊势和伊贺两国，而非原著所称的"伊势藩"。津藩又称"安浓津藩"。——译者注
[4]　通称冈山藩。——译者注

世袭官位。①

随着时间的推移，各藩的情况也在发生变化，而经济发展或许是引起这些变化的最强大的力量。各藩大名不得不面对经济发展带来的新问题，但是，作为反对变革的封建社会的奠基人，他们并无能力解决这些新的问题。从本质上说，幕府将军统治之下的封建社会是极为保守的，其依靠的是严格的社会等级分化和身份地位的世袭。从理论上说，封建社会反对变革，因此会固守既存的统治体制。但是在1651年第三代将军家光去世后，维持旧政权的统治已经越来越与和平年代国家的自然发展相抵触了。

到17世纪末期，货币经济发展迅速，乡村和城市生活也随之发生变化，这是导致封建社会发生各种变化的直接原因。幕府亟须在应对这些新情况的同时，维护武士阶层的风纪。幕府出现了财政赤字，武士的生活也变得岌岌可危。

/ 212

在幕府确立后不久，上述情况就已经出现了，由家康蓄积的大量财富也因用于紧急的支出而不断减少。1720~1800年，幕府的财政政策几乎每隔十年就有变化，或是紧缩或是扩张。各大名藩内也是类似情况。

各藩大小和实力强弱各异，经济产量也不同。但是它们有一个共同点——在经济发展导致货币使用量激增的同时，各藩却面临着资金短缺的问题。除了几个强藩之外，所有其他藩都不得不与大阪和江户的中介商交易，用藩内产出的粮米换取现金，且任由中介商定价。各藩大名尽力做到藩内自足，或许只是为了能够完成参觐交代的任务，因为他们需要花费重金维护自己在江户的居所。他们不能用粮米来支付这些费用，只能将粮米换成现钱。

---

① 更多有关各藩分配和谱代大名待遇的内容，请参见本书第五章。

正是这种需求的存在加快了各藩在财政业务上使用货币的速度，并最终推动了全国范围内货币经济的发展。

因此，一藩的福利和治理状况取决于其对货币经济现状的适应程度。这从理论上讲并不困难，但实际上（史实表明）所有藩无一例外地遇到了财政困难，因为他们选择了一种简单粗暴的适应办法：借高利贷。这样的经济波动当然伴随着政治危机，但是各藩大名并没有采取积极的行动来避免这一问题。在出现内部动荡时，他们仍旧可以依靠封建道德规范和军事实力来保持稳定。尽管这种稳定已经变得越来越难以保持，但是武士阶层的地位仍然没有受到挑战。

在德川幕府统治之下的封建社会中，大名们面临的财政困难是一个固有的问题，有些甚至在幕府建立之前就已经体现得很明显了。之后，情况继续恶化。到了1700年，家康去世不足百年，入不敷出就已经变成常态。消极的紧缩政策并不是有效的。但是，治理最好的藩开垦了新地用于农业生产，并且鼓励藩民销售当地特产。而若是他们垄断了某些特产，就更幸运了。相较于增加税赋，这些措施能够更加有效地为一藩带来更多的资金收入。即便如此，这样的措施只在极少数情况下能够平衡一藩的收支。由于无法出售储备粮米，绝大多数藩需要通过借债来补足这一部分收入。

负责经销各藩产物的商人（如大阪的"藏元"和"挂屋"，江户和京都的"问屋"或"两替"）能够为大名们提供资金，大多数藩的附近也有富商愿意与藩国做交易。① 但是许多大名仍旧无法平衡一藩的收支。他们不得不采取很不体面的精简政策，减少家臣的数量，甚至会向家臣"借用"一部分他们的俸禄，并且

① 巨富鸿池善右卫门担任了至少五个藩的"挂屋"。"挂屋"通常会被当作家臣来对待，并能获得俸米。鸿池每年可以获得多达7万石的俸米。

（据说）向富农出售"苗子带刀"的特权。①

为了借到大量的贷款，大名甚至会出售下一年（以粮米上缴的）地税的留置权。"米券"也被视为一种货币在市场上流通。一些大名甚至会无凭无据地发行"米券"，尽管这一行为是违反幕府规定的，并且引发了贷款商人的慌乱与警觉。最为人熟知的是久留米藩的案例。久留米藩共发行了价值近50万石的"米券"。这些"米券"的流通极大地刺激了大阪的金融市场，但是久留米藩根本无法支付如此大量的粮米。幕府不得不出面干涉并进行担保，才平息了这种不负责的行为导致的市场混乱。

户田氏的案例能够很好地说明大名负债日渐增多的状况。1750~1772年，他们共向大阪的商人借了453贯银（约合5万盎司）。而到了1836年，这笔贷款的利息已经高达近50万盎司，仙台藩商人升屋的案例也可以说明借贷为商人带来的财富。据说在1790年，整个仙台藩都是他的，仙台藩的米也是他的。这些事迹都被记载在《升平夜话》一书当中。②

大名的一部分财政负担被转移到可怜的农民肩上，他们被要求提前支付或者上缴更多赋税。另外，他们还直接或间接地受到富商、地主、债主和粮米中间商的压榨。有时，他们无法继续忍受压力，便会发动起义。各藩大名的控制或紧或松，但是不论管控如何，农民起义（日文称"百姓一揆"）已是这一历史时期常有的事了。在中小规模藩内，起义发生得最频繁，大名也没有足够的力量来阻止不满的农民铤而走险。

/ 214

大多数藩国采取的孤立主义政策使他们落后于国家经济发展的潮流，并造成了藩内经济的萧条甚至衰退。在最好的情况

---

① "苗子带刀"是武士阶层的特权，指可以拥有姓名和携带刀剑的权利。——译者注
② 参见《经济大典》第十四卷。

下，这一政策只会造成藩内不满情绪的增长；而在极端情况下，则会导致武力冲突。最能说明封建社会政治结构脆弱性的案例莫过于强藩内部本家和分家之间的暴力争斗。我们已在前文提到了1671年发生在仙台藩（伊达氏）的内斗。18世纪初期，在日本的其他地区，同样出现了家族继承纷争转化为武力争斗的情况。

其中最广为人知的就是发生在日本最富有的地区加贺藩的争斗。加贺藩岁入超过100万石，但是这场争斗几乎击垮了加贺藩。加贺藩治理极为不善，到1703年，负债累累，连本带息所欠债务超过22000贯银（约合260万盎司）。围绕该如何应对如此沉重的债务一事，加贺藩出现了内部纷争，并引发了德川幕府统治期间前所未有的武力争斗。两个主要派阀相互斗争了三十年，即便在他们达成和解之后，加贺藩仍旧会发生暴乱。这些暴乱并不是无缘无故发生的，因为到了1767年，加贺藩的负债总额已经增至5万贯，但是加贺藩却毫无应对政策。这场内斗不过是揭露了道德败坏的官员如何进行腐朽的统治罢了。

若要完整地了解加贺藩的商业活动，则不得不提商人钱屋五兵卫参与的偷渡活动。① 他以金泽港为据点，据说在1850年前后拥有两百艘船只和300万两的资本。藩内官员一开始对他的行为睁一只眼闭一只眼，后来决定没收他所有的财产。五兵卫被收监入狱并且死在狱中，他的儿子们和经理也被迫害致死。五兵卫被指控在一次小规模的填海工程中进行了违法操作，但这一指控

---

① 此处译者对原著的观点存有疑虑。钱屋五兵卫虽出生于加贺藩，却是金泽藩的御用商人。其对金泽藩的经贸发展有着重大的影响，但是并无证据证明其活动影响了加贺藩的经贸状况。——译者注

明显是不属实的。① 至于真相究竟如何，我们已无从知晓。但是藩内的官员明显希望将五兵卫的财产收入囊中，并未顾虑理由是否得当。五兵卫的大多数商贸活动是合法的，主要包括将货物运入或运出北海道。他的事业也表明，当时人们希望与外国通商的愿望已经越来越强烈了。

钱屋五兵卫的案例十分有趣，因为它与不少历史学家的观点是相互矛盾的。这些学者认为，在19世纪上半叶，日本的富商有着相当大的政治权力。但是在五兵卫的案例当中，事实并非如此。事实上，从淀屋之后，凡是幕府不喜欢的商人都受到了幕府毫不犹豫的处罚。

与加贺藩一样，秋田藩、久留米藩、对马藩、古河藩、松山藩也遇到了类似的财政问题。松山藩的案例尤其体现了当时藩国治理不力的状况。主要家臣发起了针对大名的叛乱，以反对他的高压政策。这些政策不仅包括压榨缴纳赋税的百姓，还要求家臣也服劳役。大名过度发行"米券"，并将一藩经济逼到了崩溃的边缘，家臣们被迫变卖家产。最终通过向亲藩求助，松山藩才避免了饥荒的发生。

类似可以证明幕藩体制走向瓦解的案例还有很多。造成这一现象的原因并不明确。或许德川幕府最初三位将军设计的幕藩体制在根本上就不牢固，因为这一体制给予各大名相当的自主权来治理全国大部分地区。从理论上讲，每位大名都要宣誓效忠于幕府将军。但实际上，幕府既无积极的管理政策，也不干涉各藩内政，除非有证据表明某藩大名对幕府的利益和权威造成了威胁。在幕藩关系问题上，幕府只想做到保持和平稳定。幕府派往各藩的代理官员负责监视藩主大名，以确保幕府能够及时注意到骚动或叛乱的征

---

① 据译者考证，这一指控可算作属实。在填海过程中，钱屋五兵卫使用了石灰。虽然石灰无毒，却也造成了附近鱼类的死亡，他于是被人指控投毒。——译者注

兆，并在问题发展到需要采取极端的应对措施之前将其解决。

不论幕府的态度如何，许多藩亟须进行改革。事实上，从1750年起，各藩内政的确有所改善，但这不是因为幕府做出特别的努力，下达了改革的命令。和吉宗推行改革一样，这些行动反映了当时总体的历史趋势。改革的势头持续了一个多世纪，但最终不幸被经济萧条和灾祸打破了。通过考察一部分强藩的历史，我们可以发现，在18世纪，秋田藩、米泽藩、仙台藩、会津藩、白河藩、松代藩、尾张藩、冈山藩、安芸藩、长州藩、松江藩、肥后藩、萨摩藩和纪伊藩都尝试推行改革。并不是所有的改革都成功了，毕竟成功的改革需要依靠一藩的自然资源和理智的大名以及实际管理幕政的家臣。但总体来说，政策制定者们都颇有能力且受到了新儒学思想的启发。在大多数藩内，还有一批颇有远见的年轻武士。他们意识到自己所在的社会体系已经发展到一个关键的节点，其中一些人也做好了迎接重大历史变革的准备。下面就是一些实实在在的案例。

上杉氏居城所在地米泽的案例就在无意之中向我们展示了强藩的发展变化。米泽藩原为岁入120万石的会津藩，但在关原之战后，上杉氏被减封为岁入30万石的米泽藩藩主，之后其石高又于1664年被减为15万石。尽管如此，上杉氏和他们的家臣在生活开支上却一切照旧，使藩国财政破产。大名和家臣采取的轻率的财政政策使米泽藩的债务更重了，1755年的饥荒则导致了藩内财政状况的进一步恶化。

米泽藩的民众开始发动起义，并在城下町内引起了骚乱。米泽藩的政府十分软弱。到1764年，藩内形势十分严峻，藩主上杉重定决定将米泽藩交给幕府治理。但在岳父尾张藩大名（德川宗胜）的建议下，重定放弃了这个计划，并让位于自己的养子上杉治宪。治宪上任后，采取了一系列措施，甚至处死了反对自己的几位家老，并取得了初步成效。在他以及继任藩主的治理下，米泽藩逐渐繁荣起来。米泽藩采取了严格的管理措施促进生产，并要求武士严于律己。尽管屡受饥荒和疫病的侵袭，米泽藩的状况却证明了治宪的措施是长期有效的。1830年，上杉氏还受到幕府的嘉奖，被称为治藩有方的楷模。

秋田藩的改革措施也有相当的启发性。秋田藩的统治者致力于提高行政管理绩效，并鼓励发展纸张、陶器和纺织品的生产以及开矿等营利性产业。平贺源内还被邀请为当地开矿提供帮助和指导。这些措施都需要大量的资金支持，但是秋田藩并无积蓄，不得不向藩内的富商借钱。若能获得大量资金注入，大部分计划或许能令人满意地实施下去。但是，秋田藩期望进行的改革并未完成。1832年，日本发生了江户时期三大饥荒之一的天保大饥荒，秋田藩也遭受重创。早在1828年时，秋田藩的债务即已高达四十六万两。

/ 217

在富裕的藩当中，纪伊藩（纪州藩）和肥后藩最为突出，可谓藩中龙凤。[①] 纪伊藩由德川御三家之一掌管，肥后藩的细川氏则是当时日本实力最雄厚的武士家族之一。

在1716年吉宗进行的一系列改革之后，纪伊藩继续通过增加农业和制造业产量来改善本藩的财政状况。但是到了1760年，纪伊藩还是背负着沉重的债务。在试图增加经济总量的过程中，纪伊藩对农民和市民进行压榨，引发了严重的暴动。之后，纪伊藩试图通过大量借贷来支撑本藩的经济发展，并轻松地办成了此事。得益于临近京都和大阪的地理位置以及藩内富饶的土地，纪

---

① 严格来说，不是龙而是神兽"麒麟"。

伊藩迅速筹集到资金，并将部分资金用于发展商业，部分资金用于物质资源尤其是熊野森林的开发。1750~1800年，纪伊藩获得了巨额收益，在应对货币经济发展的问题上处于优势地位。

肥后藩的领地面积较大，包括邻近的丰后国的部分地区。到1750年时，由于在一定程度上受到了吉宗改革的影响，肥后藩已经改善了藩政。肥后藩还有一大经济优势——其生产的稻米"肥后米"是大阪米市上粮米质量的参照标准。和大多数藩一样，肥后藩在18世纪初期花销巨大，并因为内斗失去了豪商和贷款者的信任，巨商鸿池甚至辞去了肥后藩"挂屋"一职。藩主细川重贤不得不改革藩内的经济结构。在他的治理下，肥后藩成功地恢复了偿付能力，并且逐渐繁荣起来。重贤通过向农民提供贷款等措施改善了他们的生活状况，并鼓励无事可做的武士在家里从事纺织工作。这些措施都帮助重贤的改革取得了成功。

从上述藩政改革的案例中可以看到，各藩改革的政治目的在于将统治权集中到大名手中，强化大名对各个社会阶层的控制，并整顿纲纪。在经济领域，各藩的改革则致力于提高经济生产的多样化程度，并聘用专家发展矿产等既有产业。

在18世纪，各藩独立的经济政策与日本国内的经济发展趋势出现了矛盾。在这一过程中，为应对日益严重的财政困难，各藩采取了各种改革措施。从严格意义上说，这些所谓的"改革"的目的只不过是通过适应新情况来重新确立各藩强有力的统治。在完成这一任务之后，各藩的统治者才转向社会和政治方面的改革。到19世纪初，这类改革成为某些大名治藩工作的重点。

由幕府推行的所谓"天保改革"失败了，但是在同一时期，至少在一些改革推行者的眼中，一些强藩内部的改革是相当成功的。德川幕府僵化的统治结构或许是造成幕府改革失败的原因。自 18 世纪早期开始，幕府就已走向衰败。面对实力增强的各个藩国，幕府的权威也相对衰落了。

3　长州与萨摩

从历史角度看，相较于上文提到的藩国，位于西日本的外样藩——长州与萨摩——更能引起人们的兴趣。在幕府统治末期，这两个藩扮演了十分重要的角色。

长州藩包括周防国和长门国两国，曾由大内氏统治，后为毛利氏的领地。在关原之战后，长州藩的领地面积增大到原来的三倍，天保年间的实际岁入也有将近一百万石。尽管长州藩想方设法地精简财政（如克扣家老的部分俸禄等），支出却年年都在增加。富商提供的贷款有时能够平衡藩内收支，但是到了 1840 年，长州藩的负债已高达八万五千贯银。统治者试图将农民和商人的一部分收入转移到藩库当中。为了达成此目的，长州藩榨取了民众通过种植稻米获得的收益，以及他们销售纸、蜡、盐和靛青等商品所得的利润，并表示大名对这些商品拥有垄断权。

/ 219

这样的措施激怒了长州藩的农民和商人。1830~1837 年，长州藩接连发生起义，其中 1831 年的起义十分暴力，引发了长州藩内史无前例的动乱。在这之后，长州藩推行了一定的改革，但促成改革的原因并不是上述起义，而且"改革"一词也有一定的误导性。农民的生活的确艰难，但是造成这一情况的原因并不是大名治理不善，而是 1832~1836 年困扰着整个国家的自然灾害。承认这些自然因素的作用是很重要的，因为一些近代史学家倾向于从意识形态角度解释这些起义的爆发，称它们是具有革命性的。

在最简单的经济层面上，长州藩的统治者必然意识到了问题的严重性。1840 年，长州藩藩主毛利敬亲提拔了一位中层武士村田清风，命其整顿藩政。在清风的指导下，长州藩废除了对贸易的垄断权，盐、清酒、棉等其他重要商品的垄断权也被出售给商行。他还采取了其他财政措施鼓励生产，如向下层武士、农民和商人发放贷款。长州藩临近濑户内海，紧邻下关海峡这一濑户内海的入口。其充分利用这一地理优势，在所管辖海域为从越后或九州驶往大阪的货船提供停泊之地。商人们随时关注着大阪的市场动向，并相应地安排货物的运输。

长州藩内存在两股势力。保守派掌握着实权，而进步派主要由中层武士构成。但是，保守派原则上并不反对村田清风的政策。所有派阀都一致推动经济事业的发展，以增强长州藩的实力。这场运动的背后存在一股强大的推动力，那就是外样藩内长期存在的反幕情绪，而长州藩的反幕情绪尤其高涨。我们甚至可以说长州藩带起了这股反幕的风潮。但此时，长州藩和其他藩还没有推翻幕府统治的计划。长州藩统治者的目的是在最大程度上实现本藩的独立，做到既不依靠幕府也不依靠其他藩国。为了实现这一目标，他们必须最大限度地开发本藩的人力和物质资源。

长州藩进行的所谓"天保改革"并不是一场政治性或社会性运动，而是一次以增产为目的的经济规划。长州藩的经济总量持续增长，从这个角度来看，这次"改革"是成功的。尽管存在一定的内部分歧，但是从总体上看，传统的武士风纪得到了保存。

到 19 世纪中叶，无论是军备还是士兵的战斗精神，长州藩都很有优势。背负着八万五千贯银的债务，长州藩的财政状况乍看似乎并不稳健，但实际上长州藩一直拥有账外资产。其拥有一笔储备金和偿债基金，可以在必要时平衡收支。这得益于长州藩治藩有方且富有远见。长州藩的领导者也得以购入大量的近代军事装备，并在之后动荡的国内政局当中起到了决定性作用。

与长州藩类似，西日本的其他藩国也发生了重大变化，尤其是岁入七十七万石的强藩萨摩。萨摩藩十分富有，因为其既生产贵重商品，又垄断着与琉球之间的通商往来，而且与琉球的贸易收益是极高的。但是到 1820 年时，萨摩藩却背上了沉重的债务。造成如此状况的原因之一是萨摩藩需要替幕府出资建设各种公共工程，但主要原因还是萨摩藩藩主岛津重豪挥霍无度。萨摩藩的案例也表明了参觐交代的作用。这一制度既能够监视各藩大名，又能促使大名在江户居留期间保持体面的生活，并为此花费大量的钱财。

由于藩主岛津重豪生活极为奢侈，萨摩藩不得不在大阪和江户筹借了超过七万贯银，单是这笔借款的利息就比萨摩藩一年的行政费用还高。家老们敦促重豪在各方面厉行节约，却并未成功，为首的家老桦山久言也被迫自杀了。重豪隐退后，萨摩藩发生了内斗，改革成为萨摩藩的当务之急。萨摩藩的债务已经增加到五百万两，这是他们根本偿还不起的。几大贷款商都拒绝继续向萨摩藩提供贷款，萨摩藩再无能力履行幕府规定的义务；更严重的是，他们甚至无法向家臣和工人支付薪金。在江户的萨摩藩成员已连续数年未能偿还欠款，藩内也几乎没有资金可以支付往返于鹿儿岛和江户之间旅行的费用。

面对这一情况，岛津重豪起用家老调所广乡，命他对萨摩藩的财政进行彻底的改革。广乡处理问题的方式十分简单粗暴。他向大阪的债权人提议，萨摩藩分期支付五百万两欠款，每年支付两万两，分二百五十年还清。这相当于取消了萨摩藩的债务。广乡因此提议受到了债权人的奚落，于是他明确表达了武士对商人的蔑视，并撕碎烧毁了摆在面前的欠款承认书。萨摩藩宣告破产，但也终于能够不顾之前的债务，开始重新整顿财政。债权人则对此感到绝望。

萨摩藩一直从与琉球的贸易往来中收获巨额利益，但是琉球向其提供的商品既有来自中国的，也有来自亚洲其他国家的。因此严格来说，与琉球的贸易实际上是走私。萨摩藩利润最丰厚的生意是销售来自琉球和九州以南的其他岛屿的砂糖。①

在这些强藩内进行的改革绝不是开明自由的，也谈不上反封建。恰恰相反，这些改革的目的就在于强化各藩在经济和社会方面的封建统治。但是，各藩的改革也以维护其自治权为目的，因此是对幕府权威的否定。

值得注意的是，相较于萨摩藩，长州藩走在了摆脱封建主义统治的前列。这或许是因为在长州藩，民众的反抗情绪和 1831 年的起义打乱了藩主垄断贸易的计划，并推动了幕政的改革。

4　幕府内政

此时，水野忠邦的势力逐渐崛起，并成为辅佐新任将军德川家庆的主要幕臣。各藩对幕府的不满情绪已经蔓延开来，但是忠邦明白，若是控诉地位高的武士，他也将自身难保。因此，他决定逮捕几个不是很重要的人，如渡边华山和高野长英。这两人都是声望很好的武士、学识渊博的学者和真正的爱国者。华山和长英在受尽了酷刑与迫害之后分别于 1841 年和 1850 年自尽。他

---

① 萨摩藩商人十分擅长讨价还价。他们会以三合米的价格买入一斤砂糖，到了大阪再以四倍的价格卖出。

们的故事表明，幕府推行的政策引起了开明之士的强烈不满。

通过对这些学者生活的研究，我们可以发现，即便没有外国船只闯入日本，日本结束闭关锁国的状态也是大势所趋。佐久间象山（1811~1864年）和其他几位学者提出的反对锁国政策的观点或许是最有说服力的。他们认为，开国是出于满足国家经济发展的需要。以往日本发生经济危机，都是因为日本在发生饥荒时无法进口食粮。在1840年之前的一个多世纪当中，日本发生了一系列饥荒：享保大饥荒（1732~1733年）、天明大饥荒（1783~1787年）、天保大饥荒（1832~1836年）。除了这些饥荒之外，日本各地还发生了多次由区域性的洪水、干旱、疫病或虫灾导致的农业歉收。

1833年，天保大饥荒的状况进一步恶化，比天明大饥荒还要严重。在天明大饥荒之后，大多数藩国储备了粮米以备不时之需，但是现在这些储备粮只能暂时养活百姓。农民和市民都了解这种情况，并毫不迟疑地发动了大规模的暴力起义。起义从大阪扩散到日本东部、北部和西部的偏远藩国，并以棉米商人为主要攻击对象，尽管有些商人购入这些商品只是为了自家储备而非倒卖。在1836年爆发于堺市的起义中，大量的农民涌入交通干道，据说他们的队列长达二十余英里。

在18世纪，为了让灾后的社会恢复原貌，幕府进行了几次"改革"。这些改革一直延续到19世纪。1839年，水野忠邦成为首席老中，并在之后推行了"天保改革"。① 这也是幕府一系列"改革"中的最后一次。

在备受诟病的将军家齐在世时，水野忠邦无法独立采取任何

---

① 此处译者对原著进行了修改。水野忠邦被任命为首席老中的时间为1839年，
　　而非1841年。——译者注

行动。但是，为了将来能够身居高位，他发奋学习，并把松平定信作为榜样。一开始，忠邦晋升缓慢，不得不采取行贿的手段。但在1841年将军家齐去世后，忠邦终于获得了机会。早已在名义上继承将军之位的家庆正式执掌幕府。但实际上在1841~1853年，家庆也不过是名义上的统治者，各类问题的处理大都由忠邦完成。

水野忠邦面临着十分艰难的时局。不管原因是饥荒还是恶政，19世纪初期的城市动荡不安。市民频频发起暴动，规模程度都不亚于农民起义。事实上，人们或许很难将市民暴动和农民起义区分开来，因为不少市民是从废弃的村落逃到城市的难民，短工、小店主和无业游民也加入了暴动的行列。在十多个大城市里，他们砸毁了放贷人和富商们的房屋。1837年，大阪发生了由大盐平八郎组织的暴动。此事值得我们进行细解，因为它反映了全国范围内人们对幕府及其官员的反抗。

大盐平八郎是一名学者，同时也在大阪町奉行手下担任警察之职。为帮助贫民，平八郎售卖自己的著作，并和一些朋友计划组织一场反对大阪町奉行的大规模示威活动。大阪町奉行的冷漠无情让平八郎感到十分愤怒。平八郎等人计划在大阪市内纵火，并且袭击富商的房屋。他们毁掉了一些建筑，取得了一定的成功。但是大阪的官员听说了他们的计划，并派出大阪城的驻军镇压。驻军与暴乱者发生了激烈的冲突，最终暴乱者败下阵来。持续两天的暴乱导致了数千间房屋被烧毁。失败后，平八郎逃往农村，但是过了几天又回到了大阪。警察发现了平八郎的藏身之处。但是，平八郎以自己为诱饵骗警察上门逮捕，纵火将他们困住后自尽身亡。

大阪城乃是德川幕府管辖地内最宏伟的城堡之一，但是大阪的主事官员却未能阻止这场暴动的发生。这在民众看来实在是可笑。他们纷纷嘲讽大阪的官员，尤其是率领军队与平八郎作战的两位大阪町奉行。他们本来骑在马上，但因为马匹受到枪炮声的惊吓，其从马背上摔了下来。这次起义的消息以及幕臣的种种丑事在全日本传开，刺激了其他城市类似暴动的发生。由于缺乏全国性的起义计划，这些行动很快就结束了。但是，主张变革的爱国人士也看清了幕府的无能，市民们也记住了统治者的愚蠢和荒谬。

在大盐平八郎发布的宣言中，他曾提到米价高涨的问题，也提到官员们对百姓的压迫。这些官员总习惯于诉诸武力，而不尝试劝服民众。他还指出，粮米都被运往江户，而没有运往天皇所在的京都，大阪人也被迫挨饿。另外值得注意的是，大部分和平八郎一样主张改革的人都是阳明学者，他们支持独立思考，而这让推崇官学的儒学者很是不悦。

日本其他地区的改革派也纷纷效仿大盐平八郎发动起义，其中最著名的是生田万在新潟附近发动的起义。生田万是平田笃胤的学生，而笃胤十分喜爱洋学。[①] 生田万组织的起义发生于1837年，正值饥荒蔓延之时。

水野忠邦推行"天保改革"之前，在一些重要的藩国，大名们已经对藩政进行改革。这些改革并非针对幕府，而是源于各藩中层武士们施加的压力，他们对老一辈家臣们制定的政策感到不满。在这些"志士"当中，藤田东湖（1806~1855年）可以算是最好也最早的个例之一，他效力于水户藩藩主德川齐昭。齐昭很有远见，从1832年起，他就在东湖以及其他藩臣的建议之下改革藩政。据说，水野忠邦推行的幕府改革的部分措施也是由齐

---

① 有关平田笃胤的介绍，参见 Donald Keene 的 *The Japanese Discovery of Europe* 一书（伦敦，1952 年出版）。

昭建议的。与此同时，萨摩藩、长州藩、备前藩和土佐藩等外样强藩的大名也进行了类似改革。和幕府一样，这些藩也对时政和外交警惕起来。①

这些改革具有一定的政治性，主要涉及经济而非社会领域。其目的在于巩固既有传统，也未放松对各藩的控制。其中的经济措施意在减少开支，民众的赋税和其他负担也有增无减。但是这些政策的落实是由像藤田东湖一样的人负责的。在他们看来，只有国家内部稳定，政府坚定有力，日本才可能抵御外部的威胁。这实际上是在批评幕府，同时号召各藩认同像他们这样的"志士"，进行开明的统治。

水野忠邦并不反感藤田东湖一派的看法，但是他无法忍受德川齐昭对他们的公开支持。这相当于德川幕府受到了德川御三家之一的攻击。于是在1844年，幕府下令要求齐昭隐居。

在改革派关注幕府治理问题的同时，水野忠邦面临着更紧迫且实际的问题。起初他晋升缓慢；但1841年，六十九岁的家齐去世，忠邦也终于抓住了机会。鸦片战争中英国炮舰轻松取胜一事让他颇受震动。在写给自己朋友的书信中，忠邦曾提及，日本应该从中吸取教训，并考虑受外国船舰攻击的可能性。为了能够应对类似的威胁，幕府必须巩固自己的统治。"天保改革"正是忠邦出于上述考虑而决定推行的。

水野忠邦整顿了将军的近侍以及大奥，遣散了总共将近一千人，这些改革措施都是以将军家庆的名义推行的。相较于之前的改革，这些措施更为严格，针对城市生活的规定则尤其苛刻。和

---

① 有关土佐藩在幕府末期起到的重要作用，请参考马里厄尔·詹逊（Marius Jansen）的《坂本龙马与明治维新》（*Sakamoto Ryoma and the Meiji Restoration*）一书（普林斯顿，1961年出版）。

大部分改革一样，忠邦首先规定要厉行节约。当然，人们也如往常一样违反了这些禁奢令。这些政令大都十分荒唐。例如，梳发行为受到禁止，理发师若被发现提供服务会被收监关押一百天，顾客则要戴上手铐被软禁在家。当然，忠邦只是负责制定大概的禁令，其具体细节则是由町奉行鸟居耀藏等人按照自己的想法规定的。鸟居耀藏为人阴险，厌恶外国人和外国学问。他在城市中安排了眼线，极受市民诟病。人们将他比作毒蛇恶魔，倒也不算偏颇。不少美味佳肴也被禁止食用，甚至连将军家庆也失去了几样他最喜爱的菜品。

水野忠邦治理小藩的经验似乎并未让他做好管理整个国家的准备。他曾是唐津藩和滨松藩藩主，但是却不了解城乡社会之间的复杂关系。他的第一个失误就是试图将涌入城市的农民赶回原来的村落，但这些村民是从发生饥荒的地区（尤其是日本北部地区）逃难出来的。他试图管控贸易，但是这一政策非但没有平抑物价，反而造成了相反的结果。他还试图解散商行（株仲间）以打破垄断，但是受到了大批发商的强烈反对，最后不得不放弃这一计划。他推行的政策都十分极端，并严重地干扰了市场的运行，导致物价飞涨、商品短缺。忠邦实施的类似举措激起了民众的愤怒，他们攻击了忠邦的官邸。忠邦名誉尽失，并在1844年被迫辞职。

水野忠邦不应为这次改革的失败负责。政界和财界的既得利益者都反对他。我们有必要公正地考虑当时的政治局势，并在此基础上考察他废止某些恶习的措施。幕府对某些富商以及他们与政界的瓜葛进行了调查，忠邦也是被调查对象之一。这些调查文书明显地反映了上述情况。

后藤三右卫门的案例最让人震惊。他的一生足以证明水野忠邦推行节约的政策是很有必要的。三右卫门被捕后被带到评定所接受审判。幕府在对三右卫门家进行搜查时发现，他拥有大量的黄金白银，且除妻子和孩子之外还有六位侧室、二十位女仆和三十二位男仆。三右卫门本是农民的儿子，年轻时来到江户，起初做些粗活，后来在 1820 年找到了一份造币厂的工作。从这之后，他一夜暴富，其中缘由也可想而知。他的兄长是中间商，也赚到了一大笔钱。

像后藤三右卫门这样的商人属于鸟居耀藏一派，与水野忠邦没有关系。但在这些事情定案之后，幕府的调查转向了忠邦一派。评定所认为，忠邦任职期间的罪行必须受到惩罚。忠邦的俸禄和房屋都被没收，仅有一小笔钱财可以支撑他软禁在家时的吃穿用度。但是，评定所并未给忠邦明确定罪，因为对他的审判并不是依照法律做出的，而是政治性措施。

次年（1845 年），鸟居耀藏也被弹劾，他被指控犯有数罪，包括泄露幕府机密。很显然，耀藏犯有贪污的不忠之罪。他还天生仇视外国，导致渡边华山和高野长英入狱身亡。评定所审判了耀藏，认为他应受重罚，但最终决定宽大处理，判了他流放之刑。

第十八章　日本开国

1　外船来航

　　在之前的章节中，我们已经看到，受外国船员上岸寻求水源和燃料之事的刺激，幕府于 1825 年向所有沿海藩国的大名下令，要求他们用枪炮驱逐靠近海岸的外国船只，并逮捕和处死任何上岸的外国船员。但是，这一命令并未阻止外国船只到访日本港口。它们有时是将日本的漂流民送回国，有时是为了通商。1837 年，美国传教士的非武装小型商船"莫里森号"在浦贺受到日本炮击。当"莫里森号"试图将船上的日本漂流民送上岸时，又受到了萨摩藩的炮击，没有人在此次事件中受伤。在日本国内，幕府因此事受到批判，因为人们担心这一行为会引发来自强大的外国船舰的报复。幕府于是放宽了对打击外国船只的要求。1842 年，各地大名甚至被幕府要求向外国船只提供食物和燃料，并"建议"这些船只离开。

　　外国船只自然不受欢迎，但也没有再被拒绝入港。1845 年，"三宝垄号"（一艘勘探船）驶入长崎港。据船上的士官回忆，他们受到了"日本绅士们"的友好接待。在鸦片战争的消息传到日本后，日本十分惧怕英国的船只。中国战败且签订了《南京条约》（1842 年），被迫开放广州等港口与外国通商，这让幕府十分惊恐。他们匆忙地巩固海岸防御，并强化沿岸驻防军的作战能力。两队步兵和炮兵还接受了西式训练，且装备了西式武器。

　　1844 年，荷兰国王给日本寄送书信，向幕府详细地介绍了当时的国际政治局势，并建议幕府放弃锁国政策，但是幕府十分固执。1848 年，一艘法国军舰到达琉球。法国船长向琉球国王建议两国签订条约，并带了一位传教士上岸。这艘法国军舰没有像"三宝垄号"一样受到礼遇。法国船长的行为让幕府深感不悦，但是由于琉球受到萨摩藩藩主的控制，此事便交给萨摩藩处理了。萨摩藩藩主急欲与外国通商，因此或许与法国达成了协议。但是他仅做了一笔买卖，那就是购买枪支和机械设备并要求法国将此运往琉球。这一行为明显违反了1639年的锁国令，破坏了幕府确立的闭关锁国体制，也表明了幕府的软弱。

2　锁国之本质

针对外国施加压力要求进入日本国境一事，幕府的应对态度促使我们思考亚洲国家锁国政策的本质。受朱子新儒学思想的影响，幕府高官决定和明朝一样，采取闭关锁国政策。毫无疑问，在幕府建立之后的一个世纪中，朱子学大多数时候都在将军幕臣制定国策的过程中起到了重要作用。但是，明朝的先例只是幕府在1639年出台锁国政策的原因之一。

明朝从未奉行全面的锁国政策，也从未完全与世隔绝。明朝陆地疆界和海岸线绵长，因此难以做到全面锁国。中国也从未切断与外国的联系，而是一直通过贸易或朝贡，与外国保持着常规但有限的联系。中国在陆上与中亚和东南亚地区的国家保持往来，并且（在1689年《尼布楚条约》签订之后）允许与俄国通商，俄国的宗教团体也可以在北京停留。

在1405~1433年的大规模远洋航行之后，明朝的确转入了封闭国门的状态，下令禁止本国臣民出国或与外国人交流。乍看之下，这一政策似乎和幕府在1640年制定的锁国政策一样严格，但实际上，这些禁令并未被严格遵守。关闭陆上边境本就是不可能的事，而且于中国也无益。在沿海各省，在地方官员的默许之下，出海禁令也常被人无视，这造成了偷渡和海盗的出现。但是在日本，幕府和各藩严格执行锁国令，既禁止本国人移居外国，也禁止外国人入境。

很显然，日本的锁国政策之所以如此奏效，不仅因为日本是一个岛国，还因为强有力的中央政府决心捍卫其体制结构，并抗拒基督教传教活动。在德川幕府的统治者看来，这些传教活动和西班牙与葡萄牙的入侵计划是密不可分的。

乍看之下，奉行锁国政策的国家似乎都是交通不便之地，要么是远离大陆的岛屿，要么像尼泊尔一样地处深山之中。但是，不论是大国还是小国都十分觊觎这些地方，并且尝试限制外国人进入本国。东南亚地区的不少国家和朝鲜都是如此。朝鲜推行锁国政策，但又不想把在知识阶层占据主流地位的中国文化拒之门外。13 世纪时，蒙古曾统治朝鲜；16 世纪时，朝鲜又受到日本的入侵，这些足以解释朝鲜为何会有政治孤立倾向。在德川幕府统治时期，朝鲜定期向日本派遣使节团，也是出于保护本国的需要。这些使节团都受到幕府隆重的接待。

3　开国之呼声

尽管来自西方国家的压力是幕府逐渐放宽锁国政策的原因之一，与此同样重要的内部原因也是存在的。国内的压力主要来自学者，因为他们最希望与外国的知识分子进行自由的交流，并且获取西方的知识，尤其是科学知识。早在 18 世纪，兰学的盛行就已催生了一批渴望日本开国的学者，因为他们热衷于医学，对天文学等其他科学知识也很感兴趣。从 1691 年的肯普法到西博尔德（1823~1829 年留居日本），每一位因受雇于出岛的荷兰工厂而到访日本的外国学者都面临着求知若渴的日本人的追问。

到了 19 世纪初期，越来越多的人开始接触兰学，而且他们的学习热情很是高涨。儒学学者对此感到惊恐，并且秘密谋划反对这些推崇新学的学者，指责他们意图谋反。统治者自然倾向于怀疑主张变革之人意图不轨。一些兰学学者曾公开批评幕府无知无能，并因此被处死，为他们的勇气付出了生命的代价。

在率先将科学知识引进日本的学者当中，有一位名叫佐久间象山（1811~1864 年）的著名学者。象山是日本北部一藩的武士，致力于研究包括射击学在内的军事科学知识。最晚从 1841 年起，他就已经详细地研究国家安全问题，并提交了一份有关海岸防卫的建议书。这说明象山一类人已经对日本虚弱的国力深感担忧。象山最初也支持锁国政策，但之后逐渐转为称赞西方人对宇宙真知的探索，并最终相信国际社会的存在。他因为违反锁国令而被捕入狱，并一直在牢狱中待到 1862 年。出狱后不久，象山就被狂热的攘夷分子杀害了。

其他反对锁国的有身份的人，尤其是结成学社的一批学者，则因公开发表意见而受到幕府的惩罚。这批学者出版了一本广为传阅的小册子，被幕府看作具有煽动性的刊物。1838 年，"恶魔"鸟居耀藏建议逮捕这些学者，并给他们定了莫须有的罪名。幕府的首席老中水野忠邦起初有些迟疑，因为他知道这些学者与强藩水户藩和萨摩藩甚至幕府内部的重要人士都有联系。但最终，忠邦还是决定采取严厉的处罚措施。

这次的受害人之一是前文已经提到的渡边登（笔名华山）。渡边华山博学多才，既是诗人又是画家，同时也是带头支持学习外国知识的学者。他以莫须有的罪名被收监，并被判处死刑。但是在 1840 年，他免于死罪，减刑为终身软禁。1841 年，华山自杀身亡。

强藩的政治和经济越来越独立，这自然削弱了幕府的权威。幕府也难以制定统一的国家政策来处理内政外交事务。与此同时，各藩虽未能紧跟各大城市的文化潮流，却也受到了影响。洋学开始渗透到各藩的知识界，并在舆论的形成过程中起到了重要作用。例如，幕府制定防卫政策时大都借鉴了外国的经验，大名们也纷纷效仿。萨摩、平户等藩的大名还被人称有"兰癖"，他们的治藩风格也有一定的外国特点。

上述发展变化并不是此时突然出现的。前文已经提及，早在半个多世纪以前，前野良泽和杉田玄白等学者就已经在他们的藩国担任要职了。五十多个先进的藩国设有学校教授西方医学和军事学知识，尤其是射击学。受外国侵略的危险似乎日渐升级，这些学问也随之变得更为重要。

4　锁国之终结

19 世纪上半期，欧美列强正在大规模地向海外扩张。值得注意的是，以旧金山为基地的船只在北太平洋的捕鲸活动日渐频繁。也正是这些船只会靠近日本海岸，并进港停泊，寻求补给。19 世纪 40 年代，这些捕鲸船船员受到恶劣对待的消息传到了美国。

1845 年，为扩展美国在太平洋的贸易范围和保护遭遇海难的船员，詹姆斯·贝特尔将军受美国政府之命，率领两艘战舰进入江户湾，向幕府提出通商的请求。幕府对此表示了拒绝，贝特尔随后撤离了江户湾。很显然，幕府必须做好准备，以应对外国政府破坏日本的锁国体制并要求通商的问题。但是直到 1853 年

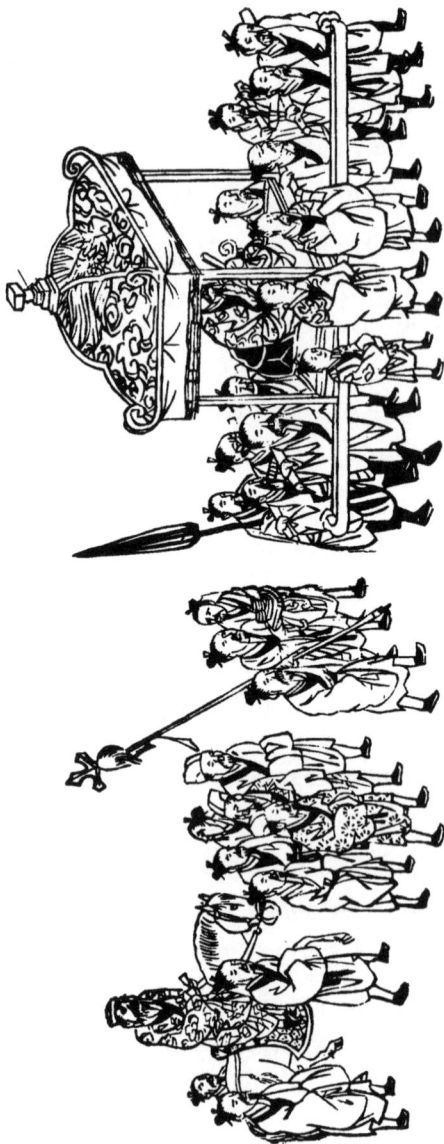

从琉球前往住萨摩藩的使团

（7月8日）马休·佩里将军率四艘军舰出现在浦贺港，事态才真正变得严峻起来。幕府收到了从琉球传来的消息，为佩里的到来做好了准备。佩里在 1853 年 5 月 26 日首先到达琉球，并实际控制了琉球数周。

佩里的任务很简单。他带有美国总统的书信，并在自己亲笔书写的声明中表示，美国政府的意图是友好的，但坚决要求日本善待遇险的美国船员，并为美国船只的航行和贸易提供便利。他并未威胁幕府，但进行了一定的暗示。佩里表示他将会在一年之后率领更大的一支舰队再次来访，并期待幕府能够做出好的答复。佩里对舰队的部署是相当有战略性的，因为幕府所在地江户既易受到炮击，也可以被轻易地封锁起来，可谓不堪一击。在江户所需要的粮食中，很大一部分是从大阪经海路运输的，敌国可以轻易地切断这条海上运输航线。①

幕府是清楚这些危险的。1854 年 2 月，佩里率领一支更强大的舰队返回日本。虽然幕府的代表对谈判一事推诿拖延，佩里最终还是轻松地与日本签订了协议。佩里虽然有些自负傲慢，却也是能力出众、意志坚定的谈判专家。3 月 31 日，幕府与美国在神奈川签订条约。条约规定，日本开放两处港口（伊豆的下田和虾夷的函馆）用于通商，并允许美国在日本设立领事馆。随后，幕府与英国（1854 年 10 月）、俄国（1855 年 2 月）、荷兰（1855 年 11 月）签订了类似的条约。

在幕府与佩里谈判的过程中，上岸的美国海军军官发现，他们遇到的乡下人都和善友好，并对他们这些奇怪的访客很感兴趣。承担守卫职责的武士对他们怒目而视，但除此以外，他们基本上

---

① 实际上在佩里停靠在浦贺港的十天内，从大阪前往京都的粮米运输就中断了。其原因并不是真实存在的危险，而是人们的畏惧。

没有遇到不愉快的事情，也未感受到明显的排外情绪。在谈判的间隙，幕府的谈判代表十分和善。美国使节团为日本带来了礼物，其中有几瓶烈酒。有时几杯酒下肚，幕府的代表便会活跃起来。但最让幕府代表感兴趣的是机器设备和致命武器，尤其是左轮手枪。在佩里来访之后，幕府迅速加强了品川等战略要地的防卫。

可以想象，各地对于幕府的政策有着不同的政治性反应。但从总体上看，不论是幕府还是各个先进的藩国都意识到推广洋学的必要性。1855 年，幕府率先（在江户九段下）开设了"洋学所"，并于 1856 年在江户开设了专门学习外国书籍的机构——蕃书调所。① 调所的老师并非出自幕府领地，而多来自已经组织学习洋学的藩国。在这一时期，村塾（寺子屋）的数量不断增加，规模也在扩大。在大多数藩内，初等教育的普及率上升。这离不开各藩家臣的支持，但发起者主要还是村民。

也正是在这一历史时期，面对史无前例的变局，幕府感到不仅有必要同御三家和外样大名协商国是，还应听取谱代大名和旗本的意见。这一变化表明，在同各大名的关系上，幕府已处于弱势。更值得关注的是，幕府开始向朝廷汇报时事，并向朝廷寻求指导和建议。这一行为具有非同寻常的历史意义，因为这表明武士阶层对天皇的态度发生了转变。一个世纪之前，山县大二等人在京都宣扬为天皇尽忠的思想，就是上述变革的先兆。

在许多藩内，类似的"勤皇"或"尊皇"思想成为主流。② 各藩志士主张勤皇和尊皇，一则为了终结幕府的统治，二则为自己在藩内的反抗行动正名。在幕府统治末期，尊皇论的历史作用十分重要。因此，我们有必要在此重新梳理一下朝幕关系的

① 蕃书调所不仅教授洋学，还负责翻译外交文件。——译者注
② 此处原著对"勤皇"的罗马字标注有误，应为 Kinno，而非 Shinno。——译者注

历史。

人们或许会问，既然天皇的存续全须倚靠幕府，幕府将军为何没有废除天皇。历史对此给出了答案。1198 年，源赖朝逼迫后鸟羽天皇退位。但在 1221 年，后鸟羽天皇宣布讨伐当时执政的北条氏。后鸟羽天皇最终失败并被流放，而得到北条氏认可的新天皇继承了皇位。在击败镰仓幕府后，足利尊氏手下的一些将领曾提议废除天皇。尊氏虽然毫不迟疑地监禁并流放了后醍醐天皇，但认为保留皇室仍是明智之举。在之后的南北朝对立时期，足利幕府的将军尽管有时对天皇不够尊重，但也一直承认天皇的地位，并宣称幕府的统治权来自天皇。①

织田信长对天皇更是尊崇有加。不论是出征还是制定民事政策，信长都十分慎重地表示自己乃是代天皇行事。1581 年，在天皇的要求之下，信长停止了对高野山的军事进攻。丰臣秀吉也十分尊重天皇，常在聚乐第款待天皇。秀吉并不把自己视为幕府将军，而看作按照天皇旨意行事的摄政。1588 年，各大名宣誓为丰臣一族效忠时，天皇也在场。德川家康虽然剥夺了天皇的政治权力，但在给予朝廷馈赠一事上很是慷慨，并承认朝廷封赏的重要性。相较于家康，家光对天皇少了几分敬意。尽管家光在 1634 年率大军来到京都向天皇施压，他待朝廷还是相当大方的，也没有废除皇室的意思。纲吉和家宣也先后采取措施改善朝廷与幕府的关系，并慷慨地为皇室提供资助。

/ 236

① 为帮助读者理解此段历史，译者在此进行了简要的补充。在足利尊氏流放后醍醐天皇后，日本出现了南北两朝。北朝为足利尊氏拥立的光明天皇及其继任天皇的朝廷，南朝则是后醍醐天皇及其继任天皇的朝廷。南北朝时期存在于镰仓幕府时代和室町幕府时代之间。因此，足利幕府承认的天皇为北朝天皇。——译者注

/ 第十八章 日本开国 /

事实上，在全国各个阶层内部，尊重天皇的传统一直都有着强大的影响力。没有任何一位幕府将军敢公然反对这一传统，因为他们会为此背上不忠之名。这不仅会让他们变得孤立无援，还会为强敌提供绝佳的举兵谋反的借口。

5　排外情绪

尽管是反对幕府行动的一部分，尊皇派看重的是尊崇天皇的态度而不是政策。当尊皇论和要求幕府积极抵御列强入港通商的呼声结合在一起，成为"尊皇攘夷"论之后，其威力才发挥出来。

在过去以及当时，日本并没有仇外情绪蔓延的迹象。长期以来，日本人对外国人的友善都是有据可循的。方济各·沙勿略曾表示日本人"让他感到由衷的欢乐"（约1550年），"三宝垄号"的船长也曾在1845年称赞"日本的绅士们都举止文雅，待人彬彬有礼"。

攘夷的仇外情绪其实是由幕府的政敌故意煽动的。在1854年佩里第二次进入江户湾之后，攘夷情绪变得越发强烈。外样强藩的大名乐于利用任何可以反对德川幕府统治的理由，甚至连一直与德川宗家敌对的水户德川家也抓住了这一机会。水户藩藩主德川齐昭尽其所能地让幕府难堪，并在朝廷内部煽动反幕情绪。所幸，首席老中阿部正弘很有才能，他说服大名们接受了幕府在1854年与佩里达成的协议。

很快，攘夷派就有了比日美条约更合适的理由来表达他们的不满。按照1854年幕府与美国签订的条约（又称《神奈川条约》）内容，美国政府向日本派驻了公使汤森·哈里斯。1856年，哈里斯乘坐美国军舰抵达日本。他非常不受欢迎，幕府也恳求他离开。但是哈里斯坚持要完成任务，即按照政府的要求，试图在既有条约的基础之上扩大日美之间的交流（1854年的友好条约内容十分简单）。他带着美国总统的书信抵日，并希望亲自将此信交给幕府将军。

哈里斯在下田待了数月，并且经历了诸多不快。和佩里不同，哈里斯不能使用武力。正因如此，他受到了各种各样的妨碍，任务上也毫无进展。幸运的是，当时老中当中最具影响力的成员井伊直弼支持开国的政策。以水户藩藩主德川齐昭和一些两面三刀的公卿贵族为首的一派势力反对开国。这些公卿贵族希望让幕府名誉扫地，并借机推翻幕府的统治。但是之后，井伊直弼受到晋升。到了1858年，他能够按照自己的计划制定国策，并同意了哈里斯代表美国政府提出的要求。

在接触到将军的幕臣之后，哈里斯提议，在确保1854年条约内容继续有效的同时，幕府要与美国签订新的条约，允许美国商船进入长崎，并给予美国人在下田和函馆居留的权利。在这次重要的会谈之后，1857年12月7日，幕府迈出了史无前例的一步。幕府将军在江户城内亲自接见了哈里斯。佩里来航时，不论他如何施压，幕府都未敢允许他觐见幕府将军。但是在过去的数年中，情况早已发生了变化。幕府在短期内重新树立了权威，并收到长崎的翻译发来的警报。幕府听说，由于清政府未能履行其条约义务，英国舰队发起了对广州的进攻，广州因此成为一片火海。荷兰商馆馆长（Donker Curtius）也向幕府发出了同样的警报，并建议幕府官员不要再使用推诿逃避的伎俩。

幕府在处理对外关系的问题上的确能力不足，但是我们也不能忘记，幕府面临着一种最为复杂混乱的局面。一位既有能力又有远见的幕臣胜海舟亲身经历了这段历史，并对此做了如下描述："在佩里来航之后的十余年中，我们的国家陷入了难以形容的混乱。政府软弱且优柔寡断，毫无决断力。"幸运的是，在（已升任为大老的）井伊直弼的影响之下，1858 年 7 月 29 日，幕府与美国在江户湾内的美国军舰上签订了新的条约。随后，幕府也与英国、荷兰、俄国和法国签订了类似的条约。按照这些条约的规定，外国人在日本享有治外法权，外国商品的关税税率也须固定不变。这些内容极大地限制了日本的自主权。从长远来看，这也催生了日本对西方列强的强烈敌意。

不出所料，排外势力对幕府在列强的压力之下做出的让步进行了强烈批判，并主张攘夷。攘夷派并不都是爱国人士，其中不少人的目的并非保护国家，而是为了摧毁德川幕府的霸权统治。

反对这些新条约的不只有水户藩和其他强藩的大名。幕府派到京都的官员发现，他们无法劝说朝廷赞同幕府的做法。京都弥漫着强烈的排外情绪以及对幕府长期以来的敌意，水户藩的挑唆就如同火上浇油。水户藩藩主德川齐昭脾气暴烈。当幕府询问强藩大名该如何应对哈里斯的提议时，齐昭表示，所有与哈里斯谈判的幕臣都应该剖腹，哈里斯应该被斩首。

齐昭的攘夷态度是很极端的，因为当时在场的大多数大名即便不支持与外国接触，至少也未坚决反对此事。天皇的态度有些模棱两可，但是他也没有公开反对 1858 年签订的条约。1859 年 7 月，这些条约获得批准生效，外国公使纷纷进驻江户。与此同时，幕府开放横滨新港，允许通商和外国人居住。很明显的是，尽管幕府成功地与外国缔结了和平条约，日本国内大多数统治阶级成员对幕府的外交政策仍然持反对态度。井伊直弱于是不得不采取措施重新树立幕府的权威。他决定推行"公武合体",即公家与武家的融合。直弼希望此举能够弱化大名、年轻积极的公卿贵族、下层武士以及有影响力的商人和地主对幕府的敌意。

此时,希望推翻幕府或者至少削弱其专权的势力尚未有统一的行动。1856 年,外样强藩之一的萨摩藩藩主岛津氏还将自己的养女嫁给了幕府将军。同意此婚事的各派虽对国事有不同的看法,但都认为武家需要在朝廷面前团结一致。朝廷则想方设法制造各个大名之间的纠纷与不合,并且取得了成功,公武合体以失败告终。其实,幕府早在向天皇汇报佩里一事并与其他大名商议国是时,就已经失去了它至高无上的统治地位。

条约生效后,外国人开始在开放的港口居住,尊皇攘夷的呼声也传遍了全国各地。横滨及其附近地区发生了数起针对外国商人和其随从的暗杀事件,犯案人通常是浪人武士。1860 年(当幕府派遣使节团前往华盛顿追认条约时),在日本尤其是京都发生了多起针对幕府的谋反事件。井伊直弼对他的反对者采取了强有力的压制措施。其中,水户藩的德川齐昭受到贬黜。出于对此事的报复,在 1860 年 3 月一个下雪的清晨,水户藩和萨摩藩的藩士在直弼同护卫经樱田门进入江户城时将其暗杀。

在井伊直弼被暗杀之后,萨摩藩在朝廷的支持下继续攻击幕府,针对外国人的袭击也越发频繁且严重。美国公使馆的秘书在江户受袭,1861 年英国公使馆受到水户藩士的袭击。

幕府的软弱和言而无信很快就暴露出来。在井伊直弼被暗杀后不久,幕府左右为难,不得不与朝廷定下了驱逐外国人的具体时间。1862 年 6 月,幕府派往伦敦的使节团向英国政府表示,鉴于日本国内出现攘夷活动,希望英国政府能够同意延迟开放更多的港口。同年夏天，应朝廷的要求，幕府将军同意前往京都与朝廷公卿贵族们商议今后国家的治理方针，并确定合适的时间和办法将外国人驱逐出境。

1863 年 3 月，幕府将军出发前往京都。这一行为进一步证明了将军对天皇的臣服。在朝幕关系的历史上，此事决无先例。从家光率领三十万大军访问京都到 1863 年，幕府将军未曾踏入京都一步，只通过在京都的代理官员向朝廷发号施令。而如今，在将军抵达京都之后不久，朝廷便要求幕府驱逐所有在日本的外国人并关闭所有港口。幕府则申辩此事尚欠考虑且很危险，朝廷也勉强撤回了命令。这一决定当然激怒了攘夷派势力。针对外国人的刺杀成了常有的事，外国公使馆的成员和外国居民大都身处险境。在横滨附近，一位在干道骑马的英国人被萨摩藩的家臣斩杀。萨摩藩冥顽不化，幕府对此事的回应也令英国政府不满。英国政府于是下令本国军舰炮击鹿儿岛。1863 年 8 月，英国军舰执行了这一命令。

幕府倒台之前也进行过垂死挣扎。但在讨论此事之前，我们有必要思考幕府为何会如此迅速地衰败下去。

首先，朝廷、西日本的强藩和贫苦的下层武士对幕府的敌意不断增加。更重要的是，民众尤其是中产阶级商人和农民也普遍对幕府有所不满。江户和大阪的富商，如三井家和鸿池家，都十分警觉地关注着政局动向。他们很快意识到了幕府的软弱，并与萨摩藩、长州藩以及其他富有的藩国加强了联系。但是，相较于农民内部迅速高涨的不满情绪，这些决策虽然重要，执行起来却不快。

在幕府统治的最后十年中，起义和暴动接连不断。农民不断发动针对地主的暴力抗议。这些行动虽不是有组织地反抗幕府，却强化了农民和下层武士对封建统治的抵触情绪。但是，这不能说明起义有政治目的。除了强化既有的反封建情绪之外，这些起义活动也未直接左右政局。

1853 年发生的著名起义就是很好的案例。来自南部藩九十个村庄的一万五千名农民在农村地区聚集起来，公开宣扬人人平等。①1859 年，信州发生了类似的起义。来自数个村庄的起义者表示，诉诸武力已经成为通用的法则。但是这些用来表达民众不满的起义大都是自发的，并未经过组织计划也没有持续下去。

幕府的势力日渐衰弱。在降低了参觐交代的要求之后，幕府失去了对大名的控制。强藩大名撤回了自己的藩国，实力最强的萨摩藩和长州藩的藩主更是公开反对幕府。1863 年 6 月，长州藩对接近海岸的美国船只发动了炮击，并封锁下关海峡一年有余。②1864 年 9 月，美英法荷四国军舰炮击长州藩的防御工事，并占领其炮台。长州藩最终屈服，并同意支付赔款。看到长州藩的处境之后，各藩很快便与外国人交好，在鹿儿岛受到炮击之后的萨摩藩也是一样。事实上，相较于外国，这些藩国更为敌视幕府。这一方面是因为他们看到了锁国已是无用之举，另一方面则是因为在内政问题上，他们对自己的实力很有信心。

在这一时期，萨摩藩和长州藩之间存在不和。在管控执拗倔强的浪人一事上，岛津氏也比长州藩藩主更胜一筹。一大批长州

---

① 原著此处的内容或与史实有出入。据译者考证，此次起义爆发的缘由是南部藩强制征收税金，引起了商人的不满。起义参加者的诉求也多为撤销重税、鼓励商品经济发展等事项。另外，南部藩通称盛冈藩。——译者注

② 原著此处的内容并不完全准确。长州藩不仅炮击了美国船只，也对法国和荷兰船只发起攻击。——译者注

藩藩士试图从幕府手中"解救"天皇，并在派驻军队的京都起兵造反。1864年，在萨摩藩以及其他藩的帮助下，幕府击败了长州藩军。长州藩投降，事情本可以告一段落。但是，政策判断越发轻率的幕府决定彻底肃清长州藩。最终，幕府征讨长州藩遭遇惨败。萨摩藩为长州藩提供了物资援助，幕府则被置于最尴尬的境地。幕府将军亲自率军队到达大阪，但是幕府的忠臣却对他的征兵令反应迟缓。直到1866年7月，幕府才得以再次出兵，但所到之处都未获胜。这对幕府来说是致命一击，因为它表明单是一位外样大名就可以击败幕府将军了。

1866年8月，将军德川家茂逝于大阪。一桥庆喜继承将军之位，号召幕府团结一致。尽管幕府拼尽全力维护自身统治，但此时的幕府政权早已是风雨飘摇。1867年秋天，庆喜辞去幕府将军一职，随后新政府成立，其中没有任何与德川家族相关之人。

此后，日本发生了短暂的内战，幕府的军队轻易就被击败了。1868年初，日本成为由天皇统治的国家。由德川家康建立并维系了两个半世纪的封建社会统治就此终结。

在过去的一千年中，在四面环海远离亚洲大陆的日本列岛，日本人民一直过着隔离但不孤立的生活。他们可以随心所欲地接受或拒绝来自中国和亚洲其他地区的影响，甚至如同1281年抵抗蒙古入侵一样，在必要时诉诸武力。

在这样得天独厚的环境中，日本人致力于开发本国自然资源，并不断改进政府管理。在内乱丛生的中世时期，想做到以上两点并非易事。然而到了17世纪初，日本实现了实质性的政治统一。1615年之后，在武家德川氏强有力的统治之下，日本进入了和平年代。各个封建大名均在德川幕府将军的控制之下，幕府也确立了法治体系。

此后的一段历史表明，尽管偶有混乱发生，日本从总体上来看还是被治理得井井有条。不论是幕府还是各地藩国都一直努力增加农作物以及其他作物的产量，日本的人口也增长迅速。同时，制造业的发展毫不逊色于农业的进步。城市生活得到了改善，交通也更为便捷。新兴起的商人群体大有与武士阶层竞争甚至取而代之的趋势，而贫苦的武士若寻不到公职便会陷入贫困。到了 19 世纪初，幕府的权威开始受到其他大名的挑战。西方国家的舰船在东方海域自由航行，它们给日本施加的压力也逐渐瓦解了其闭关锁国的体制。1853 年，幕府被迫同意向外国船只开放港口，日本也从此踏入了国际社会。幕府建立的封建等级秩序崩塌后，1867 年，日本恢复了天皇的统治。

附录：村落与家庭

这一部分是对第八章有关乡村生活的补充。社会学学生或许会对其中的一些细节感兴趣。

在江户时期，农民家庭有几种类型，但是从法律意义上讲，农村家庭的基本构成单位是本百姓。本百姓的家族相当庞大。尤其到了江户时代后期，其家族既包括直系血亲，也包括旁系亲属。因此，一户农家可由几个家庭构成，家庭成员数量可达二十人，还不包括幼童。

这些农户负责耕地、收割和上交赋税。因此，一户农家包括的非血亲成员还可能是户主的家仆。这些家仆统称为"下人"，具体称呼可为"名子""镰户""被官"等本地叫法。但是这些"下人"并不只是仆从，而是被当作家族成员来对待。他们和其他家族成员一起居住在一大户农家当中，听候家主的号令。

本百姓的数量不断增加，其拥有的土地面积不断扩大。与此同时，农业技术也在不断改进。减小本百姓农户规模的必要性和合理性也随之凸显。在分家之后，"本家"的规模变小，而新独立出来的"分家"也可以获得土地进行耕种。但是，并不是所有"分家"都能够靠耕种土地实现自给自足，其中的一些成员需要做短工以贴补家用。"分家"成员可有一人或更多，主要取决于本家规模的大小。像这样以"本家"为中心向外扩展出数个"分家"的家族体系可以是很庞大的。

"本家"和"分家"不仅共存，彼此之间还必须保持实质性而非名义上的联系。由于耕种家族共有的土地需要依靠集体的力量，"本家"和"分家"必须保持紧密的联系。他们需要共享灌溉水源和未耕地，在播种和收获的农忙时节也需要动员每个劳动力参与劳作，不分男女。

正因如此，单靠"本家"一家是无法完成全部农事的。在由"本家"和"分家"构成的大家庭中，本百姓虽是一家之主，但也要与其他的本百姓保持密切的联系。农民无法做到独立生存。农民家庭之间相互关联，构成了一个永久性的共同体——村落。

村落的范围不断扩大，村民之间的关系也在发生变化。后来，掌管各藩国的大名建立了一套村落体系并划定了各个村落之间的界线。在每个村落内部，本百姓是受到法律承认的成员。但是在实际生活中，一个村落的成员常会与另一村落的成员组成集团，进一步扩大了利益共同体的范围。

元禄之后，农民和村落的特点发生了变化。农民耕种的一部分农作物（不论是原始作物还是用于制作手工艺品的材料）变成了商品，于是他们可以通过售卖这些作物营利。新的农地管理模式也就变得必不可少。"分家"拥有的土地虽少，但是他们从手工业生产中获得了相当可观的收入，逐渐趋向于切断与"本家"的共存关系。即便没有土地，强壮的农民也可以通过做短工维持生计。因此，一个无地的农民阶级出现了。在这样的情况下，"本家"和"分家"开始分化为大农和小农。不同"本家"之间的关系也随着时间的推移而变得疏远了。

由血亲和非血亲成员构成的农户家中存在长幼和性别秩序。依照血缘亲疏排位的情况也是存在的，但相比其他的家族秩序并未受到优先考虑。家族内部的成员关系总是具有亲子关系的意味（"本家"和"分家"也是如此）。这乃习惯传统使然，而不是由法律规定的。

村落的构成

下文是 1633 年肥后国原口村农民向政府提交的家族构成和财产状况的正式报告的缩略版（参见《大日本近世史料》卷一）。首先是有关村落首领"庄屋"的记录：

户主：孙右卫门		预估收入：50.35石	
家族成员：共18人			
庄屋		名子（两名）：善兵卫和平左卫门	
妻	1人	妻	2人
儿	2人	父	1人
女	2人	私生子	1人
儿媳	1人	看护	1人
女仆	1人	女	1人
男仆	1人	子	1人
牲口：2头牛、3匹马			
房屋：15栋（单位：间，1间=6尺）			
2*6	住宅	2*4	食物储藏室
2*5	釜屋（厨房）	2*5	储物间
2*4	儿童住处	2*4	名子住处（2处）
1.5*4	神社	1.5*3	釜屋（2处）
2*4	马棚	1.5*3	马棚（2处）
2*4	住宅	1.5*3	借屋（出租房）

在这之后，从庄屋的长子开始，村落中所有的农户都照此模板上报自家情况。报告的结尾处进行了如下总结：

村落总产量	714.4石
村落总人口	209人（男120人，女89人）
村落男丁构成	
庄屋（首领）	2人
肝入（村落代表）	1人
农户主的父亲及祖父	19人
15岁以下男童	27人
15岁以上青年	11人
百姓（农民）	22人
名子	29人
下人	6人
作子（仆人）①	3人
总计	120人
牛	22头
马	44匹
房屋（包括仓库和马棚）	178栋

在这个村落，本百姓家族共有 25 户。这应该可以被视为当时村落的普遍规模。竹间町则是位于同一地区的一个规模更大的村落（由于其位于干道沿线，因此被称为"町"而非"村"）。其构成如下：

---

① 原著此处对"作子"的注音及解释有误。其读音应为 Tsukuriko 而非 Sakuko，另外"作子"也是小作农的一种，与"名子"和"被官"类似。——译者注

人口	
女	242人
男	287人
总计	529人
牲口	
牛	62头
马	105匹
成年男丁	
庄屋	2人
百姓	47人
名子	67人
下人	63人

竹间町共有农户49家，各家产量不等，多可达34石，少则为5石。村落的总产量据估计约为1000石。

（此部分页码为原文页码，即本书页边码）

I

J

K

图书在版编目（CIP）数据

日本史：江户时代 / (英) 乔治·贝利·桑瑟姆
(G. B. Sansom) 著；孙婧译. -- 北京：社会科学文献
出版社，2021.10

书名原文：A History of Japan, 1615-1867

ISBN 978-7-5201-8178-5

Ⅰ.①日…　Ⅱ.①乔…②孙…　Ⅲ.①日本-中世纪
史-江户时代　Ⅳ.①K313.0

中国版本图书馆CIP数据核字（2021）第055052号

日本史：江户时代

著　　者 / 〔英〕乔治·贝利·桑瑟姆 （G.B. Sansom）
译　　者 / 孙　婧

出 版 人 / 王利民
组稿编辑 / 段其刚
责任编辑 / 周方茹
文稿编辑 / 韩宜儒
责任印制 / 王京美

出　　版 / 社会科学文献出版社·联合出版中心（010）59367151
　　　　　地址：北京市北三环中路甲29号院华龙大厦　邮编：100029
　　　　　网址：www.ssap.com.cn
发　　行 / 市场营销中心（010）59367081　59367083
印　　装 / 北京盛通印刷股份有限公司

规　　格 / 开　本：787mm×1092mm　1/16
　　　　　印　张：20.5　字　数：247千字
版　　次 / 2021年10月第1版　2021年10月第1次印刷
书　　号 / ISBN 978-7-5201-8178-5
著作权合同
登 记 号 / 图字01-2018-7161号
定　　价 / 88.00元